한국어의 어휘

한국어의 어휘

초판 1쇄 발행 2024년 7월 5일

지은이 | 배주채

펴낸곳 | (주)태학사
등록 | 제406-2020-000008호
주소 | 경기도 파주시 광인사길 217
전화 | 031-955-7580
전송 | 031-955-0910
전자우편 | thspub@daum.net
홈페이지 | www.thaehaksa.com

편집 | 조윤형 여미숙 김태훈
마케팅 | 김일신
경영지원 | 김영지

값 19,000원

ISBN 979-11-6810-260-6 (93710)

책임편집: 조윤형
표지디자인: 이윤경
본문디자인: 최형필

한국어의 어휘

배주채 지음

태학사

머리말

한국어에는 수십 만의 단어가 있고 각 단어는 한국어 사용자들의 삶 구석구석을 누빈다. 그리고 매일 적지 않은 사람들이 한국어 단어들에 대해 이런저런 얘기를 늘어놓는다. 이 단어의 정확한 뜻이 뭐냐부터 시작해서 이 문맥에서 이 단어를 쓰는 것이 적절하냐, 이 단어의 표기나 발음이 뭐가 맞느냐, 굳이 이런 단어를 만들어 쓸 필요가 있느냐 등 다양한 질문과 주장과 해석이 오간다. 언어요소들 가운데 단어야말로 보통 사람들의 가장 흔한 관심사인 것이다.

언어학에서 어휘론은 다른 분야에 비하면 체계가 잘 잡혀 있지 않다. 단어와 어휘의 문제는 다른 모든 언어부문들과 직접 관련되어 있어서 어휘론은 종합적인 성격이 강한 분야이다. 어휘론에 관한 개론서가 많지 않은 한 원인이 여기에 있는 듯하다. 누구나 상식과 직관에 기대 한두 마디는 거들 수 있을 만큼 단어는 여느 언어요소들보다 다가가기 쉬운 것이 분명하지만 단어와 어휘의 학문적 체계화는 생각보다 만만치 않은 것이다.

지난 20여 년간 어휘론에 관해 논문도 쓰고 번역서와 자료집도 내고 하면서 어휘론을 정리한 책 한 권을 꾸리는 것이 오랜 소망이었다. 그러다가 때가 무르익어 작업에 들어갔다. 어휘론의 주요 개념과 용어를 갈고 다듬어 짜임새 있게 얽고 한국어 단어들을 적재적소에 배치하는 일로 꼬박 4년을 보냈다. 처음 예상과 달리 다른 분야의 개론서 집필보다 두 배는 더 오래 걸렸다. 그럼에도 이 책이 한국어 어휘론을 완성했다고 하기에는 미흡한 곳이 많다. 하지만 여기서 일단 마무리하는 것이 옳다. 완벽에 이르지 못했더라도 전보다 더 나아갔으면 된 것이다.

이 책은 한국어 어휘론 개론서이다. 그렇지만 이론에 치우쳐 현실에서 멀어지고 독해가 어려워지는 것은 최대한 피했다. 한국어 단어들의 실상을 살피는 과정에서 어휘론의 개념들이 저절로 드러나도록 했다. 그러므로 이 책은 한편으로 한국어의 어휘 전반을 있는 그대로 묘사한 보고서나 자료집의 성격도 띤다. 어휘론이야말로 이런 성격의 책이 일반인에게나 전공자에게나 썩 유익한 분야임을 체감해 온 터이다. 그래서 책 제목도 '어휘론' 대신 '어휘'라 했다.

　　21세기 인류문명을 특징짓는 단어는 '정보화'이다. 정보화의 중심에는 언어에 의한 소통이 있다. 또 언어의 중심에는 어휘가 있다. 그러므로 정보화의 뿌리는 어휘에 박혀 있다. 어휘를 잘 이해하고 활용하는 것이 문명을 꽃피우기 위한 필수 조건인 것이다.

　　정보화의 진전과 정보통신기기의 발달에 따라 종이책 시대가 저물어 가고 있다. 최근 몇 년 사이에 부쩍 어려워진 출판시장의 상황에도 불구하고 저자의 노력이 헛되지 않도록 이 책을 기꺼이 종이책으로 발행해 주신 태학사에 감사의 말씀을 드린다.

2024년 5월 10일
저자 씀

차례

① 단어, 어휘, 사전

② 조어법

어종

3

어휘사

4

어휘체계

7

일러두기

1. 자주 인용하는 사전들의 약호는 다음과 같다. 이 사전들에 대해서는 §1.8 참조.

- 〈표〉: 국립국어원, 『표준국어대사전』.
- 〈기〉: 국립국어원, 『한국어 기초사전』.
- 〈우〉: 국립국어원, 『우리말샘』.
- 〈고〉: 고려대 민족문화연구원, 『고려대 한국어대사전』.

이 책에 인용한 이 사전들의 내용은 2024년 1월 15일에 열람한 결과이다.

2. 가끔 인용하는 참고문헌은 다음과 같다.

〈네이버 뉴스라이브러리〉
- 1920~1999년의 일간신문 5종 전체를 전산화한 자료이다. 조선일보(1920년~), 동아일보(1920년~), 경향신문(1946년~), 매일경제(1966년~), 한겨레(1988년~). [https://newslibrary.naver.com/]

〈빅카인즈〉
- 한국언론진흥재단에서 제공하는 기사 검색 서비스이다. 1990년부터 현재까지 54개 언론사의 기사를 검색해 준다. [https://www.bigkinds.or.kr/]

『현대 국어 사용 빈도 조사』(2002)
- 국립국어연구원(2002) 『현대 국어 사용 빈도 조사』, 국립국어연구원 보고서. *1990년대에 생산된 언어자료 150만 어절 말뭉치를 분석한 결과이다.

『한국어 사용 빈도』(2009)
- 김흥규·강범모(2009) 『한국어 사용 빈도』, 한국문화사. *1,500만 어절 세종형태의미분석말뭉치를 분석한 결과이다.

『한국어 기초어휘집』
- 배주채(2010) 『한국어 기초어휘집』, 한국문화사.

3. 조어구조를 정밀하게 표시할 때는 [ ] 안에 각 항목의 정체를 다음과 같은 기호로
   표시한다. 또 우선 묶이는 항목들은 〖 〗로 표시한다. * 관련된 내용은 §2.2 참조

항목	기호	예	예를 포함한 단어	조어구조 표시
단어	+□	+꽃 +보	꽃 보다	[+꽃] [+보_다]
어근	±□	±다람	다람쥐	[±다람+쥐]
접두사	=□	=맨	맨손	[=맨+손]
접미사	=□	=질 =스럽	손질 자연스럽다	[+손=질] [〖+자연=스럽〗_다]
어미	_□	_은 _었	오랜 섰다 *노름	[+오래_은] [+서_었_다]
조사	×□	×이야말로	그야말로	[+그×이야말로]
어절경계	□#□	그만#두다	그만두다	[〖〖+그×만〗#두_〗_다]

   다만, 조어구조를 대강 표시할 때는 '다람+쥐, 맨-손, 자연-스럽-다, 그+만#두-다'
와 같이 항목들 사이에 '+, -, #'만 넣는다. 어절경계는 '#'로 표시하고, 접두사 뒤, 접
미사 앞, 어미 앞에는 '-', 나머지 항목들 사이에는 '+'를 쓴다.

4. 특별한 언급이 없는 한 [ ] 안에 적는 발음은 표준발음이 아닌 현실발음이다. 예를
   들어 '생각'의 발음은 [생각]으로 적는다.

5. 외국어 단어나 표현의 앞에 어느 외국어인지를 [ ] 안에 표시한다. 중국어는 [중], 일
   본어는 [일], 프랑스어는 [프], 독일어는 [독], 다른 외국어는 [포르투갈어]와 같이 온
   전한 이름을 적고 영어는 그 표시를 생략한다.

6. 저자의 논문이나 책에서 가져온 내용에 대해서는 출처 표시를 생략한다.

7. 한국어의 어휘와 관련하여, 이 책에 나오지 않는 내용이나 이 책과 다른 설명을 다
   음 책들에서 찾아볼 수 있다. (출판연도 역순)

- 강은국(2023)『남과 북의 어휘론 연구』, 하우출판사.
- 최경봉 · 도원영 · 황화상 · 김일환 · 이지영(2020)『한국어 어휘론』, 한국문화사.
- 심재기 · 조항범 · 문금현 · 노명희 · 이선영 · 조남호(2011)『국어 어휘론 개설』, 지식
  과교양. [개정판, 2016, 박이정]

단어, 어휘, 사전

1.1. 언어에서 단어가 차지하는 지위

* **단어**(單語)가 없는 언어는 없다.[1] 다양한 언어요소들 가운데 가장 기본적인 것이 단어이다. 그래서 단어가 없으면 언어 사용이 불가능하다. 단 한 마디 말을 하더라도 단어를 사용해야 한다.

* 수십만 년 전 인류가 언어를 처음 사용하게 되었을 때 단어 몇 개를 손짓, 발짓, 표정과 함께 사용해 비교적 간단한 생각을 주고받았을 것이다. 그러다가 단어 수가 점점 늘어나고 음운체계, 문법규칙 등도 생겨나 더 복잡한 생각을 표현할 수 있게 되었을 것이다.

* 원시인이 처음 만든 말은 가족 구성원의 이름이었을 수도 있고 식용 동물이나 식물의 이름이었을 수도 있으며 '나, 좋다, 아프다' 같은 말이었을 수도 있다. 어떤 말이든 단어의 형식을 띠고 있었을 것이다.

* 어린아이가 모어를 배우는 과정에서 처음에는 말이 아닌 소리를 내서 옹알거리기 시작한다. 그것을 아이가 말을 한다고 표현하지는 않는다. 아이가 처음으로 '엄마'나 '맘마' 같은 어떤 단어를 말하게 되었을 때 그 아이가 말을 한다고 표현한다. 어린아이가 처음 사용하는 언어도 단어의 모습을 띠고 있는 것이다.

* 외국을 여행할 때 외국어 단어 몇 개를 나열해도 간단한 소통이 가능하다. 외국어의 음운체계, 문법규칙 같은 것을 몰라도 일상적인 단어들을 알면 서툴게나마 소통할 수 있다. 그러나 외국어의 음운체계, 문법규칙 같은 것을 아무리 잘 알아도 적절한 단어를 모른다면 소통은 어려워진다.

* 외국어를 배울 때 음운체계와 문법규칙의 학습은 1~2년의 노력으로도 원어민과 자유롭게 소통할 만한 상당한 수준에 이를 수 있다. 그러나 단어의 학습은 쉽게 끝나지 않는다. 일상생활에 불편이 없을 정도로 단어 수만 개를 외우고 각 단어의 뜻과 용법을 정확히 익히는 일은 적어도 5년이나 10년, 길게는 평생이 걸리는 힘든 작업이다.

* 원어민의 음운체계와 문법규칙의 학습은 성인이 되기 전에 대부분 끝난다. 그러나 단어는 성인이 된 후에도 학습량이 줄지 않는다. 언어생활을 계속하는 한 단어의 학습도 계속된다.

* 그러므로 단어는 언어의 처음이자 끝이다.

---

[1] 한자어 '단어' 대신 고유어 '낱말'을 쓰기도 한다.

1.2. 언어단위로서의 단어

* 단어는 **언어단위**(言語單位)들 중의 하나이다. '**어휘소**(語彙素)'라고도 한다.

* 대표적인 언어단위들을 두 유형으로 나눌 수 있다.
  - 음성단위 : 분절음, 음절
  - 문법단위 : 형태소, 단어, 구, 문장, 담화

* 단어는 **형태소**(形態素)로 이루어져 있다. 즉 형태소 하나가 그대로 단어가 되거나 둘 이상의 형태소가 앞뒤로 이어져 단어를 만든다. 형태소로부터 단어가 이루어지는 과정이 **조어법**(造語法)이다. 형태소에 대해서는 §2.1 참조.

* 사전에서 단어보다 작은 형태소를 표제어로 삼는 경우에는 그 **용례**(用例)로 단어를 제시할 수 있다. 단어인 용례를 '**예어**(例語)'라 부를 수 있다.

* 〈기〉는 접미사 '-제(制)'의 용례로 다음의 예어 38개를 제시하고 있다.
  - 격월제, 계약제, 공산제 … 할당제, 합의제, 허가제

* 단어는 **구**(句)를 이루고 구는 **문장**(文章)을 이루며 문장은 **담화**(談話)를 이룬다. 단어로부터 문장을 만드는 법칙이 **문법**(文法)이다.[2]

* 사전에서 단어 표제어에 대한 용례로 구, 문장, 담화를 제시할 수 있다. 용례가 구이면 **예구**(例句), 문장이면 **예문**(例文), 담화이면 **예화**(例話)이다.

* 〈기〉는 '어떤 일을 하는 데 걸리는 시간이 모두 그대로'를 뜻하는 부사 '꼬박'에 대한 용례로 다음과 같이 예구, 예문, 예화를 제시하고 있다.

예구
  - **꼬박** 하루가 걸리다 / **꼬박** 십 년을 보내다 / 밤을 **꼬박** 새우다./ 세 시간을 **꼬박** 공부하다 / 한나절을 **꼬박** 돌아다니다

예문
  - 우리는 새벽부터 반나절을 **꼬박** 걸은 끝에 겨우 목적지에 도착할 수 있었다.
  - 글이 잘 안 써지는지 김 작가는 거의 열 시간을 **꼬박** 책상 앞에 가만히 앉아 있었다.

예화
  - 가 : 눈이 빨갛게 충혈됐네.
  - 나 : 응, 시험공부를 하느라 밤을 **꼬박** 샜거든.

---

[2] 문장으로부터 담화를 만드는 법칙도 문법과 유사한 면이 있으므로 '담화문법'이라 부르기도 한다. 이 경우에는 단어로부터 문장을 만드는 법칙을 '문장문법'이라 부른다.

1.3. 단어의 존재 의의

✱ 단어가 있기는 한데 그 단어를 내가 모르면 어떻게 될까? 즉 내 어휘력이 부족하면 무슨 일이 생길까?

✱ 다음은 은행 창구에서 직원과 대면해 업무를 보던 시절의 대화이다.

> 대학생 방문객 : 그… 그 뭐였지…. 제가 통장이 있는데요. 아니, 제가 맨날… 정기… 아, 맞다. 정기적으로 어떤… 특정 계좌에 돈이 보내지게 해 놨는데요. 그거가 이제 그만 나가게 막았으면 좋겠는데요….
> 은행 직원 : (웃으며) 자동이체 해지해 드릴까요?

✱ 위의 대화에서 방문객은 '자동이체'라는 단어를 몰라서 길게 부정확하게 설명을 할 수밖에 없다.

✱ '자동이체' 같은 추상적인 단어가 생각이 안 나는 경우도 있지만 일상생활에서 흔히 접하는 물건의 이름을 잊거나 아예 모르는 경우도 가끔 있다. 예를 들어 '문서파쇄기' 같은 단어가 생각이 안 난다면 다음과 같이 말이 길어질 것이다.

> 김 대리 : 과장님. 우리, 종이 자르는, 서류 같은 거 잘게 잘라서 버리는 기계 있어야 하지 않을까요? 보안상 완전히 폐기해야 할 서류가 계속 나오는데요.
> 이 과장 : 문서파쇄기 말이죠.
> 김 대리 : 네! 문서파쇄기요.

✱ 위의 대화에서 김 대리가 처음부터 '문서파쇄기'라는 단어를 사용했다면 대화는 훨씬 더 간단했을 것이다.

✱ 위의 대화에서는 '문서파쇄기'라는 단어를 썼지만 현실에서는 다른 단어들도 쓰인다. 즉 다음 단어들이 동일한 물건을 가리키는 데 사용되고 있다.

• 문서파쇄기, 문서세단기, 문서세절기, 문서쇄절기, 문서분쇄기, 문서재단기, 종이세단기, 종이파쇄기, 종이분쇄기, 슈레더[3]

✱ 동일한 물건을 가리키는 단어가 여럿이 존재하는 것은 언어생활을 불편하게 할 수 있다. 시간이 지나면 차차 어떤 단어로든 단일화되어 갈 것이다.

✱ 이상의 예들에서 알 수 있듯이 언어생활에서 단어는 간단명료하고 편리하게 소통하기 위한 필수적인 도구이다.

---

[3] 〈우〉에 '문서 파쇄기, 문서 분쇄기, 문서 세단기, 문서 세절기'가 실려 있다. 생산업체들에서는 주로 '문서세단기'를 쓰고 있다. '세단(細斷)'은 가늘게(細) 자른다(斷)는 뜻이다. 국립국어원의 〈온라인가나다〉에서는 '문서 재단기'를 추천하고 있다.

1.4. 단어와 어휘의 차이

✷ **단어**(單語)는 독립적으로 쓰일 수 있는 최소의 언어단위이다. 문장을 이루는 기본적인 요소이다. 그리고 사전의 표제어가 대체로 단어이다.

✷ **어휘**(語彙)는 단어들의 집합이다. '어휘'의 한자 표기 '語彙'에서 '語'는 단어를 뜻하고 '彙'는 무리, 집합을 뜻한다.

✷ 국어사전들에서도 '어휘'를 '단어들의 집합'의 뜻으로 풀이하고 있다. 다음에서 '단어의 수효'보다는 '단어의 전체'가 현실에 맞는 뜻풀이이다.[4]
  • 〈표〉: 어떤 일정한 범위 안에서 쓰이는 단어의 수효. 또는 단어의 전체.
  • 〈고〉: 어떤 일정한 범위 안에서 쓰는 낱말의 수효. 또는 그 전체.

✷ 몇 단어가 모인 집합이냐에 따라 어휘의 크기가 정해지며 그 크기는 다양하다. 가장 큰 어휘는 한 언어의 모든 단어가 모인 집합이다.

✷ 간혹 단어를 가리키기 위해 '어휘'라는 말을 쓰는 경우가 있다. 이것은 '어휘'의 뜻을 정확히 모르기 때문에 생긴 일이다.[5] 예를 들어 다음 문장들에서 '어휘'는 '단어'로 바꿔야 정확하다.
  • 한 페이지에 모르는 어휘가 서너 개씩 등장한다.
  • 문맥에 맞는 적당한 어휘가 떠오르지 않아서 당황했다.
  • 시험에 자주 출제되는 어휘들을 모은 목록이 있나요?

✷ 단어들의 목록은 '어휘목록'이 아니라 '단어목록'이다. '어휘목록'은 신체어휘, 친족어휘, 색채어휘 등 여러 어휘들을 모은 목록을 가리키는 뜻으로 써야 한다.

✷ 심지어 단어와 어휘에 관한 학술서와 학술논문에서조차 '어휘'를 단어의 뜻으로 사용하는 경우가 적지 않으므로 주의할 필요가 있다.

✷ '단어'와 '어휘'라는 한자어는 일본어에서 들여온 것이다. 일본어뿐만 아니라 영어, 중국어에서도 두 용어는 구별해서 사용한다.

한국어	일본어	중국어	영어
단어	單語 (tango)	单词 (dāncí)	word
어휘	語彙 (goi)	词汇 (cíhuì)	vocabulary

✷ 그러므로 '단어'와 '어휘'는 구별해서 써야 한다.

---

4) 한편 〈표〉와 〈고〉에서 '어휘'의 두 번째 뜻으로 제시한 "[언에 어떤 종류의 말을 간단한 설명을 붙여 순서대로 모아 적어 놓은 글."은 현실에서 거의 쓰이지 않는다.

5) '단어' 대신 '어휘'를 써야 지적(知的)으로 보인다는 생각도 작용하는 듯하다.

1.5. 단어의 확인

✽ 문장은 **어절**(語節) 단위로 띄어서 쓴다. 각 어절에서 **조사**(助詞)와 **어미**(語尾)를 제거하면 단어가 남는다.[6] 조사와 어미는 **문법소**(文法素)로서 문장을 만드는 데 필요한 요소이다.

✽ 다음 문장은 세 어절로 되어 있다. 여기서 조사는 '이, 처럼'이고 어미는 '-는다'이다. 결국 단어는 '곰, 사람, 걷-'이다.

문장	단어	조사 / 어미
곰이 사람처럼 걷는다.	곰, 사람, 걷-	이, 처럼 / -는다

✽ 학교문법에서는 조사를 단어로 인정한다. 그러나 조사는 **자립성**(自立性)이 없다. 즉 반드시 앞말에 붙어서 쓰인다. 그리고 **어휘적 의미**가 아닌 **문법기능**(文法機能)을 가지고 있다. 그러므로 조사를 단어로 보지 않는 것이 바람직하다.

✽ 위의 '걷는다'는 **활용형**(活用形)이다. '걷는다'에서 동사 '걷-'만 단어이고 어미 '-는다'는 단어가 아니다.

✽ 동사와 형용사, 즉 **용언**(用言)의 활용형에는 항상 '-는다, -고, -지, -으면, -어서'와 같은 어미가 붙어 있다.

  • 걷는다, 걷고, 걷지, 걸으면, 걸어서 …

✽ 학교문법에서는 활용형을 단어로 보고 '어간+어미'로 이루어져 있다고 본다. 그러나 어미를 용언의 일부가 아니라고 보면 '어간'이라는 개념도 불필요하다. 활용형은 '용언 + 어미', 즉 '동사 + 어미' 또는 '형용사 + 어미'로 이루어져 있다.

  • 활용형의 구조 : 용언+어미

✽ 단어는 학교문법의 9품사 가운데 조사를 뺀 8품사에 속하는 다음 말들이다.

  • 명사, 대명사, 수사, 동사, 형용사, 관형사, 부사, 감탄사

✽ 이론적 관점에서는 용언을 '먹-, 만나-, 시원하-'와 같이 표기하는 것이 정확하지만, 소통의 편의를 위해 '먹다, 만나다, 시원하다'와 같이 표기하는 것이 일반적이다. 어미 '-다'를 붙인 이러한 형태를 **기본활용형**(基本活用形)이라 한다.

✽ 용언을 '먹다, 만나다, 시원하다'와 같이 표기하더라도 그 형태를 분석할 때는 '-다'를 제거한 '먹-, 만나-, 시원하-'를 대상으로 삼는다. 예를 들어 '먹다'는 1음절어, '만나다'는 2음절어, '시원하다'는 3음절어이다.

---

6) 접미사 가운데 조어법과 무관한 '-가량, -들, -씩' 등도 제거해야 한다. §2.13 참조.

1.6. 단어가 가진 속성들

✱ 한 사람의 성격을 한마디로 규정하기 어렵듯이 한 단어의 **속성**(屬性)도 한마디로 규정할 수 없다. 각각의 단어는 다양한 속성들의 집합체이다.

✱ 단어가 가진 여러 속성들을 크게 다섯 범주(형태, 문법, 의미, 형성, 사용)로 묶고 다시 세분할 수 있다.

✱ 예를 들어 '생각'이라는 단어의 속성들은 다음과 같다.

'생각'의 여러 속성과 이웃 단어들

속성의 범주		속성의 예	속성을 공유하는 단어들
형태	발음	2음절	고민, 나이, 버릇, 작가, 서른, 붙잡다, 가볍다, 허튼, 그만, 벌써, 아야
	표기	ㄱ자 두 개	작가, 과학자, 콩나물국, 걸어가다, 두근두근
문법	품사	자립명사	고민, 나이, 물, 버릇, 작가, 디자인, 비닐봉지
	공기7)	형용사 서술어 '깊다'의 주어로 쓰임	고민, 동굴, 뜻, 물, 바다, 밤(夜), 병(病), 산, 역사
의미		정신활동을 뜻함	고민, 믿음, 추측, 배우다, 아리송하다, 문득, 골똘히, 아차
형성	어원	15세기 문헌에 나타나기 시작함	나이, 물, 우리, 서른, 어렵다, 문득, 따로
	어종	고유어	나이, 물, 우리, 버릇, 서른, 어렵다, 문득, 따로, 허튼, 그만, 벌써, 두근두근, 아야
	조어	뒤에 '하다'가 붙어 동사가 됨(생각하다)	뜻, 고민, 그만, 낯가림, 망각, 버릇, 추측, 철렁, 삼등분, 게을리, 비틀비틀, 잘
사용	비중	특초급어에 속할 만큼 중요도가 높음8)	나이, 물, 아침, 셋, 보다, 잡다, 같다, 가볍다, 너무, 잘
	집단	여러 집단이 널리 사용함	〃
	상황	여러 상황에서 널리 사용함9)	〃

---

7) **공기**(共起)는 둘 이상의 언어요소가 문장의 앞뒤에 동시에 나타나 쓰이는 현상이다. '생각'은 '생각이 아주 깊다' 같은 표현에서 주어로 쓰여 형용사 서술어 '깊다'와 공기한다.

8) 중요도와 특초급어에 대해서는 §10.9~§10.11 참조.

9) '생각'은 중요도가 높아서 여러 집단이 여러 상황에서 널리 사용할 만큼 보편성이 큰 단어이다. 중요도가 낮은 단어들은 사용집단이나 사용상황이 제한적인 경우가 있다.

1.7. 단어의 형태와 의미

✱ 단어의 가장 기본적인 속성은 형태와 의미이다. 즉 단어는 기본적으로 일정한 형태와 일정한 의미의 결합체이다.

✱ 단어의 형태란 단어의 **발음**(發音)과 **표기**(表記)를 가리킨다. 이 둘을 각각 '**발음형태**', '**표기형태**'로 강조해 표현할 수도 있다.

✱ 단어의 형태를 '**어형**'(語形), 단어의 의미를 '**어의**'(語義)로 줄여 말할 수 있다.

✱ 한 단어가 가진 어형과 어의는 하나일 수도 있고 둘 이상일 수도 있다.

✱ 하늘에서 내리는 작은 얼음 조각을 뜻하는 단어 '눈'은 어형과 어의가 하나씩이다. 즉 단어 '눈'은 **단형어**(單形語)이자 **단의어**(單義語)이다.

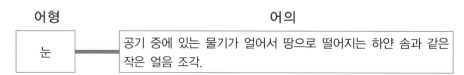

✱ 단어 '마음'의 어형은 '마음, 맘' 둘이다. 단어 '마음'의 어의는 〈고〉에 따르면 다음 6개이다.[10] 즉 단어 '마음'은 **다형어**(多形語)이자 **다의어**(多義語)이다.

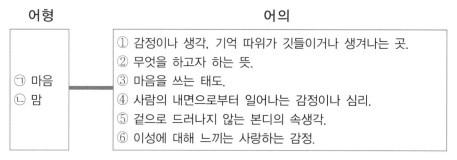

✱ 모든 단어는 문장 안에서 특정한 어형과 특정한 어의의 결합으로 쓰인다.

✱ 〈고〉의 다음 예문에서 단어 '마음'은 어형 ㉡과 어의 ④의 결합으로 쓰였다.

　• 희자의 눈물에 동석이는 맘이 흔들렸다.

✱ 한 단어가 가진 각각의 어형을 '**변이형**'(變異形)이라 부르기도 한다. 어형 '마음'과 '맘'은 단어 '마음'의 두 변이형이다.[11]

---

10) 〈고〉는 '마음'과 '맘'을 서로 다른 단어로 보았기 때문에 두 단어의 뜻풀이 순서 및 용례가 다르다. 본문의 설명은 '마음'과 '맘'이 한 단어라는 전제를 따른 것이다.

11) 한 형태소의 이형태 역시 '변이형'이라 부르기도 한다. 형태소에 대해서는 §2.1 참조.

1.8. 한국어의 사전

❋ 한국어의 사전은 19세기 말에 서양인들의 편찬으로 시작되었다.[12] 20세기를 거치면서 사전이 제공하는 정보의 양과 질이 모두 크게 발전했다. 21세기에는 웹사전이 보편화되어 이용이 매우 편리해졌다.

❋ 한국어 어휘에 관한 정보를 얻기 위해 이용할 만한 주요 사전은 다음과 같다.

유형	사전	편찬자 및 출판	특징
대사전	『표준국어대사전』 약호 〈표〉	• 국립국어원 편찬. • 1999년 초판 종이사전, 2008년 개정판 웹사전. • 국립국어원과 '네이버'에서 웹사전으로 제공.	• 표준어에 관한 규범사전. • 표제어 수는 약 42만 개. • 수시로 수정된다.
대사전	『고려대 한국어대사전』 약호 〈고〉	• 고려대학교 민족문화연구원 편찬. • 2009년 종이사전. • 2011년부터 '다음'에서, 2017년부터 '네이버'에서 웹사전으로 제공.	• 기술사전.[13] • 『표준국어대사전』과 다른 풀이를 참고할 수 있다. • 표제어 수는 약 38만 개.
대사전	『우리말샘』 약호 〈우〉	• 국립국어원 편찬. • 2016년 웹사전. • 국립국어원과 '네이버', '다음'에서 웹사전으로 제공.	• 이용자가 집필에 기여할 수 있는 개방형 사전. • 현대 표준어와 함께 방언, 북한어, 옛말, 신어 등을 폭넓게 수록하고 있다. • 표제어 수는 약 116만 개. • 수시로 수정된다.
중사전	『한국어 기초사전』 약호 〈기〉	• 국립국어원 편찬. • 2016년 웹사전.	• 한국어 학습자용 사전. • 이 사전의 뜻풀이를 번역한 11가지 한외 학습사전과 연결되어 있다. • 표제어 수는 약 5만 개.
소사전	『외국인을 위한 한국어 학습 사전』	• 서상규 외 7인 편찬. • 2006년 종이사전.	• 한국어 학습자용 사전. • 표제어 수는 약 8000개.

---

12) 여기서의 '사전'은 '사전(辭典)'이다. '언어사전(言語辭典)'이라고도 한다. 언어를 풀이한 책이다. 한편 '사전(事典)'은 사실이나 사항을 풀이한 책으로서 '백과사전(百科事典)' 같은 것이다.

13) 기술사전(記述辭典)은 옳고 그름을 규정하는 규범사전과 달리 언어의 실태를 보여준다.

1.9. 사전 표제어와 단어

✻ 사전은 단어를 풀이한 책이다. 그러나 실제로는 단어가 아닌 말들도 **표제어**(標題語)로 수록하여 풀이하고 있다. 단어인 표제어에는 품사가 표시되어 있다.

✻ 사전의 표제어로서 단어가 아닌 말로는 다음과 같은 것들이 있다.

- 조사 : 이(주격조사), 처럼(부사격조사)
- 어미 : ‒는다(종결어미), ‒었‒(선어말어미)
- 접사 : 헛‒(접두사), ‒꾼(접미사)
- 어근 : 착　✻‘착하다’의 어근
- 구 : 경주 분황사 모전석탑　✻유물 이름
- 문장 : 빼앗긴 들에도 봄은 오는가　✻시 작품명
- 준말 : 내　✻대명사 ‘나’에 조사 ‘의’가 붙은 ‘나의’의 준말

✻ 〈표〉와 〈기〉의 표제어 통계는 실제로 사전 표제어가 어떤 말들로 구성되어 있는지를 잘 보여준다.[14]

<table>
<tr><td colspan="2" align="center">**〈표〉의 표제어 통계**</td></tr>
<tr><td colspan="2" align="center">유형</td><td>개수</td></tr>
<tr><td colspan="2">단어</td><td>351,968</td></tr>
<tr><td rowspan="6">단어가
아닌 말</td><td>조사</td><td>180</td></tr>
<tr><td>어미</td><td>808</td></tr>
<tr><td>접사</td><td>531</td></tr>
<tr><td>어근</td><td>7,303</td></tr>
<tr><td>구, 문장</td><td>62,929</td></tr>
<tr><td>기타</td><td>472</td></tr>
<tr><td colspan="2">합계</td><td>424,191</td></tr>
</table>

<table>
<tr><td colspan="2" align="center">**〈기〉의 표제어 통계**</td></tr>
<tr><td colspan="2" align="center">유형</td><td>개수</td></tr>
<tr><td colspan="2">단어</td><td>47,325</td></tr>
<tr><td rowspan="6">단어가
아닌 말</td><td>조사</td><td>156</td></tr>
<tr><td>어미</td><td>504</td></tr>
<tr><td>접사</td><td>504</td></tr>
<tr><td>어근</td><td>0</td></tr>
<tr><td>구</td><td>921</td></tr>
<tr><td>기타</td><td>1,554</td></tr>
<tr><td colspan="2">합계</td><td>50,964</td></tr>
</table>

✻ 〈기〉에는 위 표의 표제어들 외에 ‘문법·표현’ 996개가 표제어로 실려 있다. ‘문법·표현’은 문법기능을 가진 다음과 같은 표현들을 가리킨다.

- ‒거든요 : 어미 ‘‒거든’ 뒤에 조사 ‘요’가 결합한 말.
- ‒고 싶다 : 어미 ‘‒고’ 뒤에 보조형용사 ‘싶다’가 결합한 말.

✻ 〈표〉, 〈고〉 등의 일반적인 사전은 ‘문법·표현’을 표제어로 올리지 않는다. 이러한 결합체에 대한 설명은 문법서의 몫이라고 보기 때문이다.

---

14) 〈표〉는 ‘자세히 찾기’에서 숙어(‘관용구’로 표현되어 있음)와 속담을 제외한 표제어(즉 주표제어)를 검색한 결과이고, 〈기〉는 ‘자세히 찾기’에서 ‘문법·표현’을 제외한 표제어를 검색한 결과이다.

1.10. 단어의 실재 여부와 사전 등재 여부

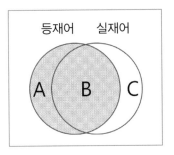

* **등재어**(登載語)는 사전에 표제어로 실려 있는 단어이다. 그림에서 'A+B' 영역이다.
* **실재어**(實在語)는 현실어에서 사용하는 단어이다. 그림에서 'B+C' 영역이다.
* **유령어**(幽靈語)는 사전에 표제어로 등재되어 있지만 현실어에서 사용하지 않는 단어이다. 그림에서 'A' 영역이다. 그러나 특정한 단어가 현실어에서 사용하지 않음을 증명하는 일은 쉽지 않다. 그렇더라도 다음의 '넛살, 되모시'는 유령어로 볼 수 있다.[15]
  • 넛살, 되모시
* 〈네이버 뉴스라이브러리〉에 '넛살'은 1회도 출현하지 않는다. '되모시'는 5회 출현하는데 1981~1983년의 4건은 뜻풀이가 병기되어 있고 그 가운데 3건은 아껴야 할 고유어의 예로서 제시되었다. 1994년의 1건은 퀴즈문제로 소개되어 있다. 이러한 사실은 '되모시'가 한국어 원어민이 자연스럽게 사용하는 단어가 아님을 뜻한다.
* 현실어에서 사용하지만 사전에 등재되어 있지 않은 단어는 **미등재**(未登載) **실재어**이다. 그림에서 'C' 영역에 속한다. 〈표〉, 〈고〉, 〈우〉에 등재되어 있지 않은 다음의 '왼눈썹' 등이 미등재 실재어이다.
  • 등재어 : 왼눈, 오른눈 / 오엑스문제 / 제곱미터, 제곱센티미터, 제곱킬로미터
  • 미등재 실재어 : 왼눈썹, 오른눈썹[16] / 오엑스퀴즈 / 제곱밀리미터
* 사자성어 '파죽지세(破竹之勢)'로부터 만들어진 명사 '파죽'은 〈네이버 뉴스라이브러리〉에 1920년부터 1999년까지 계속 출현한다. 초기에는 '파죽의 세(勢)'라는 표현에 많이 쓰였고 1970년대부터는 '파죽의 5연승'과 같은 표현에 많이 쓰였다. 그러나 〈표〉, 〈고〉에도 '파죽'이 등재되어 있지 않으며 2016년에 비로소 〈우〉에 등재되었다. '파죽'은 의심할 바 없는 실재어가 아주 오랫동안 사전에 등재되지 못한 드문 예이다.

---

15) 말뭉치가 구축된 1990년대 이후에는 말뭉치에 출현하지 않는 단어를 유령어라고 판정하기도 한다. 그러나 누군가가 사전에 등재된 단어를 언제라도 현실어에서 사용할 가능성이 있기 때문에 여전히 유령어 판정은 쉽지 않다.

16) 〈표〉에 따르면 관형사 '왼, 오른'을 사용하여 '왼 눈썹, 오른 눈썹'으로 적어야 한다.

1.11. 사전에 따른 표제어 등재의 차이

✽ 〈표〉는 개의 꼬리를 뜻하는 '개꼬리'를 표제어로 등재하지 않았다. 다음 속담은 표제어 '개' 아래에 실려 있다. '개 꼬리'를 구로 처리하고 있는 것이다.
  • 개 꼬리 삼 년 묵어도[묻어도/두어도] 황모 되지 않는다.
✽ 〈고〉는 '개꼬리'를 표제어로 등재했다. '개꼬리'를 한 단어로 인정한 것이다. 다음 속담은 표제어 '개꼬리' 아래에 실려 있다.
  • 개꼬리 삼 년 두어도 황모 못 된대[되지 않는다].
✽ 개의 꼬리를 뜻하는 같은 말에 대한 〈표〉와 〈고〉의 단어 인정 태도가 다른 것이다. 사전에서의 합성어 인정 여부에 대해서는 §2.12 참조.
✽ '짜장면, 짜장밥' 등의 재료인 '짜장'이 〈표〉에는 없고 〈고〉에는 있다.
✽ 매우 조용한 상태를 뜻하는 말 '쥐 죽은 듯'을 〈표〉는 구로 처리한 반면, 〈고〉는 단어 '쥐죽은듯'으로 처리하고 품사를 부사로 표시했다.
✽ 〈고〉는 〈표〉를 참고하면서 편찬했기 때문에 〈고〉에는 의도적으로 〈표〉와 다르게 처리한 사항들이 많다. 〈고〉는 '쥐 죽은 듯'이 '쥐가 죽은 듯이 (조용하다/고요하다)'라는 구에서 온 것은 사실이지만 의미가 변하고 형태가 고정되어서 한 단어로 처리해도 좋다는 판단한 것이다.
✽ 한편 〈표〉, 〈고〉에 실리지 않은 최근의 신어를 확인하는 데에 〈우〉가 유용하다. 〈우〉는 〈표〉의 표제어를 모두 포함한 상태에서 현대한국어의 단어를 가장 다양하게 보여주는 사전이다.
✽ 〈우〉에는 전문가 감수를 거쳐 등재된 말 1,172,732개가 등재되어 있다. 이 가운데 8품사에 속하는 표제어는 746,398개이다. 여기서 방언, 북한어, 옛말을 제외한 표제어, 즉 현대 표준어 단어는 약 56만 개(559,496개)이다.
✽ 그런데 〈우〉는 〈표〉, 〈고〉 등 일반적인 사전과 달리 **의미소**(意味素)가 다르면 표제어를 분할한다(의미소에 대해서는 §6.3 참조). 그래서 위의 56만 개는 단어의 수가 아니다. 또 〈우〉는 아직 표준어 판정을 받지 않은 신어도 다량 수록하고 있다. 그래서 현대 표준어 단어는 〈표〉에 실린 단어 표제어(§1.9 참조)를 기준으로 약 35만 개라고 할 수 있다.[17]

---

17) 〈표〉에는 '으스스'의 비표준어 '으시시' 같은 표제어도 규범정보를 보일 목적으로 싣고 있으므로 35만 개 중 일부는 표준어가 아님을 감안할 필요가 있다.

2.1. 단어의 형태소분석

✳ 단어를 더 작은 요소로 분석하면 그 단어를 이해하는 데 도움이 된다.

✳ 소금을 비싸게 팔려면 소 따로 팔고 금 따로 팔면 된다는 우스개가 있다. 그러나 사실 '소금'은 '소+금'의 **조어구조**(造語構造)가 아니다. '소금'의 '소'와 '금'은 동물을 가리키는 '소', 금속을 가리키는 '금'과 우연히 형태가 같을 뿐이다.

- 소금≠소+금

✳ '소금'은 더 이상 의미 있는 요소들로 분석할 수 없다. 즉 '소금' 그 자체로 형태소이다. **형태소**(形態素)는 의미를 가진 최소의 언어단위이다.

✳ '소나무'는 '소+나무'로 분석할 수 있을 것이다. 그런데 이 '소'를 동물 소로 이해한다면 오산이다. '소'는 '솔'의 변이형이다. '솔'의 'ㄹ'이 'ㄴ' 앞에서 탈락했다. '소금'과 마찬가지로 '솔'과 '나무'도 형태소이다.

- 소나무＝형태소 '솔'+형태소 '나무'

✳ '산토끼'의 반대말이 무엇이냐는 우스개 문제가 있다. 가능한 답이 ①부터 ⑥까지 여러 개이다.

'산토끼'의 반대말

① 끼토산	③ 바다토끼	⑤ 판 토끼
② 집토끼	④ 죽은 토끼	⑥ 알칼리토끼

✳ 산토끼는 야생토끼이고 집토끼는 집에서 기르는 토끼이므로 '산토끼↔집토끼'가 자연스러운 반의관계를 형성한다고 볼 수 있다. 나머지는 언어유희이다.

✳ ②~⑥은 모두 '산토끼'에 대한 일정한 형태소분석에 바탕을 두고 있다. 즉 '산토끼'의 앞 성분 '산'을 각각 다음과 같이 분석하고 있다.

'산토끼'의 형태소분석

② 산(山)↔집	③ 산(山)↔바다	⑤ 산(사-은)↔판
	④ 산(살-은)↔죽은	⑥ 산(酸)↔알칼리

✳ 야생토끼를 가리키는 '산토끼'의 옳은 분석은 '산(山)+토끼'이다. '산'과 '토끼' 각각은 더 이상 분석이 안 된다.

- 산토끼＝형태소 '산'+형태소 '토끼'

✳ '산바람, 들바람'과 달리 '산들바람'에는 형태소 '산, 들'이 들어 있지 않다.

- 산바람＝산+바람, 들바람＝들+바람　✳ '산, 들, 바람'이 형태소.
- 산들바람＝산들+바람　✳ '산들, 바람'이 형태소.

2.2. 조어구조의 표시

✱ 〈표〉를 비롯한 대부분의 사전에서는 조어구조를 표제어에 붙임표 '-'로 표시한다. 모든 형태소를 분석하지 않고 일차적으로 분석되는 두 성분, 즉 **직접성분**(直接成分)만을 다음과 같이 보여준다.

- 양배추 : 양–배추
- 중얼거리다 : 중얼–거리다
- 아프리카검은코뿔소 : 아프리카–검은코뿔소

✱ 〈고〉는 '형태 정보' 항목에서 [ ] 안에 모든 형태소를 분석해 보여준다.[18)]

- 양배추 : [=洋+배추]
- 중얼거리다 : [±중얼–거리_다]
- 아프리카검은코뿔소 : [+Africa+검_은+코+뿔+소]

✱ 이 책에서는 조어구조를 정밀하게 표시할 때 [ ] 안에 각 항목의 정체를 다음과 같은 기호로 표시한다. 또 우선 묶이는 항목들은〖 〗로 표시한다.

항목	기호	예	예를 포함한 단어	조어구조 표시
단어	+□	+꽃 +보	꽃 보다	[+꽃] [+보_다]
어근	±□	±다람	다람쥐	[±다람+쥐]
접두사	=□	=맨	맨손	[=맨+손]
접미사	=□	=질 =스럽	손질 자연스럽다	[+손=질] [〖+자연=스럽〗_다]
어미	_□	_은 _었	오랜 섰다 ✱노름	[+오래_은] [+서_었_다]
조사	×□	×이야말로	그야말로	[+그×이야말로]
어절경계	□#□	그만#두다	그만두다	[〖〖+그×만〗#두_〗_다]

✱ 다만, 조어구조를 대강 표시할 때는 '다람+쥐, 맨-손, 자연-스럽-다, 그+만#두-다'와 같이 항목들 사이에 '+, -, #'만 넣는다. 어절경계는 '#'로 표시하고, 접두사 뒤, 접미사 앞, 어미 앞에는 '-', 나머지 항목들 사이에는 '+'를 쓴다.

✱ 용언 끝에 붙은 어미 '-다'는 용언의 일부가 아니다(§1.5 참조). 그러므로 용언의 조어구조를 논의할 때 어미 '-다'는 고려하지 않는다.

---

18) 〈고〉에서 사용하는 기호는 다음과 같다.
　　+단어, +조사, ±어근, =접두사, -접미사, _어미

2.3. 단어를 만드는 방법

* 단어를 만드는 방법에 따라 단어를 여러 유형으로 나눌 수 있다.

단어를 만드는 방법에 따른 단어의 유형

단어를 만드는 방법				단어의 유형	
기존 요소를 이용하는 방법	조어법	복합	합성	합성어	복합어
			파생	파생어	
		축약		축약어	
		변태		변태어	
		재분석		재분석어	
기존 요소와 관련없는 방법		창조		창조어	
다른 언어를 이용하는 방법		차용		차용어	

* **복합**(複合)은 기존 요소들을 앞뒤로 연결하는 것이다.
  * 손+목→ 손목 *합성
  * 가위-질→ 가위질 *파생
* **축약**(縮約)은 기존 요소의 형태를 짧게 줄이는 것이다.
  * 대(구)+(아)프리카→ 대프리카
* **변태**(變態)는 기존 단어의 형태를 조금 바꾸어 의미나 어감이 조금 다른 단어를 만드는 것이다. §2.23 참조.
  * 감성(感性)→ 갬성
* **재분석**(再分析)은 문법구조나 조어구조를 원래와 다르게 해석하는 것이다. 재분석에 의한 단어의 형성은 조어법보다 어휘변화의 하나인 어휘화로 보는 것이 낫다. §4.17~§4.18 참조.
  * 접미사 '-기(氣)'→ 명사 '끼' *'물기, 장난기, 웃음기, 핏기' 등에서의 접미사
  * 구 '찬 물'→ 명사 '찬물'
* **창조**(創造)는 전에 없던 새 형태소를 만들고 그것을 단어로 사용하는 것이다.
* **차용**(借用)은 다른 언어에서 빌려온 말을 가지고 단어를 만드는 것이다.
* 위의 여러 방법 가운데 **조어법**(造語法)의 전형은 복합이다.[19] 축약도 흔히 조어법으로 인정한다. 변태와 재분석은 좁은 의미의 조어법에 잘 넣지 않는다.
* 이 장에서는 복합(합성과 파생), 축약, 변태에 대해 다루고, 차용은 §3.15 이하에서 다루며, 재분석과 창조는 다루지 않는다.

---

19) '조어법'을 '단어형성법(單語形成法)'이라 부르기도 한다.

2.4. 생산성

✽ 어떤 단어는 복합어를 아주 많이 만들어 낸다. 즉 **생산성**(生産性)이 높다.

✽ 명사 '처음'과 '끝'은 〈기〉의 초급 단어로서 중요도가 매우 높다. 그러나 이들이 참여한 복합어의 수는 큰 차이를 보인다.

✽ 〈표〉의 표제어 가운데 단어 '처음'이 참여한 복합어는 '난생처음'이 유일하다. 그러므로 '처음'은 생산성이 매우 낮다.[20]

   • 합성어 : 난생처음

✽ '끝'은 다음과 같이 많은 복합어를 만들어내므로 생산성이 높다.

   • 합성어 '끝+~' : 끝구, 끝기도, 끝나다, 끝내다, 끝눈, 끝단, 끝단속, 끝돈, 끝동, 끝마감, 끝마디, 끝마무리, 끝마치다, 끝말, 끝매듭, 끝맺다, 끝머리, 끝물, 끝빨다, 끝서리, 끝소리, 끝손질, 끝수, 끝없다, 끝인사, 끝일, 끝자락, 끝자리, 끝잔, 끝줄, 끝판
   • 합성어 '~+끝' : 뒤끝, 땅끝, 똥끝, 말끝, 머리끝, 명치끝, 발끝, 붓끝, 뼈끝, 손끝, 일끝, 잎끝, 창끝, 칼끝, 코끝, 턱끝, 털끝, 혀끝
   • 파생어 : 끝내, 끝장

✽ '처음'과 '끝'의 생산성을 고려하면 '처음'보다 '끝'의 **중요도**(重要度)가 훨씬 더 높다고 평가할 수 있다.

✽ 각 접사의 생산성도 다양하다.

✽ 접미사 '-스럽다'가 붙은 파생어는 〈표〉에 821개가 실려 있다.

   • 가공스럽다(可恐스럽다), 가관스럽다(可觀스럽다) … 흥감스럽다, 희한스럽다(稀罕스럽다)

✽ 접미사 '-까짓'이 붙은 파생어는 〈표〉에 8개가 실려 있다.

   • 고까짓, 그까짓, 네까짓, 요까짓, 이까짓, 저까짓, 제까짓, 조까짓

✽ 〈기〉에서 '-스럽다'와 '-까짓'을 똑같이 '고급'보다 중요도가 낮은 '등급 없음'으로 처리하고 있지만 이들의 생산성을 고려하면 '-까짓'보다 '-스럽다'의 중요도를 훨씬 더 높게 평가할 수 있을 것이다.

✽ 생산성은 **단어족**(單語族)의 크기와 직결된다. 즉 단어나 접사의 생산성은 이들이 형성하는 단어족의 크기와 비례한다. 단어족에 대해서는 §7.6~§7.9 참조.

---

20) 〈고〉에는 활쏘기와 관련된 단어로서 '처음입사(처음入射)'가 표제어로 실려 있다. 이 단어를 포함하더라도 '처음'의 생산성은 매우 낮다.

2.5. 단순어와 복합어

✱ 단어를 만드는 가장 쉬운 방법은 기존 요소들을 앞뒤로 연결하는 것이다. 이것을 '**복합**(複合)'이라 한다. 복합에 의해 만들어진 단어는 **복합어**(複合語)이다.

✱ 복합에 참여하는 요소들은 형태소 또는 형태소들의 결합이다. 그러므로 복합어는 둘 이상의 형태소로 이루어진 단어로 정의할 수도 있다. 한편 한 형태소로만 이루어진 단어는 **단순어**(單純語)이다.[21]

- 단순어 : 형태소 하나로 이루어진 단어.
- 복합어 : 형태소 둘 이상으로 이루어진 단어.

✱ 복합어는 합성어와 파생어로 나누어진다. 어기와 어기가 결합해 만들어진 복합어가 합성어이고 어기와 접사가 결합해 만들어진 복합어가 파생어이다.

- 합성어 : 어기+어기
- 파생어 : 어기+접사

✱ 다음의 〈고〉의 표준어 표제어 통계를 보면 전체적으로 복합어가 단순어보다 조금 더 많다.[22]

〈고〉의 표준어 표제어의 단순어와 복합어 통계

품사	단순어	복합어	합계
명사	131,477	101,805	233,282
대명사	201	100	301
수사	91	72	163
동사	2,077	50,169	52,246
형용사	432	10,205	10,637
관형사	79	612	691
부사	3,171	8,857	12,028
감탄사	353	155	508
합계	137,881	171,975	309,856

✱ 명사의 경우 단순어가 복합어보다 조금 더 많다.

✱ 동사, 형용사, 관형사, 부사의 경우 복합어가 단순어보다 훨씬 더 많다. 동사, 형용사의 경우 '하다' 합성용언의 수가 많은 것이 주된 요인이다. §2.8 참조.

---

21) 단순어를 '단일어(單一語)'라 부르기도 한다.

22) 〈고〉의 조어구조 분석에 대해 해설한 다음 논문의 통계를 가공했다.
   김양진·이현희(2009) 「고려대 한국어대사전의 형태분석 정보」, 《민족문화연구》 51.

2.6. 합성어, 어기, 어근

* 복합어 중에서 둘 이상의 어기가 만나 만들어진 단어를 **합성어**(合成語)라 한다. 어기 둘이 결합하는 것이 일반적이다.
  * 합성어 : 어기+어기
* **어기**(語基)는 단어의 중심적 요소이다. 단어의 주변적 요소인 접사와 대립한다.
* 어기로 쓰이는 요소는 단어와 어근이다.
* 다음은 어기로서의 단어 둘이 결합한 합성어들이다.
  * 삼각＝삼+각
  * 삼각자＝삼각+자
  * 들소＝들+소
  * 아프리카들소＝아프리카+들소
* '삼각'의 어기는 '삼'과 '각'이고 '삼각자'의 어기는 '삼각'과 '자'이다.
* 다음과 같이 어기 셋 이상이 동시에 결합한 합성어는 극소수이다.
  * 상중하＝상+중+하
  * 동서남북＝동+서+남+북
* **어근**(語根)은 합성어나 파생어의 중심적 요소이지만 독립적으로는 쓰이지 않는 (즉 단어가 아닌) 요소이다. 합성어 '눈썰미'의 '썰미', 파생어 '심적(心的)'의 '심'은 어기이지만 독립적으로 쓰이지 않으므로 어근이다.[23]
* 어기 둘이 결합한 합성어의 구조는 다음 네 유형으로 나눌 수 있다.
  * 단어+단어 : 삼+각, 삼각+자, 들+소, 아프리카+들소, 손+발, 오+가다
  * 단어+어근 : 눈+썰미, 머리+맡, 손+톱, 팔+꿈치, 변+두리(邊두리), 아우+성(아우聲)
  * 어근+단어 : 꼼+수, 다람+쥐, 수족구+병(手足口病), 식+중독(食中毒), 정족+수(定足數), 깨끗+하다, 사로+잡다, 어긋+나다, 주저+앉다
  * 어근+어근 : 아슬+아슬, 안절+부절, 얼렁+뚱땅, 자장+자장, 흐느적+흐느적
* 어떤 말이 어근인지 아닌지는 정해져 있다. 예를 들어 '눈썰미'의 '썰미'는 어근으로 정해져 있다. 반면에 어떤 말이 어기인지 아닌지는 정해져 있지 않다. 예를 들어 '삼각'에서의 '삼'은 어기이지만 '삼각자'에서의 '삼'은 어기가 아니다.

---

23) 본문의 어기를 '어근'이라 부르는 견해도 있다. 그 경우에는 본문의 어근을 '비자립적 어근, 불규칙적 어근, 불완전 어근' 등으로 부른다.

2.7. 명명 합성명사, 동동 합성동사, 동미동 합성동사

✽ 명사와 명사가 결합해 합성명사를 만드는 조어법은 생산성이 매우 높다. '명사+명사' 구조의 합성명사를 '**명명 합성명사**'로 부를 수 있다.

✽ 〈기〉에서 검색한 4음절 명사 중에서 처음 100개 '가가호호(家家戶戶)~게릴라전(guerilla戰)' 가운데 명명 합성명사는 다음의 35개이다. '간+고등어' 외에는 모두 '2음절어+2음절어' 구조이다.

가감승제(加減乘除)	가슴둘레	가재도구(家財道具)	가지각색(가지各色)
가공식품(加工食品)	가시고기	가전제품(家電製品)	가축병원(家畜病院)
가공인물(架空人物)	가시광선(可視光線)	가정불화(家庭不和)	각계각층(各界各層)
가닥가닥1	가시덤불	가정용품(家庭用品)	각양각색(各樣各色)
가락국수	가시방석(가시方席)	가정의례(家庭儀禮)	간고등어
가로무늬	가시밭길	가정주부(家庭主婦)	간이식당(簡易食堂)
가로세로	가을바람	가족계획(家族計劃)	간접흡연(間接吸煙)
가루비누	가을보리	가족회의(家族會議)	감감소식(감감消息)
가설무대(假設舞臺)	가장행렬(假裝行列)	가지가지	

✽ 동사와 동사가 결합해 합성동사를 만드는 조어법도 생산성이 꽤 높다. '동사+동사' 구조의 합성동사를 '**동동 합성동사**'로, '동사+어미+동사' 구조의 합성동사를 '**동미동 합성동사**'로 부를 수 있다. 동미동 합성동사가 훨씬 더 많다.

✽ 〈기〉에서 '~+보다' 구조의 본동사를 검색하면 모두 57개이다.[24] 이 가운데 동동 합성동사는 2개(깔보다, 돌보다)이고, 동미동 합성동사는 41개이다. 이 41개를, 사이에 낀 어미가 '-어'인 것과 '-어다'인 것으로 나누면 다음과 같다.

동사-어+동사

• 거들떠보다, 건너보다, 굽어보다, 내보다, 넘보다, 노려보다, 눈여겨보다, 대보다, 돌아보다, 되돌아보다, 둘러보다, 뒤돌아보다, 떠보다, 뜯어보다, 맡아보다, 몰라보다, 물어보다, 바라보다, 살펴보다, 쏘아보다, 알아보다, 여쭈어보다, 우러러보다, 지켜보다, 째려보다, 찾아보다, 해보다, 훑어보다, 훔쳐보다, 휘둘러보다, 흘겨보다

동사-어다+동사

• 건너다보다, 내다보다, 내려다보다, 넘겨다보다, 넘어다보다, 돌아다보다, 들여다보다, 바라다보다, 올려다보다, 쳐다보다

---

24) 검색 결과 59개 가운데 '여쭤보다, 치어다보다'는 각각 '여쭈어보다, 쳐다보다'의 변이형으로 처리해 제외한다.

2.8. '하다' 합성용언

* **'하다' 합성용언**은 '어기+하다' 형식의 단어이다.[25]

* '하다' 합성용언의 수는 매우 많다. 〈표〉에 실린 용언 표제어 69,087개 가운데 '하다' 합성용언은 48,439개로서 약 70%를 차지한다.

'하다' 합성용언의 비중

유형	동사	형용사	합계[26]
'하다' 합성용언	38,293	10,762	49,055
기타	18,048	2,648	20,696
합계	56,341	13,410	69,751

* **'하다' 합성동사**의 주요 구조와 예는 다음과 같다.

동작성 명사+하다[27]
- 말하다, 답하다, 시작하다, 마무리하다, 말다툼하다, 어필하다

형용사-어+하다
- 기뻐하다, 좋아하다, 고마워하다, 힘들어하다, 조심스러워하다

부사+하다
- 잘하다, 못하다, 너무하다, 함께하다, 가까이하다, 오락가락하다, 흔들흔들하다

어근(한자요소)+하다
- 구하다(救하다), 당하다(當하다), 변하다(變하다), 정하다(定하다), 피하다(避하다)

* **'하다' 합성형용사**의 주요 구조와 예는 다음과 같다.

명사+하다
- 독하다, 안전하다, 진실하다, 광범위하다, 무질서하다, 불가능하다, 아이러니하다

부사+하다
- 덜하다, 띵하다, 우뚝하다, 아슬아슬하다, 울긋불긋하다

어근+하다
- 급하다, 딱하다, 그러하다, 깨끗하다, 가지런하다, 둥그스름하다, 쿨하다

---

25) '어기+하다' 형식의 단어를 합성어로 보기도 하고 파생어로 보기도 한다. '어기+하다'의 '하-'를 어기로 보면 합성어이고 접미사로 보면 파생어이다.

26) 동사와 형용사를 겸한 단어들이 있으므로 이 합계는 실제보다 많게 계산된다.

27) '동작성 명사'를 '술어명사'라 부르기도 한다.

2.9. 반복합성어

✱ 합성어 가운데 **반복합성어**(反復合成語)는 같은 어기를 반복해 만든 단어이다.[28] 대부분이 부사로 쓰인다.

✱ 반복합성어의 어기는 명사, 부사, 어근이다. 어기가 부사, 어근인 것은 상당수가 **의성의태어**(擬聲擬態語)이다. 의성의태어는 §5.16 참조.

명사+명사

- 구석구석, 제때제때, 주저주저, 차례차례

부사+부사

- 의성의태어 : 꼭꼭, 딱딱, 빙빙, 쑥쑥, 딸랑딸랑, 방긋방긋, 우뚝우뚝, 주룩주룩, 쭈뼛쭈뼛, 꼬르륵꼬르륵, 드르렁드르렁
- 기타 : 고루고루, 금방금방, 따로따로, 미리미리, 빨리빨리, 살짝살짝, 자꾸자꾸, 잠깐잠깐, 조금조금

어근+어근

- 누릇누릇, 망설망설, 미끈미끈, 설레설레, 아옹다옹, 차근차근, 어슬렁어슬렁

✱ 어기의 형태가 조금 달라지는 경우도 있다. 똑같은 형태의 어기를 반복하는 경우를 '**동일형**(同一形) **반복합성어**'라 한다면 어기의 형태가 조금 달라지는 경우는 '**유사형**(類似形) **반복합성어**'라 할 수 있다.

✱ 다음의 유사형 반복합성어 가운데 '울긋불긋'은 형용사 '붉-'에서 발달한 '불긋'이 어기의 원래 형태이고 이것이 반복되는 과정에서 '울긋'으로 바뀐 것이다. '얼룩덜룩'은 '얼룩'이 어기의 원래 형태이고 '덜룩'은 변형된 형태이다.

- 불긋→ 울긋불긋
- 얼룩→ 얼룩덜룩
- 어중이→ 어중이떠중이

✱ 다음과 같이 어기의 원래 형태가 무엇인지 알기 어려운 경우도 있다.

- 아기자기, 옹기종기, 우둘투둘

✱ 반복합성어인 4음절, 6음절 의성의태어에 '하다'가 붙어 용언이 되는 경우가 많다.

- 동사 : 딸랑딸랑하다, 아등바등하다, 어슬렁어슬렁하다
- 형용사 : 아기자기하다, 우뚝우뚝하다, 얼룩덜룩하다

---

28) 반복합성어를 '첩어(疊語)' 또는 '중첩어(重疊語)'라 부르기도 한다.

2.10. 합성어와 구의 구조적 차이

✽ 관형어와 부사어는 수식어이다. 체언을 수식하는 것은 관형어이고 용언을 수식하는 것은 부사어이다.
- 힘든 운동(을) 하다   ✽관형어 '힘든'이 명사 '운동'을 수식함.
- 힘들게 운동하다   ✽부사어 '힘들게'가 동사 '운동하다'를 수식함.

✽ 관형어가 동사를 수식할 수 없으므로 '힘든 운동하다'라고 할 수는 없다. 또 합성어 '운동하다'의 어기 '운동'만 '힘든'의 수식을 받는 구조로 이해할 수도 없다.

✽ 서술어 '뒤집다'의 목적어로 '모자'는 가능하나 '밀가루'는 불가능하다. 따라서 밀가루를 모자처럼 뒤집어서 쓰는 일은 상상하기 어렵다.
- 모자를 뒤집어 썼다. (≒모자를 뒤집어서 썼다.)
- 밀가루를 뒤집어 썼다. (×)

✽ 그런데 서술어 '뒤집어쓰다'의 목적어로는 '모자'도 가능하고 '밀가루'도 가능하다.
- 모자를 뒤집어썼다. (≒모자를 썼다.)
- 밀가루를 뒤집어썼다. (≒머리 위에서 쏟아져 퍼진 밀가루를 맞았다.)

✽ '뒤집어쓰다'의 어기 '뒤집어'는 '밀가루'를 목적어로 취하는 서술어가 될 수 없지만, 단어 '뒤집어쓰다'는 서술어로서 '밀가루'를 목적어로 취할 수 있다.

✽ 다음 예에서 '전혀 안 매운 매운'은 안 매우면서 동시에 맵다고 하는 모순이 발생한다. 의미적으로 부적격하다.
- [전혀 안 매운 매운] [탕] (×)

✽ 그러나 다음 예에서는 '전혀 안 매운'이 '매운'과 직접 결합하지 않는다. 그러므로 모순이 발생하지 않는다. '매운'은 '탕'과 직접 결합해 합성어가 되고 '전혀 안 매운'은 '매운탕'과 직접 결합한다. '매운탕'이라는 이름을 가진 특정한 음식이 전혀 맵지 않다는 의미가 성립한다.
- [전혀 안 매운] [매운탕]

✽ 이상에서 보듯이 단어와 구는 문법구조의 관점에서 다르게 행동한다.
- 단어 : 운동하다, 뒤집어쓰다, 매운탕
- 구 : 운동 하다, 뒤집어 쓰다, 매운 탕

2.11. 합성어와 구의 의미적 차이

✽ 단어의 의미는 비교적 고정되어 있다. 이것을 '**어의**(語義)**의 고정성**(固定性)'이라 한다. 그 반면에 구의 의미는 다양한 해석의 가능성을 안고 있다.

✽ 〈고〉는 단어 '마른안주'를 다음과 같이 풀이하고 있다.
  • 마른안주 : [명] 과자나 땅콩, 포(脯) 따위의 물기 없는 안주.

✽ 마른안주의 재료는 과자, 땅콩, 포 등으로 정해져 있다. 화자와 청자는 특정 재료로 구성한 안주를 '마른안주'라고 부르자는 사회적 약속에 동의하고 '마른안주'라는 단어의 형태와 의미를 기억한 상태에서 소통한다.

✽ 한편 '마른 안주'라고 구로 표현하면 재료에 제한이 없어진다. 어떤 재료로 된 안주든지 물기가 없이 말라 있으면 '마른 안주'라고 표현할 수 있다. 따라서 다음과 같은 문장이 가능하다.
  • 안주에 물을 엎질렀다. 마른 안주와 젖은 안주를 나누어 정리했다.

✽ 단어 '마른안주'는 구 '마른 안주'가 가질 수 있는 다양한 의미 가운데 특정한 의미만을 가진 채 단어가 된 것이라고 할 수 있다. 단어가 아닌 요소로부터 단어가 형성되는 과정은 **어휘화**(語彙化)이다. 어휘화에 대해서는 §4.17 참조.

✽ 단어 '제자리'는 구 '제 자리①'이 어휘화한 결과이다.
  • 제자리 [명] : ① 무엇이 처음에 있던 자리. / ② 마땅히 있어야 할 자리.
  • 제 자리 : ① 자기의 자리. / ② '내 자리'의 겸양어.

✽ 복수의 청자를 높이는 대명사 '여러분'도 구 '여러 분'이 어휘화한 것이다.
  • 여러분 [대] : '너희'의 존대어. '너희'와 달리 호칭어로도 쓰인다.
  • 여러 분 : '여러 명'의 존대어.
  • 어린이 여러분!   ✽'여러분'이 호칭어로 쓰임.
  • 어린이 여러 분이 대기 중이다. (?)
  • 어린이 여러 명이 대기 중이다.
  • 방문객 여러 분이 대기 중이다.

✽ 다음과 같은 대명사 '이것' 등은 구 '이 것' 등으로부터 어휘화된 것이지만 어휘화 이전의 구 '이 것' 등은 쓰지 않는다. 이 경우에는 구 '이 것' 등이 가질 수 있는 의미를 그대로 가진 채 어휘화가 일어났다.
  • 이것, 그것, 저것, 이곳, 그곳, 저곳, 이쪽, 그쪽, 저쪽
  • 이이, 그이, 저이, 이분, 그분, 저분
  • 이놈, 그놈, 저놈, 이년, 그년, 저년

2.12. 합성어의 사전 등재 여부

✱ 명사 '고양이세수'와 동사 '가득차다'는 〈고〉에 실려 있고 〈표〉에 실려 있지 않다. 〈표〉는 이들을 각각 '고양이 세수'와 '가득 차다'와 같이 구로 보기 때문이다. 이것은 합성어와 구의 구별이 쉽지 않음을 보여준다.

✱ '명사+명사' 구조의 말을 합성명사 표제어로 등재하고 있는지를 〈표〉, 〈고〉, 〈우〉에서 살펴보면 다음과 같다.29)

'~+팬' 구조의 합성명사

　　〈표〉, 〈고〉 : 야구팬

　　〈우〉 : 축구 팬, 농구 팬, 배구 팬

'~+바람' 구조의 합성명사

　　〈표〉, 〈고〉 : 봄바람, 가을바람, 겨울바람

　　〈우〉 : 여름 바람

'~+물' 구조의 합성명사

　　〈표〉, 〈고〉 : 바닷물, 강물, 냇물, 도랑물, 샘물, 수돗물, 우물물

　　✕ : 호숫물, 접싯물30)

'~+알' 구조의 합성명사31)

　　〈표〉 : 구렁이알, 누에알, 메추리알, 밑알, 비웃알, 새알, 쌍알, 홀알

　　〈고〉 : 구렁이알, 개구리알, 메추리알, 밑알, 비웃알, 새알, 쌍알, 오리알, 홀알

　　〈우〉 : 공룡알, 도롱뇽알, 오리알, 타조알

　　✕ : 거북이알, 두꺼비알, 뱀알, 악어알, 제비알

✱ 구조가 같은 말을 같은 부류로 처리하는 것이 타당하다면 위의 예들을 모두 합성명사로 인정하고 붙여 쓰는 것이 바람직할 것이다.

✱ 사전이 합성명사를 빠짐없이 표제어로 싣지 못할 수 있으므로 사전에 실려 있지 않다고 해서 합성명사가 아니라고 단정할 필요는 없다.32)

---

29) 〈우〉는 〈표〉의 표제어를 모두 포함하고 있다. 그러므로 〈표〉에 실리지 않은 표제어가 있는 경우에만 〈우〉를 따로 제시한다.

30) 〈표〉, 〈고〉는 '접시 물에 빠져 죽지.' 같은 속담에서 '접시 물'로 표기하고 있다.

31) 동물의 알을 가리키는 단어만 나열한 것이다. 〈표〉의 경우 구 모양의 물체를 알에 비유한 단어 '깨알, 낟알, 당구알, 대포알, 모래알, 바둑알, 밥알, 안경알, 총알, 콩알' 등을 표제어로 등재하고 있다.

32) 〈우〉는 〈표〉에 단어로 실려 있지 않으면 구로 실은 것이 많다.

2.13. 파생어와 접사

✻ 복합어 중에서 어기에 접사가 붙어 만들어진 단어가 **파생어**(派生語)이다.

✻ **접사**(接辭)는 단어를 형성하는 요소 중 주변적 요소이다. 접사는 홀로 쓰이지 못하고 단어의 주변적 요소로만 쓰인다.

✻ 접사에는 어기 앞에 붙는 **접두사**(接頭辭), 어기 뒤에 붙는 **접미사**(接尾辭)가 있다. 접두사가 붙은 단어는 **접두파생어**, 접미사가 붙은 단어는 **접미파생어**이다.

접두파생어 : 접두사+어기

- 접두사+단어 : 군-살, 막-차
- 접두사+어근 : 군-더더기, 막-바지

접미파생어 : 어기+접미사

- 단어+접미사 : 가위-질, 사회-적(社會的), 마음-보
- 어근+접미사 : 자맥-질, 대대-적(大大的), 심-보(心보)

✻ 소수의 접미사는 파생어를 만들지 않는다. 그 대신 문장을 형성하는 데 기여한다. 예를 들어 '한 시간'에 접미사 '-가량(假量)'이 붙은 '한 시간가량'에서 '시간가량'은 단어가 아니므로 파생어도 아니다. 다음 접사들도 마찬가지이다.

- -가량(假量) : 한 시간가량
- -당(當) : 30명당
- -들 : 사람들
- -생(生) : 2020년 5월 5일생
- -씩 : 두 사람씩

- -어치 : 천 원어치
- -여(餘) : 두 시간여
- -짜리 : 방 두 개짜리
- -째 : 두 달째
- -쯤 : 내일쯤

✻ 파생어를 만드는 '군-, -질' 등을 '**어휘적 접사**', 파생어를 만들지 않는 '-가량, -당' 등을 '**문법적 접사**'라 불러 구별할 수 있다.

✻ 어떤 말을 접사로 인정할 것인지에 대해 견해가 다른 경우가 있다.[33]

사전	늦공부, 늦가을, 늦되다	한 시간가량	귀신같다, 벼락같다, 한결같다
〈표〉	접두사 '늦-'	접미사 '-가량'	형용사 '같다'
〈고〉	형용사 '늦다'	명사 '가량'	접미사 '-같다'

✻ '늦공부'는 〈표〉에 따르면 파생어, 〈고〉에 따르면 합성어이고, '귀신같다'는 〈표〉에 따르면 합성어, 〈고〉에 따르면 파생어이다.

---

33) 〈고〉는 '가량'을 명사로 보고 '한 시간 가량'과 같이 '가량'을 앞말과 띄어서 적는다.

2.14. 접사의 통계와 등급별 접두사

✳ ⟨표⟩와 ⟨기⟩에 실린 접사의 통계는 다음과 같다.

⟨표⟩에 실린 접사

구분	접두사	접미사	합계
고유접사	83	111	194
한자접사	98	237	335
외래접사	0	0	0
혼종접사	0	2	2
합계	181	350	531

⟨기⟩에 실린 접사

등급	접두사	접미사	합계
초급	0	2	2
중급	12	48	60
고급	11	64	75
등급 없음	140	227	367
합계	163	341	504

✳ ⟨기⟩에 실린 접사 504개(접두사 163개, 접미사 341개)는 ⟨표⟩에 실린 접사 531개(접두사 181개, 접미사 350개)와 큰 차이가 나지 않는다. 표제어 규모에서 ⟨표⟩가 ⟨기⟩의 약 8배인 점을 고려하면 대부분의 접사는 중요도가 높은 편이라고 할 수 있다.

✳ ⟨기⟩에 실린 등급별 접두사는 다음과 같다. 이 가운데 고급의 '참-'만 고유접두사이고 나머지는 모두 한자접두사이다.

초급 (없음)

중급 (12개)[34]

- 대(大)- : 대가족, 대성공
- 무(無)- : 무감각, 무관심
- 부(不)- : 부정확, 부주의
- 불(不)- : 불가능, 불이익
- 비(非)- : 비공개, 비현실적
- 소(小)- : 소규모, 소도시

- 신(新)- : 신기록, 신제품
- 재(再)- : 재검토, 재방송
- 저(低)- : 저기압, 저소득
- 제(第)- : 제일, 제이
- 초(初)- : 초여름, 초저녁
- 친(親)- : 친동생, 친정부

고급 (11개)

- 고(古)-, 극(極)-, 다(多)-, 부(副)-, 생(生)-, 수(數)-, 원(原)-, 참-, 총(總)-, 최(最)-, 탈(脫)-

---

34) ⟨기⟩에서 '부(不)-'와 '불(不)-'을 각각 표제어로 실어서 서로 다른 접두사로 처리하고 있지만 사실은 동일한 접두사의 변이형들이다. 둘 중 '불(不)-'을 기본형으로 선택할 수 있다. 따라서 중급의 접두사는 11개라고 하는 것이 정확하다.

2.15. 등급별 접미사

✱ 〈기〉에 실린 등급별 접미사는 다음과 같다. 대부분이 한자접미사이다.

초급 (2개)
- −되다 : 사용되다, 헛되다
- −하다 : 생각하다, 건강하다

중급 (48개)[35]
- −가(家) : 사업가, 전문가
- −가량(假量) : 30세가량, 한 시간가량
- −간(間) : 한 달간, 대장간
- −감(感) : 긴장감, 책임감
- −객(客) : 관광객, 방문객
- −관(館) : 도서관, 체육관
- −관(觀) : 가치관, 세계관
- −권(權) : 결정권, 소유권
- −기(機) : 비행기, 청소기
- −님 : 부모님, 선생님
- −당(當) : 시간당, 30명당
- −력(力) : 경제력, 정신력
- −료(料) : 관람료, 조미료
- −률(率) : 상승률, 출생률
- −문(文) : 감상문, 안내문
- −물(物) : 음식물, 장애물
- −별(別) : 단계별, 종류별
- −비(費) : 교통비, 생활비
- −사(士) : 변호사, 조종사
- −사(社) : 방송사, 여행사
- −사(師) : 간호사, 미용사
- −생(生) : 2020년 5월 5일생, 1년생
- −생(生) : 대학생, 졸업생
- −성(性) : 가능성, 중요성
- −소(所) : 사무소, 휴게소
- −씩 : 조금씩, 두 사람씩
- −어(語) : 고유어, 한국어
- −여(餘) : 십여, 두 시간여
- −용(用) : 여행용, 일회용
- −원(圓) : 판매원, 회사원
- −원(院) : 요양원, 유치원
- −율(率) : 증가율, 할인율
- −자(者) : 가입자, 노동자
- −장(場) : 경기장, 공사장
- −적(的) : 경제적, 심리적
- −점(店) : 음식점, 편의점
- −제(祭) : 가요제, 영화제
- −제(劑) : 소화제, 접착제
- −질 : 가위질, 손질
- −짜리 : 천 원짜리, 방 두 개짜리
- −째 : 첫째, 두 달째
- −쯤 : 중간쯤, 5월 5일쯤
- −품(品) : 기념품, 화장품
- −학(學) : 경제학, 지리학
- −행(行) : 부산행, 유럽행
- −형(型) : 이상형, 최신형
- −화(化) : 일반화, 최소화

고급 (64개)
- −가(街), −가(價), −경(頃), −계(系), −계(界), −과(課), −관(官), −국(局), −국(國), −권(券), −권(圈), −기(期), −께, −꼴, −꾼, −끼리, −난(難), −네, −녀(女), −단(團), −대(臺), −로(路), −론(論), −류(類), −발(發), −법(法), −부(部), −분(分), −산(産), −상(上), −석(席), −설(說), −시(視), −식(式), −실(室), −액(額), −어치, −업(業), −원(園), −인(人), −일(日), −작(作), −장(長), −장(帳), −장(葬), −전(展), −전(戰), −제(制), −제(製), −족(族), −증(症), −지(紙), −지(誌), −진(陣), −집(集), −책(策), −체(體), −층(層), −치(値), −하(下), −형(形), −호(號), −화(靴), −회(會)

---

35) 〈기〉에서 '-률(率)'과 '-율(率)'을 서로 다른 접두사로 처리하고 있지만 사실은 접두사 '-률(率)'의 변이형들이다. 따라서 중급의 접두사는 47개라고 하는 것이 정확하다.

2.16. 접미사 '-이'

✱ 형태가 '-이'인 접미사는 다양하다.

✱ 명사화 접미사 '-이'는 다섯 가지이다.

-이1 : 사람, 동물의 뜻을 더함.

- 인명 뒤 : 길동이, 홍길동이
- 명사, 부사, 어근 뒤 : 거북이, 얼룩이, 절름발이 / 꿀꿀이, 야옹이 / 까불이, 뚱뚱이, 멍청이, 호랑이, 홀쭉이.

-이2 : 사람, 동물, 물건, 행위의 뜻을 더함.

- '명사+동사' 뒤 : 가슴앓이, 가을걷이, 고기잡이, 꽃꽂이, 뒤풀이, 등받이, 말더듬이, 목걸이, 바람막이, 봄맞이, 손잡이, 옷걸이, 연필깎이, 젖먹이, 책꽂이, 타향살이, 하루살이, 해돋이, 화풀이.

-이3 : 물건, 행위의 뜻을 더함.

- 동사 뒤 : 구이, 놀이, 더듬이, 먹이, 벌이, 풀이.

-이4 : 그 수의 사람이라는 뜻을 더함.

- 수사 뒤 : 둘이, 셋이, 여럿이.

-이5 : 척도의 뜻을 더함.

- 형용사 뒤 : 길이, 깊이, 넓이, 높이.

✱ 부사화 접미사 '-이'는 두 가지이다.

-이6 : '그렇게'의 뜻을 더함.[36]

- '~하다' 형용사 뒤 : 괜히, 급히, 족히, 당연히, 비스듬히, 분명히, 솔직히, 안녕히, 완전히, 조용히, 충분히, 특별히, 편히, 흔히.
- 기타 형용사 뒤 : 가까이, 같이, 굳이, 깊이, 높이, 많이, 멀리, 빨리, 없이, 외로이, 틀림없이.
- '~하다' 형용사의 어근 뒤 : 깊숙이, 깨끗이, 높직이, 빽빽이, 나지막이, 어렴풋이.
- 기타 어근 뒤 : 감히, 속히, 특히, 일제히.

-이7 : '그것마다'의 뜻을 더함.

- '1음절 체언+1음절 체언' 뒤 : 겹겹이, 나날이, 낱낱이, 다달이, 방방이, 샅샅이, 알알이, 일일이, 점점이, 줄줄이, 집집이, 켜켜이, 틈틈이.

---

36) '~하다' 형용사에 접미사 '-이'가 붙으면 '하'의 'ㅏ'가 탈락한다. 흔하-이 → 흔히. 또 기타 어근에 붙는 접미사 '-이'는 변이형 '-히'로 쓰인다. 감-이 → 감히.

2.17. 한자접사

* 접사는 어종에 따라 **고유접사**, **한자접사**, **외래접사**, **혼종접사**로 나누어진다.[37)]
* 한자접사는 수가 많고 생산성도 높다.
* 〈기〉에는 중급의 접두사 '무(無)-'가 2음절어에 붙은 파생어 55개가 실려 있다.
  * 무(無)- : 무감각(無感覺), 무감동(無感動) … 무혐의(無嫌疑), 무호흡(無呼吸)
* 한자접사 중에는 접미사 '-적(的)'의 생산성이 가장 높다. '-적(的)'은 어근이나 명사에 붙어 명사 및 관형사를 만든다.[38)] '-적' 파생어인 표제어가 〈표〉에는 다음과 같이 1,228개 실려 있다.
  * 2음절어(32개) : 공적(公的), 광적(狂的) … 학적(學的), 횡적(橫的)
  * 3음절어(989개) : 가공적(架空的), 가급적(可及的) … 희생적(犧牲的), 희화적(戲畵的)
  * 4음절어(153개) : 가부장적(家父長的), 가속도적(加速度的) … 획시기적(劃時期的), 획시대적(劃時代的)
  * 5음절어(54개) : 가족주의적(家族主義的), 공리주의적(功利主義的) … 형이하학적(形而下學的), 환경친화적(環境親和的)
* 다음 한자접미사들은 사람을 나타낸다. 각 한자의 의미에 따라 사람이 맡는 역할이나 지위를 조금씩 다르게 표현한다.
  * -가(家) : 건축가, 사업가, 애처가, 작곡가, 전문가
  * -객(客) : 관광객, 귀성객, 방문객, 투숙객, 환승객
  * -민(民) : 실향민, 영세민, 유목민, 자국민, 피난민
  * -사(士) : 건축사, 기관사, 변호사, 영양사, 조종사
  * -사(師) : 간호사, 마술사, 미용사, 안마사, 제빵사
  * -생(生) : 수험생, 신입생, 연수생, 유학생, 재학생
  * -수(手) : 공격수, 무용수, 신호수, 일루수, 조타수
  * -자(者) : 과학자, 관계자, 노동자, 연기자, 합격자
  * -원(員) : 경비원, 경호원, 공무원, 승무원, 연구원
  * -인(人) : 그리스인, 변호인, 연예인, 원시인, 한국인
  * -족(族) : 게르만족, 배낭족, 야만족, 얌체족, 조선족

---

37) 〈표〉에는 혼종접미사 2개 '-당하다(當하다), -연하다(然하다)'가 실려 있고, 외래접사는 전혀 실려 있지 않다. 최근에 등장한 외래접미사 '-러'에 대해서는 §10.15 참조.
38) '가급적(可及的), 비교적(比較的)'은 부사로도 쓰인다.

2.18. 약어

✱ 자주 쓰는 말일수록 형태를 짧게 만드는 것이 경제적이다. 소통의 경제성을 높이기 위해 말의 형태를 짧게 만드는 것이 **축약**(縮約)이다.[39]

✱ 축약은 새 단어를 만들기도 하고 기존 단어의 형태만 바꾸기도 한다.

✱ 축약으로 만들어진 새 단어는 **축약어**(縮約語), 즉 **약어**(略語)이다.

✱ 축약으로 기존 단어의 형태가 바뀌면 그 형태는 **축약형**(縮約形)이다. 축약형에 대해서는 §2.22 참조.

✱ 약어를 만드는 주요 방법과 주요 유형은 다음과 같다.

약어를 만드는 방법		약어의 유형	
축약	생략	생략어	
	발췌	발췌어	두음어
			혼성어
	공유결합	공유결합어	

✱ **생략**(省略)은 구에 포함된 일부 단어를 버리는 것이다. 그렇게 만들어진 단어는 **생략어**(省略語)이다.
  • 자가용 ← 자가용 승용차 ✱단어 '승용차'의 생략
  • 부동산 ← 부동산 중개소 ✱단어 '중개소'의 생략

✱ **발췌**(拔萃)는 둘 이상의 단어로부터 일부 음절을 뽑아서 연결하는 것이다. 그렇게 만들어진 단어는 **발췌어**(拔萃語)이다.

✱ 발췌어의 대부분은 두음어이거나 혼성어이다.

✱ 각 단어의 첫 음절들을 뽑아 연결해 만든 것이 **두음어**(頭音語)이고, 한 단어의 앞부분과 다른 단어의 뒷부분을 뽑아 연결해 만든 것이 **혼성어**(混成語)이다. 두음어에 대해서는 §2.19, 혼성어에 대해서는 §2.20 참조.

✱ 발췌어가 만들어질 때 뽑힌 부분은 형태소나 단어일 수도 있지만 아닐 수도 있다. 예를 들어 두음어 '혼밥'(←혼자 먹는 밥)과 혼성어 '등드름'(←등+여드름)에서 '밥, 등'은 단어이지만 '혼, 드름'은 형태소도 아니고 단어도 아니다.

✱ **공유결합**(共有結合)은 공통의 조어요소를 한 번만 사용해 둘 이상의 단어를 묶는 것이다. 그렇게 만들어진 단어는 **공유결합어**(共有結合語)이다. §2.21 참조.

---

39) 축약에는 유기음화(속하다 → [소카다]) 같은 음운현상으로서의 축약도 있다.

2.19. 두음어

* **두음어**(頭音語)는 단어의 첫 음절들을 뽑아 연결해 만든 단어이다.
* 두음어를 만들기 위한 축약의 대상은 단어의 나열, 구, 문장이다.

축약의 대상이 단어의 나열인 경우

- 부울경 ←부산광역시, 울산광역시, 경상남도
- 초중고 ←초등학교, 중학교, 고등학교
- 국영수 ←국어, 영어, 수학
- 한중일 ←한국, 중국, 일본
- 소부장 (산업) ←소재, 부품, 장비 (산업)

축약의 대상이 구인 경우

- 아점 ←아침 겸 점심
- 치맥 ←치킨과 맥주
- 불금 ←불타는 금요일
- 찢청 ←찢어진 청바지[40]
- 남사친 ←남자 사람 친구
- 넘사벽 ←넘을 수 없는 사차원의 벽
- 가성비 ←가격 대비 성능의 비율
- 혼밥 ←혼자 먹는 밥[41]
- 쌍수 ←쌍꺼풀 수술[42]
- 광탈(하다) ←광속으로 탈락하다
- 극혐(하다) ←극도로 혐오하다
- 깜놀(하다) ←깜짝 놀라다
- 빛삭(하다) ←빛의 속도로 삭제되다
- 폭망(하다) ←폭삭 망하다
- 열공(하다) ←열심히 공부하다
- 직관(하다) ←직접 관람하다
- 먹튀(하다) ←먹고 튀다
- 밀당(하다) ←밀고 당기다
- 복붙(하다) ←복사해서 붙이다
- 빚투(하다) ←빚내서 투자하다
- 영끌(하다) ←영혼까지 끌어모으다
- 입틀막(하다) ←입을 틀어막다

축약의 대상이 문장인 경우

- 답정너 ←답은 정해져 있으니 너는 대답만 해.
- 지못미 ←지켜 주지 못해 미안해.

* 발췌어 가운데는 뽑은 음절이 첫 음절이 아닌 경우도 있다.
    - 썩소 ←썩(은) (미)소
    - 텅장 ←텅 (빈) (통)장

---

40) 멋을 부리기 위해 일부러 부분적으로 찢어서 입는 청바지를 뜻한다.
41) '혼밥, 쌍수'에 '하다'가 붙은 합성동사 '혼밥하다, 쌍수하다'도 쓰인다.
42) '쌍꺼풀(雙꺼풀) 수술(手術)'의 두음어 '쌍수(雙手)'는 양손을 뜻하는 '쌍수(雙手)'와 동형어이다.

2.20. 혼성어

* **혼성어**(混成語)는 한 단어의 앞쪽 음절(들)과 다른 단어의 뒤쪽 음절(들)을 뽑아 연결해 만든 단어다.

* 다음 혼성어들은 의미의 중심이 뒷단어에 있다. 예를 들어 '등드름'은 여드름의 일종을 뜻한다. 앞단어는 뒷단어가 나타내는 의미를 한정한다. 예를 들어 '요린 이'는 요리에 관한 한 어린이 같은 사람을 뜻한다.

  - 등드름 ←등+(여)드름
  - 턱스크 ←턱+(마)스크
  - 뇌피셜 ←뇌+(오)피셜
  - 금징어 ←금+(오)징어
  - 말벅지 ←말+(허)벅지
  - 빵지순례 ←빵+(성)지순례
  - 라볶이 ←라(면)+(떡)볶이
  - 마기꾼 ←마(스크)+(사)기꾼
  - 붕세권 ←붕(어빵)+(역)세권
  - 슬세권 ←슬(리퍼)+(역)세권
  - 요린이 ←요(리)+(어)린이
  - 호캉스 ←호(텔)+(바)캉스
  - 나일리지 ←나(이)+(마)일리지
  - 망리단길 ←망(원동)+(경)리단길

* 다음 혼성어들은 의미의 중심이 앞단어에 있다. 뒷단어는 앞단어가 나타내는 의미를 한정한다. 예를 들어 '뽀통령'은 대통령 같은 뽀로로를 뜻한다.

  - 뽀통령 ←뽀(로로)+(대)통령
  - 치느님 ←치(킨)+(하)느님
  - 할빠 ←할(아버지)+(아)빠
  - 할마 ←할(머니)+(엄)마
  - 편스토랑 ←편(의점)+(레)스토랑
  - 대프리카 ←대(구)+(아)프리카

* 다음은 의미의 중심이 한쪽 단어에 치우쳐 있지 않다.
  - 웃프다 ←웃(기다)+(슬)프다[43]

* **혼성**(混成)은 20세기까지 널리 쓰이지 않던 조어법이다. 혼성의 생산성이 높은 영어 조어법의 영향으로 혼성이 유행하게 된 것으로 보인다.

* 21세기에 들어서서 인터넷을 통한 문어소통이 혼성어의 조어와 유통을 활성화시키고 있다. 구어소통에서는 낯선 혼성어를 들은 청자가 그 정체를 곧바로 깨닫지 못할 수 있어 소통이 어려워진다. 그 반면에 문어소통에서는 독자가 낯선 혼성어의 정체를 추론할 시간적 여유가 있고 표기의 표의성이 작용하기 때문에 혼성어의 조어와 유통이 더 자유롭다.

* 인터넷을 통한 문어소통은 혼성어 외에도 준말 전체를 활성화시키고 있다.

---

43) 이때의 '웃기다'는 형용사이다. '우습다'의 유의어이다. 〈표〉, 〈고〉에서는 '웃기다'를 동사로만 인정하고 있으나 현실어에서는 '웃기다'를 형용사로도 사용한다.

2.21. 공유결합어

✻ **공유결합어**(共有結合語)는 공통의 조어요소를 한 번만 사용해 둘 이상의 단어를 묶은 단어이다. 유사한 단어의 나열을 피하고 짧게 표현하는 효과가 있다.

✻ 공통의 조어요소가 앞에 있는 **공통요소 머리형**과, 뒤에 있는 **공통요소 꼬리형**으로 나눌 수 있다. 공통요소 꼬리형이 훨씬 더 많다.

✻ 공유결합어는 대부분 한자어이다. 아래의 예에서 고유어 '손발톱'과 혼종어 '책걸상(冊걸床), 동지섣달(冬至섣달)' 외에는 모두 한자어이다.

공통요소 꼬리형

- 손발톱 ← 손톱+발톱
- 책걸상 ← 책상+걸상
- 동지섣달 ← 동짓달+섣달
- 국공립 ← 국립+공립
- 근현대 ← 근대+현대
- 냉난방 ← 냉방+난방
- 남북한 ← 남한+북한
- 동서양 ← 동양+서양
- 동식물 ← 동물+식물
- 문이과 ← 문과+이과
- 미적분 ← 미분+적분
- 송수신 ← 송신+수신
- 영호남 ← 영남+호남
- 인허가 ← 인가+허가
- 임직원 ← 임원+직원
- 장단점 ← 장점+단점
- 전후반 ← 전반+후반
- 주정차 ← 주차+정차
- 중경상 ← 중상+경상
- 중남미 ← 중미+남미
- 청장년 ← 청년+장년
- 친인척 ← 친척+인척
- 출퇴근 ← 출근+퇴근
- 상하수도 ← 상수도+하수도
- 중소기업 ← 중기업+소기업
- 대소문자 ← 대문자+소문자
- 중고등학생 ← 중학생+고등학생
- 농수축산물 ← 농산물+수산물+축산물

공통요소 머리형

- 국내외 ← 국내+국외
- 수출입 ← 수출+수입
- 임대차 ← 임대+임차
- 조부모 ← 조부+조모

✻ 합성수사가 포함된 말은 공통요소 꼬리형 혼성어와 구조가 비슷하다.

- 사오십 ← 사십+오십   ✻합성수사 '사오(四五)'와 수사 '십'의 결합
- 사오 명 ← 사 명+오 명   ✻합성수사 '사오(四五)'와 단위명사 '명'의 연결

✻ 다음은 공유결합과 유사한 방식으로 만든 약어이다.

- 출도착 ← 출발+도착
- 시도지사 ← 시장+도지사

2.22. 축약형

* 축약은 한 단어의 길이를 줄이는, 즉 어형을 짧게 만드는 방법이기도 하다. 그 결과는 **축약형**(縮約形)이다. 축약형을 만드는 주된 방법은 절단과 발췌이다.

* **절단**(切斷)은 어형의 한 부분을 잘라서 버려 **절단형**(切斷形)을 만드는 것이다.

  • 맘 ← 마음   • 이따 ← 이따가   • 핫플 ← 핫플레이스
  • 낼 ← 내일   • 재밌다 ← 재미있다   • 내비 ← 내비게이션
  • 숟갈 ← 숟가락   • 머물다 ← 머무르다   • 인싸 ← 인사이더[인싸이더]

* 절단 가운데 다음과 같이 의미를 가진 요소를 절단하는 것은 **생략**(省略)이다. 그 결과는 **생략형**(省略形)이다.[44]

  • 알바 ← 알바생   * 접미사 '−생(生)'의 생략
  • 초보 ← 초보자   * 접미사 '−자(者)'의 생략
  • 갈비 ← 갈비구이   * 명사 '구이'의 생략[45]

* **발췌**(拔萃)는 어형의 일부를 뽑는 것이다. 그 결과는 **발췌형**(拔萃形)이다.

  • 노조 ← 노동조합   • 농협 ← 농업협동조합
  • 비냉 ← 비빔냉면   • 지자체 ← 지방자치단체
  • 비번 ← 비밀번호   • 산자부 ← 산업통상자원부
  • 몰카 ← 몰래카메라   • 남아공 ← 남아프리카공화국

* 축약으로 만들어진 말(약어와 축약형)을 '**준말**'이라 한다. 의도적으로 만든 말임을 강조해 '**줄임말**'이라 부르기도 한다. 축약되기 전의 말은 **본말**이다.

본말	→	준말	약어	생략어	
				발췌어	두음어
					혼성어
			공유결합어		
			축약형	절단형	
				발췌형	

---

44) "서류심사는 합격했는데 필기에서 떨어졌다."에서 '필기고사'를 '필기'로 줄인 것은 임시적인 축약으로서 '필기'라는 단어가 '필기고사'의 의미를 가지게 된 것은 아니다.

45) 〈표〉가 '갈비'의 뜻풀이에 생략형 '갈비'의 의미를 포함하지 않고 있는 데 반해, 〈고〉는 '갈비①'을 "소나 돼지 따위의 갈비를 고기로 이르는 말. 또는 그 부위를 갖은 양념에 재어 구워 먹는 음식을 이르는 말."로 풀이해 생략형 '갈비'의 의미를 포함하고 있다.

52

2.23. 변태어

✻ **변태**(變態)는 한 단어 내부의 형태가 바뀌어 새 단어가 생성되는 것이다. 변태에 의해 생성된 단어는 **변태어**(變態語)이다.[46]

✻ 변태는 의미나 어감에 변화를 주기 위해 어형을 바꾸는 것이다. 예를 들어 부사 '빙'과 '삥'의 차이를 〈표〉는 어감의 차이로, 〈고〉는 의미의 차이로 보았다.

〈표〉의 '빙'과 '삥'
- 빙 : ① 약간 넓은 일정한 범위를 한 바퀴 도는 모양.
- 삥 : ① 약간 넓은 일정한 범위를 한 바퀴 도는 모양. '빙'보다 센 느낌을 준다.

〈고〉의 '빙'과 '삥'
- 빙 : ① 약간 넓은 일정한 둘레를 에워싸듯이 한 바퀴 도는 모양을 나타내는 말.
- 삥 : ① 약간 넓은 일정한 둘레를 에워싸듯이 재빠르게 한 바퀴 도는 모양을 나타내는 말.

✻ 변태에서 어형을 바꾸는 주된 방법은 분절음대치와 초중성복사이다.

✻ **분절음대치**(分節音代置)는 한두 분절음을 다른 분절음으로 바꾸는 것이다.

✻ 분절음대치 가운데 **모음대치**(母音代置)의 예는 다음과 같다.

- 빙, 뺑
- 풍당, 풍덩
- 살짝, 슬쩍
- 살금살금, 슬금슬금
- 아장아장, 어정어정
- 녹다, 눅다
- 졸다, 줄다
- 작다, 적다
- 빨갛다, 뻘겋다
- 희멀겋다, 해말갛다
- 기우뚱→ 갸우뚱
- 얼룩덜룩→ 알록달록
- 넓적하다→ 납작하다
- 기름하다→ 갸름하다
- 무섭다→ 매섭다
- 무정(無情)하다→ 매정하다
- 담담(淡淡)하다→ 덤덤하다
- 감성(感性)→ 갬성
- 악착(齷齪)→ 억척
- 원수(怨讐)→ 웬수

✻ 왼쪽 열의 '빙, 뺑' 등과 달리 오른쪽 열의 '기우뚱 →갸우뚱' 등은 어원이나 조어법을 고려할 때 변화의 방향이 분명하다.

✻ '설(새해 첫날)'과 '살(나이 세는 단위)', '머리(목 위의 부위)'와 '마리(동물 세는 단위)'도 기원적으로 변태어였다.

---
46) '변태'는 종래의 '내적(內的) 변화' 대신 생물학 용어를 참고해 새로 만든 용어이다.

2.24. 자음대치와 초중성복사

＊ 변태에서의 분절음대치 가운데 **자음대치**(子音代置)의 예는 다음과 같다.

- 빙, 삥, 핑
- 뱅, 뺑, 팽
- 직, 찍, 칙
- 꽝, 쾅
- 바싹, 바짝
- 바르르, 파르르
- 발갛다, 빨갛다
- 지르다, 찌르다
- 넝쿨, 덩굴
- 기웃기웃, 끼웃끼웃
- 설레설레, 절레절레
- 중얼중얼, 쭝얼쭝얼
- 들쑥날쑥, 들쭉날쭉
- 굽신굽신, 굽실굽실
- 움츠리다, 웅크리다
- 얼근하다, 얼큰하다
- 찜찜하다, 찝찝하다
- 단단하다, 딴딴하다, 탄탄하다
- 달각, 달깍, 달칵, 딸각, 딸깍, 딸칵, 탈각, 탈칵

＊ '어리숙하다, 어수룩하다'는 모음대치와 자음대치가 함께 일어난 예이다.

＊ 변태에서의 **초중성복사**(初中聲複寫)는 '초성+중성'을 복사해 어형의 길이를 늘이는 것이다. 복사 후에 조금 변형하는 경우도 있다. 대부분 의성의태어이다.

- 부릉→ 부르릉   ＊'르'를 복사함.
- 빠직→ 빠지직   ＊'지'를 복사함.
- 둥실→ 두둥실   ＊'두'를 복사함.
- 짠→ 짜잔→ 짜자잔   ＊'짜'를 복사하고 '자'로 변형함.
- 깽→ 깨갱→ 깨개갱   ＊'깨'를 복사하고 '개'로 변형함.

＊ 모음대치, 자음대치, 초중성복사가 어우러져 여러 단어가 단어족을 형성하기도 한다.

- 빙, 삥, 핑, 뱅, 뺑, 팽
- 동그랗다, 둥그렇다, 똥그랗다, 뚱그렇다, 댕그랗다, 땡그랗다
- 달각, 달깍, 달칵, 딸각, 딸깍, 딸칵, 탈각, 탈칵, 덜걱, 덜꺽, 덜컥, 떨걱, 떨꺽, 떨컥, 털걱, 털컥, 달강, 달깡, 달캉, 딸강, 딸깡, 딸캉, 탈강, 탈캉, 덜겅, 덜껑, 덜컹, 떨겅, 떨껑, 떨컹, 털겅, 털컹, 달가닥, 달까닥, 달카닥, 딸가닥, 딸까닥, 딸카닥, 탈가닥, 탈카닥, 덜거덕, 덜꺼덕, 덜커덕, 떨거덕, 떨꺼덕, 떨커덕, 털거덕, 털커덕, 달가당, 달까당, 달카당, 딸가당, 딸까당, 딸카당, 탈가당, 탈카당, 덜거덩, 덜꺼덩, 덜커덩, 떨거덩, 떨꺼덩, 떨커덩, 털거덩, 털커덩

2.25. 단어의 성분구조

✱ 단어 '삼각김밥'의 구조는 **수형도**(樹型圖), 즉 **나무그림**으로 나타낼 수 있다.

✱ '삼각'과 '김밥'은 '삼각김밥'의 **직접성분**(直接成分)이다. 또 '삼'과 '각'은 '삼각'의 직접성분이고, '김'과 '밥'은 '김밥'의 직접성분이다. 그러나 '각김, 삼각김, 각김밥' 등은 아무 성분도 아니다.

✱ **성분구조**(成分構造)를 위의 나무그림 대신 괄호로 나타내기도 한다. '삼각김밥'의 성분구조는 다음과 같이 표현할 수 있다.

- [[[+삼+각]+[+김+밥]]

✱ 접사도 단어를 형성하는 성분이 된다. 다음의 '-질, -게'는 접미사이다.

✱ 어떤 복합어가 합성어인지 파생어인지 판단할 때는 그 직접성분을 기준으로 한다. '손가락질'은 어기와 접사의 결합이므로 파생어이다. '집게손가락'은 어기와 어기의 결합이므로 합성어이다.

✱ 다음은 형태가 비슷하지만 성분구조가 다르다.

- 이+물질(異物質) / 이물+감(異物感)
- 수직+선(垂直線) / 수+직선(數直線)

✱ 〈표〉는 표제어의 표기에 붙임표(-)를 넣어 직접성분만 보여주고 〈고〉는 '형태정보'라는 이름으로 조어정보란을 따로 마련해 **최종성분**(最終成分)만 보여준다.

- 〈표〉 : 반달가슴—곰
- 〈고〉 : [+半+달+가슴+곰]

✱ '반달가슴곰'의 더 정밀한 성분구조는 다음과 같다.

- [[[[+반+달]+가슴]+곰]

어종

3.1. 어종의 분류

✽ 어느 언어에서 유래했는지를 기준으로 단어를 분류한 것이 **어종**(語種)이다.

✽ 자기 언어에서 유래한 단어는 **고유어**(固有語), 다른 언어에서 유래한 단어는 **차용어**(借用語)이다. 고유어를 '순우리말, 토박이말'이라고도 한다.

✽ 차용어는 한자어와 외래어로 나누어진다.[47]

✽ **한자어**(漢字語)는 고전중국어의 문어(文語)인 **한문**(漢文)을 매개로 들어온 단어이다. 중국한자음이 아닌 한국한자음으로 발음한다.

✽ 한자어 이외의 차용어는 모두 **외래어**(外來語)이다. 중국어의 구어(口語)로부터 들어온 단어도 외래어에 포함된다. 예를 들어 '북경(北京)'은 한자어이고 '베이징 (←[중]Běijīng)'은 외래어이다.

✽ 외래어는 외국어 단어와 다르다. '스마트폰'은 한국어 문장에서 자연스럽게 쓰이는 외래어이다. 외래어는 한국어 어휘에 속한다. 반면에 'cellphone'은 영어 문장에서 자연스럽게 쓰이는 영어 단어이지만 한국어 입장에서는 외국어 단어이며 한국어 어휘에 속하지 않는다.
  • 외래어 : 스마트폰
  • 외국어 단어 : cellphone

✽ 어휘 분야에서 한국어와 외국어의 경계가 분명한 것은 아니어서 어떤 단어가 외래어인지 외국어 단어인지를 명확히 구별하기 어려운 경우가 많다. 몇몇 사람들이 '셀폰(cellphone)'을 자꾸 써서 많은 한국어 원어민이 '셀폰'이라는 말에 점점 익숙해진다면 '셀폰'도 점차 외래어의 성격이 짙어질 것이다.

✽ 사람 중에 서로 다른 인종이나 민족 간의 혼혈인이 있듯이 단어에도 **혼종어**(混種語)가 있다. 혼종어는 고유요소, 한자요소, 외래요소 가운데 두 가지 이상이 결합해 만들어진 단어이다.
  • 혼종어 : 중요하다(重要하다), 금메달(金medal), 녹차라떼(綠차latte)

어종	고유어	
	차용어	한자어
		외래어
	혼종어	

---

47) '차용어'를 '외래어'와 같은 뜻으로 사용하는 견해도 있다.

3.2. 한자어계 귀화어

* 어종의 구별은 정확한 어원을 따르기보다 원어민의 어원의식을 따른다.
* 한국어사 연구를 통해 다른 언어에서 들어온 단어임이 분명히 밝혀졌지만 원어민이 고유어로 인식하는 단어가 꽤 있다. 그러한 단어를 '**귀화어**(歸化語)'라 한다. 귀화어는 고유어로 처리한다.
* **한자어계 귀화어**는 원래 한자어였지만 한자어라는 의식이 옅어지고 어형도 바뀌어 더 이상 한자어로 인식하지 않게 된 단어이다. 그 과정에서 어의가 달라진 예도 있다. 예를 들어 버드나무 가지로 만든 이쑤시개를 가리키던 '楊枝(양지)'는 귀화어 '양치'로 바뀌면서 이를 닦는 행위를 뜻하게 되었다.[48]

- 가게<가개 ←假家(가가)
- 가난 ←艱難(간난)
- 가지 ←茄子(가자)
- 감자 ←甘藷(감저)
- 겨자<계ᄌ ←芥子(개자)
- 고추 ←苦椒(고초)
- 과녁 ←貫革(관혁)
- 과일 ←果實(과실)
- 금실 ←琴瑟(금슬)
- 나중<내죵 ←乃終(내종)
- 대꾸 ←對句(대구)
- 대추<대초 ←大棗(대조)
- 대충 ←大總(대총)
- 동네 ←洞內(동내)
- 모 ←苗(묘)
- 미역<모욕 ←沐浴(목욕)
- 방귀<방긔 ←放氣(방기)
- 보늬 ←本衣(본의)
- 사냥<산영<산힝 ←山行(산행)
- 사랑<ᄉ랑 ←思量(사량)
- 성냥<석류황 ←石硫黃(석류황)
- 수육 ←熟肉(숙육)
- 썰매 ←雪馬(설마)
- 양치 ←楊枝(양지)
- 영계 ←軟鷄(연계)
- 으레 ←依例(의례)
- 자두 ←紫桃(자도)
- 잠깐<잢간 ←暫間(잠간)
- 장구 ←杖鼓/長鼓(장고)
- 장난 ←作亂(작란)
- 재미 ←滋味(자미)
- 재주<진조 ←才操(재조)
- 재촉 ←催促(최촉)
- 절구 ←杵臼(저구)
- 제육<뎨육 ←猪肉(저육)
- 짐승<즘승<즘싱<즁싱 ←衆生(중생)
- 천둥<텬동 ←天動(천동)
- 칸<간 ←間(간)
- 호두<호도 ←胡桃(호도)
- 후추<호쵸 ←胡椒(호초)

---

48) 일본어 'youji(楊枝)'는 여전히 이쑤시개를 뜻한다.

3.3. 외래어계 귀화어, 혼종어계 귀화어, 귀화접사

✻ 중국어 구어로부터 발달한 귀화어는 **외래어계 귀화어**에 속하며 한자어계 귀화
어와 구별된다. 예를 들어 중국어 '白菜(백채)'의 구어 형태를 16세기 이전에 차용
한 '빈칙'가 '배추'로 어형이 바뀌었다.

외래어계 귀화어 (개화기 전)

* 김치<딤치 ←[중]沈菜(침채)
* 배추<빈칙 ←[중]白菜(백채)
* 보배<보빈 ←[중]寶貝(보패)
* 접시<뎝시 ←[중]楪子(접자)
* 창자<챵ᄌ ←[중]腸子(장자)
* 철쭉<텩툑 ←[중]躑躅(척촉)
* 토시<토슈 ←[중]套袖(투수)/套手(투수)
* 시금치<시근치 ←[중]赤根菜(적근채)

외래어계 귀화어 (개화기 이후)

* 껌 ←gum
* 구두 ←[일]kucu(くつ)
* 빵 ←[일]pan(パン) ←[포]pão
* 가방 ←[일]kaban(かばん) ←[네]kabas
* 담배 ←[일]tabako(タバコ) ←[포]tabaco

✻ 아래의 **혼종어계 귀화어**는 한자요소와 고유요소의 결합으로 이루어져 있다.

혼종어계 귀화어

* 금세 ←今時(금시)+에
* 망태기 ←網橐(망탁)-이
* 지렁이<디룡이 ←地龍(지룡)-이
* 호랑이 ←虎狼(호랑)-이
* 수박<슈박 ←水(수)+박
* 고약하다 ←怪惡(괴악)+ᄒ다
* 조용하다<죵용ᄒ다 ←從容(종용)+ᄒ다
* 대수롭다<대스롭다 ←大事(대사)-롭다

✻ '생과일, 생방송, 생이별' 등의 '생(生)-'은 **한자접사**(漢字接辭)이지만 '쌩-'으로 바
꾸어 쓰는 경우에는 **귀화접사**(歸化接辭)로 인정할 수 있다.[49]

한자어계 귀화접사

* 헛- ←虛(허)+ㅅ
* 쌩- ←生(생)- ✻쌩돈, 쌩맥주, 쌩머리
* -짜 ←ㅅ+字(자) ✻가짜, 공짜, 괴짜, 대짜, 민짜, 진짜, 초짜, 통짜, 퇴짜[50]
* -둥이 ←童(동)-이 ✻검둥이, 귀염둥이, 재롱둥이
* -지기 ←直(직)-이 ✻금고지기, 등대지기, 문지기
* -꾼 ←軍(군)
* -쟁이, -장이 ←匠(장)-이

---

49) 접두사 '쌩-'과 그 파생어 '쌩돈, 쌩맥주, 쌩머리' 등은 현실어이지만 표준어가 아니다. 〈표〉, 〈고〉,
   〈우〉에 접두사 '쌩-'이 실려 있지 않다.
50) 접미사 '-짜'는 글자를 뜻하는 '字(자)'를 이용해 그러한 이름이 붙은 사람이나 사물을 뜻한다.

3.4. 고유어와 기초어휘

✽ 고유어는 오랫동안 한민족과 함께 해 왔기 때문에 **기초어휘**(基礎語彙)의 성격이 강하다. 즉 일상적으로 많이 쓰는 단어 가운데 고유어가 많다. 기초어휘에 대해서는 §10.10 참조.

✽ 어휘 크기에 따라 어종별 비율이 다르다.[51]

어휘 크기별 어종 통계

어종	어휘 전체		기초어휘1		기초어휘2		특초급어휘	
	개수	비율	개수	비율	개수	비율	개수	비율
고유어	70,484	20.03	14,001	29.49	1,313	48.63	230	76.67
한자어	186,707	53.05	21,702	45.71	943	34.93	52	17.33
외래어	20,462	5.81	1,543	3.25	103	3.81	0	0.00
혼종어	74,315	21.11	10,235	21.55	341	12.63	18	6.00
합계	351,968	100.00	47,481	100.00	2,700	100.00	300	100.00

✽ 위 표에서 고유어의 수와 비율만 뽑아 보면 다음과 같다. 중요도가 높은 어휘일수록 그 안에서 고유어가 차지하는 비중이 커짐을 알 수 있다.

- 어휘 전체 (351,968개) : 70,484개, 20.03%
- 기초어휘1 (47,481개) : 14,001개, 29.49%
- 기초어휘2 (2,700개) : 1,313개, 48.63%
- 특초급어 (300개) : 230개, 76.67%

고유어의 비율

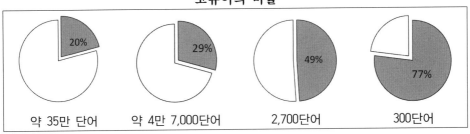

| 약 35만 단어 | 약 4만 7,000단어 | 2,700단어 | 300단어 |

---

51) 어휘 전체는 〈표〉의 단어 표제어 전체를 가리킨다. 기초어휘는 그 크기가 일정한 것이 아니기 때문에 이 통계표에서는 크기에 따라 기초어휘1과 기초어휘2로 나누어 제시한다. 기초어휘1은 〈기〉의 단어 표제어 전체이다. 기초어휘2인 2,700단어와 특초급어 300단어는 『한국어 기초어휘집』의 것이다. 기초어휘와 특초급어에 대해서는 §10.10~§10.11 참조.

3.5. 중국과 일본 기원의 한자어

✻ 한국에 한자와 한문이 전래된 이후 오랫동안 중국 기원(起源)의 한자어를 사용해 왔지만 나중에는 한국 기원이나 일본 기원의 한자어도 사용하게 되었다.

✻ 중국 기원의 한자어는 중국의 한문에 쓰인 한자어를 그대로 받아들인 **전통한자 어**(傳統漢字語)와 근대에 서양문명을 받아들이면서 새 개념을 표현하기 위해 만든 **근대문명**(近代文明) **한자어**로 나누어진다.

- 중국의 전통한자어 : 부귀(富貴), 부모(父母), 천하(天下), 평생(平生), 학문(學問), 등용문(登龍門), 장사진(長蛇陣), 어부지리(漁父之利), 전전긍긍(戰戰兢兢)
- 중국의 근대문명 한자어 : 기하(幾何), 보험(保險), 은행(銀行), 화학(化學)

✻ 근대문명 한자어는 중국보다 일본으로부터 받아들인 것이 훨씬 많다. 일본의 근 대문명 한자어 중에는 전통한자어에 새 의미를 부여한 것도 있다. 또 일본의 고유 어나 혼종어의 한자 표기를 한국에서 한자어로 받아들인 것도 있다.

- 일본에서 전통한자어에 새 의미 부여 : 경제(經濟), 대학(大學), 문학(文學), 발명 (發明), 방송(放送), 인간(人間), 자연(自然)52)
- 일본에서 새로 만든 근대문명 한자어 : 미술(美術), 연설(演說), 일요일(日曜日), 진화(進化), 철학(哲學)
- 한자로 표기되는 일본어 고유어 : 건물(建物, tatemono),53) 조립(組立, kumitate), 입장(立場, taciba), 선착장(船着場, funacukiba)
- 한자로 표기되는 일본어 혼종어 : 역할(役割, yakuwari)54)

✻ 해방 후에는 일본어의 고유어와 외래어로부터 들어온 단어들을 꾸준히 순화어로 바꾸었다. 그러나 일본식 한자어는 해방 후에도 대부분 그대로 남았으며 다음과 같이 새로 받아들인 것도 있다.

- 냉전(冷戰), 소확행(小確幸), 안보리(安保理), 예능(藝能), 특단(特段)

---

52) 전통한자어 '경제'는 '경세제민(세상을 다스리고 백성을 구제함)'의 준말이고, '대학', '문학'은 각각 철학, 인문학에 가까우며, '발명', '방송', '인간', '자연'은 각각 '변명', '석방', '사람이 사는 세상', '저절로 그러함'의 뜻이다. '世'의 훈(訓) '인간'과 '자연스럽다'의 '자연'에는 전통한자어의 의미가 남아 있다.

53) 일본어 'tatemono'는 'tate(세우다)+mono(것)' 구조의 고유어인데 이것을 한자의 훈을 빌려 표기한 것, 즉 훈차표기(訓借表記)가 '建物'이다.

54) 일본어 'yakuwari'의 'yaku'는 한자 '役'의 발음이고 'wari'는 '나누다'를 뜻하는 고유어이다. 'wari'의 훈차표기가 '割'이다. 따라서 일본어 '役割'은 혼종어이다.

3.6. 한국 기원의 한자어

✽ 한국 기원의 한자어는 다음 두 유형으로 나누어진다.
- 한국한자어
- 한국한자를 사용해 만든 한자어

✽ **한국한자어**(韓國漢字語)는 기존의 한자를 사용해 한국에서 만든 한자어이다. 이것은 다시 두 유형으로 나누어진다. 대부분은 한자의 의미를 이용해 만들었다.
- 한자의 의미를 이용해 만든 단어
- 한자의 발음을 이용해 만든 단어

한자의 의미를 이용해 만든 한국한자어
- 감기(感氣), 고생(苦生), 궁합(宮合), 복도(複道), 북어(北魚), 생색(生色), 서방(西房), 선물(膳物), 식구(食口), 양말(洋襪), 약방(藥房), 양반(兩班), 월세(月貰), 장판(壯版), 전세(傳貰), 절차(節次), 제수(弟嫂), 주유소(注油所), 처남(妻男), 편지(片紙/便紙), 한심(寒心), 행차(行次), 환장(換腸)

✽ 위 단어들은 그 의미가 각 한자의 의미와 상당한 연관성이 있으나 중국과 일본에서는 쓰지 않는 한국 고유의 한자어들이다.

✽ 한편 한자어가 아닌 단어를 발음이 같은 한자로 표기하는 것을 '**취음**(取音)'이라 한다. **취음어**(取音語)도 한자어로 인정한다. 의미상 가까운 한자를 이용해 표기할 때가 많으므로 취음어가 원래부터 한자어였던 것처럼 보이기도 한다.

한자의 발음을 이용해 만든 한국한자어(취음어)
- 사돈(查頓), 명절(名節), 차례(次例)

✽ '사돈'은 친척을 뜻하는 만주어 'sadun'에서 왔을 가능성이 있으나 확실하지 않다. '사돈'이 고유어이든 외래어이든 한자 '查頓'으로 적는 것은 취음이다.

✽ '명절, 차례'에서는 '節, 例'가 취음이다. '명절'의 어원은 §4.4 참조.
- 명실(名日)>명질>명절(名節)
- 추뎨(次第)>추례>차례(次例)

✽ 한편 고유어 '생각'을 '生覺'으로 적는 것은 받아들여지지 않는 취음이다.

✽ **한국한자**(韓國漢字)는 한국에서 만든 한자이다. 다음의 '畓(논답), 垈(집터대), 媤(시집시)'는 한국한자로서 중국이나 일본에서는 쓰지 않는 한자이다.

한국한자를 사용해 만든 한자어
- 전답(田畓), 대지(垈地), 시댁(媤宅)

3.7. 1음절 한자어

✻ 각 한자는 글자, 발음, 의미의 결합체이다. 이 세 요소를 전통적으로 '**자형**(字形), **자음**(字音), **자의**(字義)'라 했다.[55]

✻ 한자는 형태와 의미가 결합한 최소의 언어단위이므로 형태소이기도 하다. 형태소로서의 한자를 '**한자형태소**(漢字形態素)'라 부르기도 한다.

✻ 〈표〉에는 1음절 한자어로서 자립명사 1,832개, 의존명사 180개, 대명사 22개, 수사 41개, 관형사 64개, 부사 7개, 감탄사 1개가 실려 있다.

주요 1음절 한자어

자립명사
각(角), 간(肝), 강(江), 겁(怯), 굴(窟), 균(菌), 귤(橘), 극(極), 금(金), 기(氣), 노(櫓), 녹(綠), 뇌(腦), 답(答), 독(毒), 등(燈), 면(麵), 문(門), 반(半), 방(房), 벌(罰), 법(法), 벽(壁), 병(病), 병(甁), 복(福), 산(山), 상(床), 상(賞), 색(色), 선(線), 성(姓), 성(性), 성(城), 수(數), 시(詩), 신(神), 암(癌), 약(藥), 양(量), 양(羊), 역(驛), 연(鳶), 열(列), 열(熱), 예(例), 왕(王), 욕(辱), 용(龍), 운(運), 위(胃), 원(圓), 윤(潤), 은(銀), 장(腸), 장(醬), 장(欌), 적(敵), 전(煎), 점(點), 점(占), 정(情), 종(鐘), 죄(罪), 죽(粥), 즙(汁), 질(質), 차(車), 창(窓), 창(槍), 책(冊), 처(妻), 철(鐵), 총(銃), 추(錘), 축(軸), 층(層), 칠(漆), 탈(頉), 탑(塔), 통(桶), 판(板), 편(便), 폐(肺), 표(表), 표(票), 향(香), 형(兄), 화(火), 회(膾), 흠(欠)

의존명사
[일반 의존명사] 등(等), 리(理) / [단위성 의존명사] 개(個), 권(卷), 근(斤), 년(年), 대(臺), 리(里), 명(名), 번(番), 세(歲), 장(張), 평(坪)

수사
영(零), 일(一), 이(二), 삼(三), 사(四), 오(五), 육(六), 칠(七), 팔(八), 구(九), 십(十), 백(百), 천(千), 만(萬), 억(億), 조(兆), 경(京)

관형사
별(別), 순(純), 약(約), 양(兩), 전(全), 전(前), 총(總)

부사
단(但), 즉(卽)

✻ 1음절 한자어 가운데 다음과 같은 일부에 대해서는 한자어라는 의식이 상당히 약해졌다. 그렇기 때문에 청동에 스는 푸른 녹뿐만 아니라 철에 스는 붉은 녹도 푸르다는 뜻의 '녹(綠)'으로 부르면서 어색하게 느끼지 않는 것이다.

• 굴(窟)을 파다, 노(櫓)를 젓다, 녹(綠)이 슬다, 연(鳶)을 날리다, 탈(頉)이 나다, 화(火)가 나다

✻ '차나무의 어린잎을 달이거나 우린 물'을 뜻하는 '차'는 한자 '茶'에서 온 단어이다. 〈표〉는 2017년에 '차'의 어종을 한자어에서 고유어로 수정했다. 귀화어로 판정한 것이다. 한자어 의식이 약해진 결과이다.

---

55) 자형, 자음, 자의를 각각 '형(形)', '음(音)', '의(義)'로 줄여 부르기도 했다.

3.8. 한문어

✱ 2음절 한자어는 대부분 **한문문법**(漢文文法)에 따라 만들어졌다. 즉 한국어 조어 법과 관계없이 한문에서 두 한자가 결합한 것이 그대로 한국어 단어로 사용된다. 한문문법에 따라 만들어진 한자어를 '**한문어**(漢文語)'라 부를 수 있다.[56]

2음절 한문어
- 명사 : 갈등(葛藤), 경제(經濟), 독주(獨奏), 만족(滿足), 불신(不信), 사과(沙果), 수로 (水路), 양말(洋襪), 영웅(英雄), 질서(秩序), 투명(透明), 화가(畫家)
- 대명사 : 자기(自己), 당신(當身)
- 부사 : 결국(結局), 과연(果然), 역시(亦是), 하필(何必)

✱ 3음절 한자어 가운데 소수는 한문어이다.

3음절 한문어
- 명사 : 노익장(老益壯), 역부족(力不足), 좌우명(座右銘), 지천명(知天命)[57]
- 부사 : 급기야(及其也), 부득이(不得已), 심지어(甚至於), 어차피(於此彼)

✱ 4음절 한자어 상당수는 한문어로서 **사자성어**(四字成語)이다.

4음절 한문어 가운데 사자성어
- 갑론을박(甲論乙駁), 누란지위(累卵之危), 명불허전(名不虛傳), 수불석권(手不釋卷), 시시비비(是是非非), 어불성설(語不成說), 연목구어(緣木求魚), 유야무야(有耶無耶), 이실직고(以實直告), 적반하장(賊反荷杖), 주도면밀(周到綿密)

✱ 5음절 이상의 한자어 중에도 한문어가 있다.

5음절 이상의 한문어
- 빙탄불상용(氷炭不相容), 부지하세월(不知何歲月), 철천지원수(徹天之怨讐), 월인천 강지곡(月印千江之曲), 천군만마지간(千軍萬馬之間)

✱ 한문어도 한국어 조어법에 참여할 수 있다. 특히 2음절 한문어들은 합성과 파생 을 통해 3음절 이상의 한자어를 잘 만들어낸다. §3.10~§3.11 참조.

✱ 다음의 '제빵'과 같이 고유요소나 외래요소가 한문문법에 따라 한자요소와 결합 한 예외적인 경우도 있다.
- 제빵 ←제(製)+빵(고유어)

---

56) '한문어'와 §3.9의 '국조어'는 다음 논문에서 제안된 용어이다.
   배주채(2022) 「한자 '병(病)'으로 끝난 단어들의 조어법과 경음화」,《한국문화》 98, 서울대 규장각 한국학연구원.
57) '노-익장, 좌우-명'으로 분석한 〈표〉보다 분석하지 않은 〈고〉가 더 적절하다.

3.9. 2음절 국조어

✱ 2음절 한자어의 소수는 한국어 조어법에 따라 만들어졌다. 한국어 조어법에 따라 만들어진 한자어를 '**국조어**(國造語)'라 불러 한문어(§3.8)와 구별할 수 있다.

✱ 2음절 국조어는 합성어와 파생어로 나누어진다.

✱ 다음은 1음절어끼리 결합한 합성어이다.

1음절어+1음절어

- 간암(肝癌), 금방(金房), 등잔(燈盞), 반수(半數), 벽장(壁欌), 상보(床褓), 상복(賞福), 성벽(城壁), 성병(性病), 색칠(色漆), 약방(藥房), 위벽(胃壁), 위암(胃癌), 은병(銀瓶), 장염(腸炎), 종탑(鐘塔), 죄질(罪質), 차표(車票), 창문(窓門), 책상(冊床), 책장(冊欌), 철문(鐵門), 철선(鐵線), 철창(鐵窓), 철탑(鐵塔), 철통(鐵桶), 철판(鐵板), 첩약(貼藥), 칠판(漆板), 탑차(塔車), 폐암(肺癌)

✱ 위의 '금방[금빵], 상보[상뽀], 상복[상뽁], 성병[성뼝]'에서는 사이시옷이 끼어들어 경음화가 일어난다. 즉 '금방'의 심층적인 조어구조는 '금+ㅅ+방'과 같다고 할 수 있다. 사이시옷이 끼어든다는 것은 이들이 한문어가 아니라 국조어임을 뜻한다.[58]

✱ 위의 '장염[장념], 첩약[첨냑]'에서의 ㄴ첨가도 이들이 국조어라는 증거이다.[59]

✱ '철문, 철선, 철창, 철탑, 철통, 철판'은 각각 철로 만들어진 문, 선, 창, 탑, 통, 판을 뜻한다는 점에서 전형적인 합성명사이다. 나머지 단어들도 국조어로 보는 데 문제가 없다.

✱ 다음은 1음절어에 1음절 접사가 결합한 파생어이다.

접두사+1음절어

- 반미(反美), 생즙(生汁), 양약(洋藥), 잡탕(雜湯), 친미(親美)

1음절어+접미사

- 균류(菌類),[60] 병적(病的), 시론(詩論), 억대(億臺), 차비(車費)

---

58) 〈고〉에서 '금방(金房)'의 조어구조를 '[+금+방]'으로 표시한 것은 정확하다. 그러나 '상보(床褓), 상복(賞福), 성병(性病)'의 조어구조를 각각 [+상+보], [+상+복], [+성+병]과 같이 표시하지 않은 것은 잘못이다.

59) 〈고〉에서 '장염(腸炎)'의 조어구조를 [+장+염]으로 표시한 것은 정확하다. 그러나 '첩약(貼藥)'의 조어구조를 [+첩+약]으로 표시하지 않은 것은 잘못이다.

60) 〈표〉는 발음을 [귤류]로 표시하고 있지만 현실발음 [균뉴]는 이 단어가 '명사+접미사'의 구조임을 증명한다. 〈고〉의 조어구조 표시 [+菌-類]는 정확하다.

3.10. 3음절 국조어

✱ 3음절 한자어는 대부분 2음절어를 중심으로 그 앞이나 뒤에 1음절어 또는 1음절인 어근이나 접사가 결합해 만들어진 국조어이다

✱ '피부색(皮膚色)'은 2음절어 '피부'와 1음절어 '색'의 결합이고 '금반지(金半指)'는 1음절어 '금'과 2음절어 '반지'의 결합이다.

2음절어+1음절어

- 감기약(感氣藥), 맥주병(麥酒瓶), 소설책(小說冊), 신호등(信號燈), 유리문(琉璃門), 정지선(停止線), 직업병(職業病), 피부색(皮膚色), 화물차(貨物車), 휴지통(休紙桶)

1음절어+2음절어

- 금반지(金半指), 뇌세포(腦細胞), 문단속(門團束), 벽난로(壁煖爐), 병맥주(瓶麥酒), 색안경(色眼鏡), 열손실(熱損失), 원운동(圓運動), 처자식(妻子息), 폐결핵(肺結核)

✱ '전문가(專門家)'는 2음절어 '전문'과 접미사 '-가'가 결합한 것이고 '입간판(立看板)'은 어근 '입'과 2음절어 '간판'이 결합한 것이다.[61]

2음절어+접미사

- 전문가(專門家), 대학가(大學街), 유행가(流行歌), 영화계(映畫界), 온도계(溫度計), 세계관(世界觀), 독서광(讀書狂), 보증금(保證金), 비행기(飛行機), 회의록(會議錄), 반대론(反對論), 입장료(入場料), 실업률(失業率), 생활비(生活費), 유람선(遊覽船), 과학성(科學性), 무용수(舞踊手), 질투심(嫉妬心), 한자어(漢字語), 휴대용(携帶用), 경호원(警護員), 현대인(現代人), 후보자(候補者), 역사적(歷史的), 포도주(葡萄酒), 시험지(試驗紙), 생물학(生物學), 표준화(標準化)

2음절어+어근

- 학사모(學士帽), 증명서(證明書), 환호성(歡呼聲), 천왕성(天王星), 냉각수(冷却水), 가로수(街路樹), 팔각정(八角亭), 관절통(關節痛), 계절풍(季節風), 이상향(理想鄉)

접두사+2음절어

- 가수요(假需要), 고지대(高地帶), 급상승(急上昇), 단거리(短距離), 대도시(大都市), 명승부(名勝負), 미완성(未完成), 반정부(反政府), 불투명(不透明), 소시민(小市民), 신대륙(新大陸), 장시간(長時間), 재발견(再發見), 저기압(低氣壓), 탈냉전(脫冷戰)

어근+2음절어

- 고관절(股關節), 상행위(商行爲), 수작업(手作業), 순기능(順機能), 시운전(始運轉), 식중독(食中毒), 입간판(立看板), 직수입(直輸入), 체지방(體脂肪), 희소식(喜消息)

---

61) 여기서 어근과 접사의 구분은 〈고〉의 조어구조 표시에 따른 것이다.

3.11. 4음절 국조어

✳ 4음절 한자어 상당수는 2음절어와 2음절어가 결합해 만들어진 국조어이다.

2음절어+2음절어 : 합성어

- 가정교육(家庭教育), 간접흡연(間接吸煙), 강변도로(江邊道路), 경제생활(經濟生活), 고려자기(高麗瓷器), 대리운전(代理運轉), 대중문화(大衆文化), 동시통역(同時通譯), 불쾌지수(不快指數), 삼각관계(三角關係), 양심선언(良心宣言), 연애편지(戀愛便紙), 원자시계(原子時計), 이중인격(二重人格), 직사광선(直射光線)

✳ '2음절어+2음절어' 구성이 한 단어인지 두 단어가 이어진 구인지를 판단하기는 쉽지 않다. 위의 예들을 2음절어와 2음절어가 이어진 구로 보고 '가정 교육, 간접 흡연'과 같이 표기하는 견해도 있을 수 있다.

✳ 〈표〉는 위의 예들을 단어로 처리해 붙여 쓰고 다음 단어들은 '가정 교사, 간접 조명'처럼 띄어 써서 두 단어의 연결, 즉 구로 처리했다. 이 책에서는 이들도 단어로 인정한다.

2음절어+2음절어 : 합성어

- 가정교사(家庭教師), 간접조명(間接照明), 고속도로(高速道路), 경제활동(經濟活動), 고려가요(高麗歌謠), 대리투표(代理投票), 대중매체(大衆媒體), 동시녹음(同時錄音), 주가지수(株價指數), 삼각함수(三角函數), 인권선언(人權宣言), 연애소설(戀愛小說), 수정시계(水晶時計), 이상인격(異常人格), 굴절광선(屈折光線)

✳ 4음절 한자어 가운데 소수는 3음절어를 중심으로 그 앞이나 뒤에 1음절어 또는 1음절인 어근이나 접사가 결합해 만들어진 국조어이다.

3음절어+1음절어 : 합성어

- 선진국병(先進國病), 원자력법(原子力法), 주기율표(週期律表)

3음절어+접미사 : 파생어

- 골동품점(骨董品店), 생물학적(生物學的), 유소년기(幼少年期)

1음절어+3음절어 : 합성어

- 법사회학(法社會學), 삼당시인(三唐詩人), 색도화지(色圖畵紙)

접두사+3음절어 : 파생어

- 경비행기(輕飛行機), 비전문가(非專門家), 정삼각형(正三角形)

✳ 4음절 한자어 가운데 일부는 한문어로서 사자성어이다. 사자성어에 대해서는 §3.8, §3.13, §3.14 참조.

3.12. 한자어의 빈도와 한자의 빈도

✱ 한자어에 쓰인 한자는 **빈도**(頻度)가 다양하다.

✱ 다음과 같이 한자어 5개를 대상으로 한자의 빈도를 조사해 볼 수 있다.

• 학교(學校), 학과(學科), 문학(文學), 대학(大學), 국문과(國文科) ⇒ 한자어 5종

• 學, 校, 科, 文, 大, 國 ⇒ 한자 6종

• 한자의 빈도 11회 : 學 (4), 校 (1), 科 (2), 文 (2), 大 (1), 國 (1)

✱ 한자어 186,982종에 출현한 한자의 빈도 조사 결과는 다음과 같다.[62]

✱ 한자는 모두 5,249종이 출현했고 한자의 총 빈도는 484,669회이다.

순위	한자	빈도	누적 빈도	누적 비율	순위	한자	빈도	누적 빈도	누적 비율
1	學(학)	2764	2,764	0.57%	14	一(일)	1669	30,091	6.17%
2	人(인)	2565	5,329	1.09%	15	主(주)	1643	31,734	6.50%
3	不(불)	2443	7,772	1.59%	16	的(적)	1635	33,369	6.84%
4	生(생)	2299	10,071	2.06%	17	者(자)	1622	34,991	7.17%
5	法(법)	2238	12,309	2.52%	18	水(수)	1603	36,594	7.50%
6	大(대)	2198	14,507	2.97%	19	中(중)	1598	38,192	7.83%
7	化(화)	2139	16,646	3.41%	20	動(동)	1573	39,765	8.15%
8	地(지)	2090	18,736	3.84%	21	自(자)	1539	41,304	8.46%
9	性(성)	2087	20,823	4.27%	22	子(자)	1512	42,816	8.77%
10	物(물)	2035	22,858	4.68%	23	文(문)	1484	44,300	9.08%
11	無(무)	1907	24,765	5.07%	24	金(금)	1457	45,757	9.38%
12	行(행)	1896	26,661	5.46%	25	之(지)	1457	47,214	9.67%
13	國(국)	1761	28,422	5.82%	26	氣(기)	1437	48,651	9.97%

✱ 『현대 국어 사용 빈도 조사』(2002)에서는 150만 어절의 말뭉치에서 58,437종의 단어가 출현했는데 '대인(大人)'보다 '사치(奢侈)'의 빈도가 훨씬 높다.

• 대인(大人) : 2회 출현 (30,138위)

• 사치(奢侈) : 25회 출현 (6,733위)

✱ 위의 한자 빈도 조사에 따르면 '奢, 侈'는 '大, 人'에 비해 빈도가 매우 낮다. 즉 한자어의 빈도는 그 한자어를 구성하는 한자의 빈도와 비례하지 않을 수 있는 것이다.

---

62) 이영희(2010) 「효율적인 漢字語 敎育을 위한 등급별 漢字語 목록의 漢字 頻度 硏究」, 《어문연구》 38-2, 한국어문교육연구회.

3.13. 한자성어

✱ **한자성어**(漢字成語)는 한문에서의 고정표현을 한국어에서 단어로 사용하는 것이다. **한문어**(§3.8)에 속한다. '**성어**(成語)'라고 줄여서 표현하기도 한다.

✱ 한자성어는 비유적인 의미나 교훈적인 의미를 가진 것이 많고 표현이 간결하다. 한자성어의 이런 점은 **속담**(§8.10)과 비슷하다.

- 계륵(鷄肋), 기우(杞憂), 농단(壟斷), 모순(矛盾), 백미(白眉), 사족(蛇足), 퇴고(推敲), 파경(破鏡), 등용문(登龍門), 지천명(知天命), 천리안(千里眼), 금시초문(今時初聞), 동병상련(同病相憐), 반신반의(半信半疑), 사면초가(四面楚歌), 왈가왈부(曰可曰否), 유일무이(唯一無二), 가정맹어호(苛政猛於虎), 화무십일홍(花無十日紅), 맹모삼천지교(孟母三遷之敎), 불가근불가원(不可近不可遠)

✱ 한자성어 가운데 다음과 같은 4음절어는 **사자성어**(四字成語)이다.

- 금시초문(今時初聞), 동병상련(同病相憐), 반신반의(半信半疑), 사면초가(四面楚歌), 왈가왈부(曰可曰否), 유일무이(唯一無二)

✱ 사자성어는 중국에서 만든 것을 받아들인 것이 많지만 '계란유골(鷄卵有骨), 오비이락(烏飛梨落), 적반하장(賊反荷杖)'처럼 한국에서 만든 것도 있다.

✱ 사자성어는 대부분 역사가 길지만 현대에 와서 만든 것도 있다. 다음은 20세기 이후에 한국에서 만든 것들이다.[63]

- 홍동백서(紅東白西)(1920), 유전무죄(有錢無罪)(1955), 낙장불입(落張不入)(1980), 신토불이(身土不二)(1981), 복지부동(伏地不動)(1993), 저탄고지(低炭高脂)(2016)

✱ 한자성어 중에서 옛이야기, 즉 고사(故事)에서 유래한 단어는 **고사성어**(故事成語)이다. 위의 예들 중 고사성어는 다음과 같다. 이들은 중국의 옛 책에 실린 고사에서 유래한다.

- 계륵 『후한서』, 기우 『열자』, 농단 『맹자』, 모순 『한비자』, 백미 『삼국지』, 사족 『전국책』, 퇴고 『상소잡기』, 파경 『태평어람』, 등용문 『후한서』, 지천명 『논어』, 천리안 『위서』, 사면초가 『사기』, 가정맹어호 『예기』, 맹모삼천지교 『열녀전』

✱ 다음은 언어유희 목적이 강한 최근의 신어들로서 사자성어를 닮았다.

- 약어 : 겉바속촉, 낄끼빠빠, 내돈내산, 내로남불, 빼박캔트, 안물안궁, 폼생폼사
- 기타 : 눈치코치, 밤일낮장, 신기방기, 질색팔색

---

63) 괄호 안의 수는 최초 출현연도이다. '홍동백서~복지부동'은 〈네이버 뉴스라이브러리〉, '저탄고지'는 〈빅카인즈〉에 의한 것이다.

3.14. 주요 사자성어

✽ 흔히 쓰이는 주요 사자성어 100개를 추려 보면 다음과 같다.

주요 사자성어 100개

감언이설	甘言利說	동병상련	同病相憐	신출귀몰	神出鬼沒	임기응변	臨機應變
개과천선	改過遷善	동분서주	東奔西走	아전인수	我田引水	자가당착	自家撞着
거두절미	去頭截尾	동상이몽	同床異夢	안하무인	眼下無人	자수성가	自手成家
경거망동	輕擧妄動	두문불출	杜門不出	약육강식	弱肉强食	자승자박	自繩自縛
고군분투	孤軍奮鬪	막상막하	莫上莫下	어부지리	漁父之利	자업자득	自業自得
고진감래	苦盡甘來	명실상부	名實相符	역지사지	易之思之	자초지종	自初至終
구사일생	九死一生	문전성시	門前成市	오리무중	五里霧中	작심삼일	作心三日
군계일학	群鷄一鶴	미사여구	美辭麗句	외유내강	外柔內剛	적반하장	賊反荷杖
권선징악	勸善懲惡	박학다식	博學多識	용두사미	龍頭蛇尾	전화위복	轉禍爲福
금과옥조	金科玉條	반신반의	半信半疑	우유부단	優柔不斷	주마간산	走馬看山
금상첨화	錦上添花	배은망덕	背恩忘德	우후죽순	雨後竹筍	중구난방	衆口難防
금시초문	今時初聞	백발백중	百發百中	유명무실	有名無實	천고마비	天高馬肥
금의환향	錦衣還鄕	부전자전	父傳子傳	유비무환	有備無患	천차만별	千差萬別
기고만장	氣高萬丈	부화뇌동	附和雷同	유언비어	流言蜚語	철두철미	徹頭徹尾
기사회생	起死回生	불로소득	不勞所得	유유상종	類類相從	칠전팔기	七顚八起
기상천외	奇想天外	불철주야	不撤晝夜	유일무이	唯一無二	타산지석	他山之石
내우외환	內憂外患	비일비재	非一非再	이심전심	以心傳心	파죽지세	破竹之勢
노심초사	勞心焦思	사면초가	四面楚歌	이열치열	以熱治熱	팔방미인	八方美人
다다익선	多多益善	사상누각	沙上樓閣	인사불성	人事不省	패가망신	敗家亡身
단도직입	單刀直入	사필귀정	事必歸正	인산인해	人山人海	표리부동	表裏不同
대기만성	大器晩成	살신성인	殺身成仁	일거양득	一擧兩得	풍전등화	風前燈火
대동소이	大同小異	선견지명	先見之明	일망타진	一網打盡	학수고대	鶴首苦待
독불장군	獨不將軍	설상가상	雪上加霜	일사천리	一瀉千里	허심탄회	虛心坦懷
동고동락	同苦同樂	속수무책	束手無策	일석이조	一石二鳥	환골탈태	換骨奪胎
동문서답	東問西答	수수방관	袖手傍觀	일편단심	一片丹心	횡설수설	橫說竪說

3.15. 어휘차용, 직접차용, 간접차용, 방언차용

✻ 차용(借用)은 외국어 요소를 자국어에 받아들이는 현상이다. 외국어 요소를 자국어 단어로 받아들이는 것이 **어휘차용**(語彙借用)이고 그 결과가 **차용어**이다.[64]

✻ 차용이 일어날 때 언어요소를 주는 언어가 **원어**(原語), 받는 언어가 **수용어**(受容語)이다.

✻ 수용어가 다시 원어가 되는 경우가 있다. 즉 받은 언어요소를 다시 다른 언어에 주는 것이다. 이때는 최종적으로 받는 언어가 수용어가 되고 중간에 언어요소를 전달하는 언어는 **경유어**(經由語)가 된다.

✻ 경유어가 끼지 않은 차용은 **직접차용**(直接借用)이고, 경유어가 낀 차용은 **간접차용**(間接借用)이다.

- 직접차용 : 원어→ 수용어
- 간접차용 : 원어→ 경유어→ 수용어

✻ 〈표〉, 〈고〉에서 중국어로부터의 **직접차용어**로 풀이한 '딤섬'은 영어를 거친 **간접차용어**이다.

- [광동어]dᵕmsām(點心)→ dim sum→ 딤섬[65]

✻ 차용의 역사에서 한국어는 오랫동안 원어보다 수용어였으나, 20세기 후반부터는 한국어 단어를 외국어에서 차용하는 사례가 늘어나고 있다.

- 2000년 이전 : 김치, 온돌, 재벌, 태권도
- 2000년 이후 : 대박, 먹방, 오빠, 치맥

✻ 한 언어의 방언들 간에 일어나는 차용은 **방언차용**(方言借用)이다.

✻ 방언차용은 중심지의 방언에서 주변지역의 방언으로 끊임없이 일어난다. 이것은 **문화전파**(文化傳播)의 자연스러운 양상이다. 그런데 그 반대방향으로, 즉 주변지역의 방언이 **중앙어**(中央語)로 차용된 예도 있다.[66]

- 중앙어로 차용된 방언형 : 기럭지(강원, 경기, 경북, 전라, 충북), 멍게(경상), 싸가지 (강원, 전라), 올갱이(강원, 충청)[67]

---

64) 차용어는 한자어와 외래어로 나누어진다. §3.1 참조.
65) 광둥어는 중국 남동부의 중국어 방언이다. '點心'에 대한 북경어(중국어 표준어)의 발음은 'diǎnxīn' 으로서 영어 'dim sum'이나 한국어 '딤섬'과 규칙적으로 대응하지 않는다.
66) '중앙어'는 수도권의 현실어를 가리킨다.
67) 이 가운데 '멍게'만 표준어로 인정되었고 나머지는 아직 표준어가 아니다.

3.16. 어휘차용에서 일어나는 변화

✻ 외래어 차용에서 다음과 같이 단어의 속성이 달라지는 경우가 있다.
  • 원어의 어형변이를 단순화한다.
  • 원어의 복합어가 단순어로 바뀐다.
  • 원어의 의미소 수가 줄어든다.
  • 원어의 의미와 다른 의미로 바뀐다.
✻ 원어의 **어형변이**(語形變異)를 단순화하는 경우가 있다. 특히 영어의 복수접미사 '-es'를 흔히 생략한다.[68]
  • aerobics → 에어로빅
  • sunglasses → 선글라스
✻ 길이의 단위 '피트'의 경우에는 빈도가 높은 복수형을 받아들였다.
  • foot(단수형)/feet(복수형)→ 피트 ✻'1피트(a foot)'에서만 쓰이는 단수형 'foot' 대신에 나머지 모든 수 뒤에 쓰이는 'feet'에 대응하는 '피트'만 받아들임.[69]
✻ 원어의 복합어가 단순어로 바뀌는 경우가 많다.
  • compute+-er (파생어)→ 컴퓨터 (단순어)
  • bar+bell (합성어)→ 바벨 (단순어), 역기(力器)
  • dumb+bell (합성어)→ 덤벨 (단순어), 아령(啞鈴)
✻ 원어의 **의미소** 수가 줄어드는 경우가 많다. 필요한 의미소만 받아들이기 때문이다.
  • sign : [명사] ① 징후 ② 표지판 ③ 신호 ④ 부호 … [동사] ① 서명하다 …
  • 사인 : [명사] ① 서명 ② 신호
✻ '사인'의 의미소 '서명'은 동사 'sign'의 의미소를 명사로 바꾸어 받아들인 것이다. 서명을 뜻하는 영어 명사 'signature'의 어형이 길어 회피한 듯하다.
✻ 원어의 의미와 다른 의미로 바뀌는 경우도 있다.
  • 헬스(운동) ←health(건강) ✻'working out, weight training'이 정확한 표현임.
  • 파이팅(응원이나 격려의 구호) ←fighting(싸움) ✻'Go!'가 정확한 표현임.

---

68) 어형변이는 문법구조나 문법기능에 맞도록 어형을 바꾸거나 단어에 어미나 접사를 붙이는 현상이다. 종래에 '굴절(屈折)'이라 부르던 것이다.
69) 이러한 변화는 일본어에서 'feet'를 'フィート(hwiito)'로 받아들일 때 일어났고 한국어는 이 일본어 어형을 '피트'로 받아들였을 뿐이라고 하는 것이 정확할 것이다. 그렇지만 한국어에서 영어를 직접 차용했더라도 마찬가지였을 것이므로 본문과 같이 서술해 둔다.

3.17. 일본어를 거쳐 들어온 외래어

✱ 외래어 가운데 일부는 일본어를 거쳐 들어온 **간접차용어**이다. 이들은 처음에 일본식 형태로 쓰다가 나중에 **직접차용어** 형태로 바꾼 것이 많다.

✱ 영어 'truck'에 대한 외래어는 20세기 전반에 일본어를 거친 간접차용어 '도락구'였다가 20세기 후반에는 직접차용어 '트럭'으로 바뀌었다.

- truck → [일]torakku(トラック)→ 도락구>트럭

✱ 다음의 간접차용어 '사라다, 테레비, 빵꾸'는 아직도 가끔 쓰이며 '센치'는 현실발음 [쎈치]로 널리 쓰인다.

- salad → [일]sarada(サラダ)→ 사라다>샐러드
- television → [일]terebi(テレビ)→ 테레비>텔레비전
- punc(ture) → [일]panku(パンク)→ 빵꾸>펑크
- centi(meter) → [일]senci(センチ)→ 센치>센티

✱ 에너지를 뜻하는 '에네르기'는 독일어 'Energie'로부터 일본어 'enerugi(エネルギー)'를 거쳐 들어왔다. 〈네이버 뉴스라이브러리〉 검색결과는 1970년대를 중심으로 일본어식 '에네르기'가 영어식 '에너지'로 바뀌어 감을 보여준다.

〈네이버 뉴스라이브러리〉에서 '에네르기'와 '에너지'를 검색한 결과(연도별 빈도)

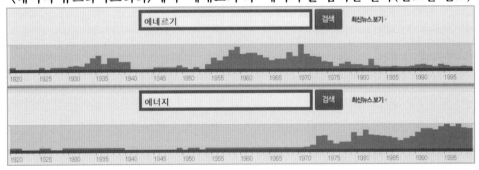

✱ 〈표〉, 〈고〉는 '아지트', '빨치산'을 각각 러시아어 'agitpunkt', 'partizan'에서 직접 들어온 것으로, '자몽'을 포르투갈어 'zamboa'에서 직접 들어온 것으로 풀이하고 있지만 중간에 일본어를 거친 간접차용어로 보는 것이 옳다.

- [러시아어]agitpunkt → [일]ajito(アジト)→ 아지트
- [프]partisan → [일]parucizan(パルチザン)→ 빨치산[70]
- [포르투갈어]zamboa → [일]zabon(ザボン)→ 자몽

---

70) 20세기 후반에 프랑스어로부터의 직접차용어 형태 '파르티잔'을 새로 만들었다.

3.18. 원어별 외래어

✱ 외래어의 원어, 즉 기원이 되는 언어는 대부분이 영어이다. 특히 20세기 후반부터
는 영어가 세계어로서의 지위를 더욱 굳히게 되어 다른 언어들에서 유래한 단어
들도 영어를 통해 한국어에 들어오는 경우가 많아졌다.

✱ 20세기 전반에 일본어의 고유어, 한자어, 외래어가 한국어에 많이 들어왔다.

✱ 일본어의 한자어는 한국어에서도 한자어로 유지되었다. 그 한자어들의 기원이
일본어인 줄 잘 모르기 때문에 거부감 없이 대량으로 받아들였다.

✱ 일본어의 고유어와 외래어는 한국어에서 외래어의 지위를 가지게 되었다.

✱ 일본어의 고유어에서 유래한 외래어는 20세기 후반에 꾸준한 순화작업을 통해
대부분 사라졌다.

- 노가다>막노동
- 모찌>찹쌀떡
- 소데나시>민소매
- 와꾸>틀
- 우와기>윗도리, 상의
- 헤라>구둣주걱

✱ 영어 이외의 여러 언어에서 들어온 외래어 예는 다음과 같다.

- [일]chanpon(ちゃんぽん)→ 짬뽕
- [일]inko(いんこ)→ 잉꼬
- [중]tánghúlu(糖葫芦)→ 탕후루
- [중]yóukè(遊客)→ 유커
- [베트남어]Ho Chi Minh→ 호찌민
- [프]baguette → 바게트
- [프]sommelier → 소믈리에
- [독]Allergie → 알레르기
- [독]Natrium→ 나트륨
- [에스파니아어]el Niño→ 엘니뇨
- [이탈리아어]caffè latte → 카페라떼   ✱규범 표기는 '카페라테'임.
- [노르웨이어]fjord→ 피오르
- [러시아어]troika→ 트로이카
- [라틴어]stadium→ 스타디움
- [그리스어]alpha→ 알파
- [아랍어]hijab→ 히잡

3.19. 의역과 음역

✳ 외국문화를 받아들일 때 처음에는 **의역**(義譯)이 많다.[71] 의역은 외국어를 번역해 새로운 단어나 표현을 만드는 현상이다. 의역으로 생긴 단어는 **의역어**(義譯語)이다. 의역어는 외래어가 아니다.

- airport → 공항(空港)
- cold war → 냉전(冷戰)

✳ 대중이 외국문화에 어느 정도 익숙해지면 **음역**(音譯)이 많아진다. 음역으로 생긴 단어는 **음역어**(音譯語)이다. 음역어는 외래어이다.

- coffee shop, [프]café → 다방(茶房) (의역어)>커피숍, 카페 (음역어)
- wine, [프]vin, [독]Wein → 포도주(葡萄酒) (의역어)>와인 (음역어)

✳ 고유명은 음역하는 것이 일반적이나 다음과 같이 의역한 예도 있다.

- Golden Gate Bridge → 금문교(金門橋)
- Statue of Liberty → 자유의 여신상

✳ 고대로부터 중국에서 만든 **한자 음역어**들은 한국어에 한자어로 유입되었다.

- [산스크리트어]Shakyamuni → [중]釋迦牟尼→ 석가모니
- [튀르키예어]Türük, Türk → [중]突厥→ 돌궐 ✳현재는 '튀르크'가 우세함.
- [몽골어]Mongol → [중]蒙古→ 몽고 ✳현재는 '몽골'이 압도적임.

✳ 19세기에 중국과 일본에서는 서양의 국가명을 대거 한자로 음역했다. 그것을 한국어에서 한자어로 받아들였다. '미국(美國), 영국(英國), 호주(濠洲)'의 '미, 영, 호'도 그러한 한자 음역어의 흔적이다. 20세기 후반부터는 '미국, 영국, 호주, 독일' 등 일부를 제외하고는 한자 음역어 대신 한국어에서 새로 음역한 '유럽, 그리스, 프랑스, 이탈리아' 등으로 바뀌었다.

- [독]Deutsch → [일]獨逸→ 독일
- [라틴어]Europa → [중]歐羅巴→ 구라파>유럽
- [그리스어]Hellas → [중]希臘→ 희랍>그리스
- [프]France → [중]佛蘭西→ 불란서>프랑스[72]
- [이탈리아어]Italia → [일]伊太利→ 이태리>이탈리아[73]

---

71) 의역(義譯)의 짝은 음역(音譯)이고, 의역(意譯)의 짝은 직역(直譯)이다.
72) 중국에서 현재는 '法兰西(Fǎlánxī)'를 쓴다.
73) 일본에서 현재는 'イタリア(Itaria)'를 쓴다.

3.20. 번역차용

✱ **번역차용**(飜譯借用)은 외국어의 표현법을 받아들여 이미 있는 단어나 표현에 외국어식 의미를 추가하는 현상이다.

✱ 단어가 번역차용을 겪으면 의미소가 추가된다.

✱ 구가 번역차용을 겪으면 숙어가 된다. 구가 원래 가진 축자적 의미 외에 관용적 의미가 차용되기 때문이다.

✱ 번역차용은 의역과 구별된다. 영어의 야구 용어 'steal'에 대응하는 의미를 표현하기 위해, 새 단어 '도루(盜壘)'를 만든 것은 의역이고 기존 단어 '훔치다'에 새 의미소를 추가한 것은 번역차용이다("1루 주자가 2루를 훔쳤다.").

✱ 한편 음역은 외래어를 만들어내지만 의역과 번역차용은 외래어를 만들어내지 않는다.

✱ 영어에서 온 번역차용, 의역, 음역의 예를 보면 다음과 같다.

번역차용
- steal [동사]→ 훔치다　✱야구 용어
- hit the bottom→ 바닥을 치다　✱증권시장의 용어
- hot potato→ 뜨거운 감자
- double-edged sword→ 양날의 칼/검
- carrot and stick→ 당근과 채찍
- crocodile tears→ 악어의 눈물
- pop the champagne→ 샴페인을 터뜨리다
- change hands→ 손이 바뀌다　✱경제 용어

의역[74]
- steal [명사]→ 도루(盜壘), [일]tourui(盜壘), [중]tōulěi(偷垒), dàolěi(盗垒)
- dumbbell→ 아령(啞鈴), [일]arei(亜鈴), [중]yǎlíng(哑铃)
- white paper→ 백서(白書), [일]hakusyo(白書), [중]báipíshū(白皮书)

음역
- center(전문기관)→ 센터, [일]sentaa(センター)
- Oxford→ 옥스퍼드, [일]okkusuhuoodo(オックスフォード)
- New York→ 뉴욕, [중]Niǔyuē(纽约), [일]nyuuyooku(ニューヨーク)

---

74) 실제로는 '도루, 아령, 백서'의 의역이 일본어에서 이루어지고 그것을 한국어에서 받아들인 것이다.

3.21. 콩글리시

✻ **콩글리시**(Konglish)는 실제 영어와 다른 한국식 영어이다.

- 콩글리시 ←Konglish = Ko(rean)+(E)nglish

✻ 콩글리시 단어는 영어 요소를 사용하여 한국식으로 만든 단어이다.

어형을 한국식으로 만든 단어

- 멘트 ←(com)ment[75]
- 선팅 ←sun+(tin)ting　✻window tinting
- 핸드폰 ←hand+phone[76]　✻cell phone, cellular phone, mobile phone

어의를 한국식으로 바꾼 단어

- 키(자물쇠/열쇠) ←key(열쇠)　✻lock(자물쇠)
- 헬스(운동) ←health　✻working out, weight training
- 솔로(독신) ←solo　✻single[77]

✻ 콩글리시처럼 보이지만 서양어를 일본어에서 변형한 단어들을 한국어에서 수용한 것이 많이 있다. 이들 중에는 'remikon'처럼 영어를 일본식으로 조합해 만든 일본식 영어, 즉 **재플리시**(Japlish)가 적지 않다.

- 레미콘 ←[일]remikon(レミコン) ←ready-mixed concrete
- 스킨십 ←[일]sukinsipu(スキンシップ) ←skin+ship
- 오토바이 ←[일]ootobai(オートバイ) ←auto+bicycle
- 와이셔츠 ←[일]waisyatsu(ワイシャツ) ←white+shirt
- 코스프레 ←[일]kosupure(コスプレ) ←costume+play
- 테마 ←[일]teema(テーマ) ←[독]Thema
- 프로, 아마 ←[일]puro(プロ), ama(アマ) ←professional, amateur
- 프로 ←[일]puro(プロ) ←[일purosento(プロセント) ←[네]procent

✻ 일본어와 형태가 다른 콩글리시 단어도 있다. 다음의 '악플'과 일본어 'ancikome'는 조어법과 형태가 아주 다르다.

- 악플(惡플) ←악(惡)+(리)플　✻리플 ←리플라이(reply)
- [일]ancikome(アンチコメ) ←anti-+comment　✻negative comment

---

75) 〈고〉, 〈우〉에서는 영어 'announcement'에서 온 것으로 표시했다.
76) 외래어 '핸드폰'을 대신할 바람직한 단어는 '손전화손전화'이다. 〈우〉에는 '손 전화'로 실려 있다. '손가방, 손거울, 손수건, 손전등' 등의 조어법을 참고할 수 있다.
77) '돌싱(←돌아온 싱글)'에서는 '솔로' 대신 '싱글'을 사용해 영어 용법에 맞다.

3.22. 혼종어

✱ 혼종어 가운데는 고유요소와 한자요소의 결합(고+한, 한+고)이 가장 많다. 한자요소에 '하다'가 붙은 용언이 매우 많은 것이 그 한 원인이다.

✱ 혼종어 74,004개 가운데 '하다'로 끝난 혼종어가 38,924개인데 이들 대부분이 '한자요소+하다' 구조이다.

'한자요소+하다' 혼종어

- 동사 : 청하다(請하다), 피하다(避하다), 결정하다(決定하다), 준비하다(準備하다), 급상승하다(急上昇하다), 백배사죄하다(百拜謝罪하다)
- 형용사 : 강하다(强하다), 편하다(便하다), 단순하다(單純하다), 중요하다(重要하다), 무질서하다(無秩序하다), 비일비재하다(非一非再하다)

기타 혼종어

- 고+한 : 간장(간醬), 궁금증(궁금症), 꼴불견(꼴不見), 꽃병(꽃瓶), 눈동자(눈瞳子), 달력(달曆), 막차(막車), 밥상(밥床), 손수건(손手巾), 쓰레기통(쓰레기桶), 제각기(제各其), 철부지(철不知)
- 한+고 : 공터(空터), 남쪽(南쪽), 반값(半값), 방바닥(房바닥), 별일(別일), 보따리(褓따리), 사거리(四거리), 색종이(色종이), 선생님(先生님), 식칼(食칼), 실속(實속), 쌍꺼풀(雙꺼풀), 양배추(洋배추), 용돈(用돈), 정말(正말), 진짜(眞짜), 항아리(缸아리) / 본받다(本받다), 해치다(害치다) / 단조롭다(單調롭다), 만족스럽다(滿足스럽다), 정겹다(情겹다) / 간단히(簡單히), 주로(主로)
- 한+외 : 고속버스(高速bus), 광팬(狂fan), 교통카드(交通card), 금메달(金medal), 방울토마토(방울tomato), 배기가스(排氣gas), 보도블록(步道block), 비상벨(非常bell), 생크림(生cream), 인증샷(認證shot), 재테크(財tech), 휴대폰(携帶phone)
- 외+한 : 달러화(dollar貨), 메뉴판(menu板), 메모지(memo紙), 비닐봉지(vinyl封紙), 서비스업(service業), 스키장(ski場), 알칼리성(alkali性), 콜라병(cola瓶), 팀장(team長), 헬기(←helicopter機)
- 외+고 : 체크무늬(check무늬), 커피콩(coffee콩), 팬질(fan질) / 슛하다(shoot하다), 오픈하다(open하다), 컨트롤하다(control하다) / 쿨하다(cool하다), 타이트하다(tight하다), 유머러스하다(humorous하다)
- 고+외 : 딸기잼(딸기jam), 마을버스(마을bus), 종이컵(종이cup)
- 한+고+외 : 녹차라떼(綠차latte), 총알택시(銃알taxi)
- 외+한+고 : 샴쌍둥이(Siam雙둥이)

✱ 혼종어 가운데 일부는 **동의중복**(同義重複)을 일으킨다. §6.12~§6.13 참조.

4.1. 단어사

* **단어사**(單語史)는 단어의 역사이다.

* 단어도 생물처럼 태어나서 살다가 죽는다. 단어마다 수명이 천차만별이다. **유행어**(流行語)는 수명이 특별히 짧은 단어이다. 수명이 특별히 긴 단어를 부르는 말은 없다. '눈, 코, 입, 머리, 손, 발, 물, 불, 크다, 작다, 가다, 오다' 등 **생존어휘**(生存語彙)에 속한 단어들이 대개 장수한 단어들이라 할 수 있다.

* 한국어 단어가 문헌에 기록되기 시작한 것은 2000년 전쯤이지만 한글이 창제되기 전까지는 소수의 단어가 한자로 매우 불완전하게 기록되었다. 그래서 대부분의 단어의 역사는 한글 창제 직후인 15세기부터 기술하게 된다.

* 한글문헌에 기록된 동물명사 '개'의 최초 형태는 '가히'이다.
  • 가히   *『월인천강지곡』(1447년)

* 고려의 언어를 한자로 기록한 『계림유사』(1103년경)에서 개를 '家稀(가희)'라고 했으므로 15세기 전에도 개를 가리키는 단어는 '가히'와 비슷한 형태로 존재했을 것이다.

* 15세기로부터 21세기까지 단어 '개'의 변화는 **형태변화**(形態變化)에 그친다.
  • 형태의 변화 : 가히[kahi]>개[kaj]>개[kɛː]>개[ke][78]
  • 의미의 변화 : 없음.

* 결국 단어 '개'는 지난 수백 년간 **의미변화**(意味變化) 없이 형태변화만 겪었다.

* 20세기에 들어선 이후에 다양한 개 품종이 등장했으므로 '개'의 **지시물**(指示物)이 조금 변화했다고 할 수 있다. 그러나 학명이 'Canis familiaris'인 갯과의 포유류인 점은 변화하지 않았으므로 지시물의 본질은 변하지 않은 것이다.

* 최근 수십 년간 반려동물을 귀하게 여기는 풍조가 강해지면서 개에 대해 사람들이 가진 생각, 즉 **개념**(槪念)이 많이 바뀌었다.[79]

* 지시물과 개념의 변화는 언어의 변화에 속하지 않지만 단어사와 관련은 있다. '개'의 개념의 변화가 '강아지'의 의미변화를 일으키고 있는 것이다. §4.2 참조.

---

78) 〈우〉의 역사정보에는 '가히(15세기~17세기)>개(16세기~현재)'로만 제시되어 있다. 옛 문헌에서 한글표기 '개'가 나타내는 발음은 15~16세기에는 [kaj]였고 17~18세기를 거치면서 점점 [kɛː]로 바뀌었다. '개[kɛː]'는 20세기까지의 일반적인 발음이고 '개[ke]'는 21세기의 일반적인 발음이다.

79) 어형, 어의, 지시물, 개념에 대해서는 §6.1 참조.

4.2. 어휘사

✻ 한 단어의 변화는 다른 언어요소의 변화와 관련될 때가 많다. 나아가 다른 방언이나 다른 언어의 다양한 요소들과 영향을 주고받기도 한다. 단어들이 각각 고립되어 존재하는 것이 아니라 생태계처럼 어휘체계를 이루고 있기 때문이다.

✻ 따라서 단어의 변화를 단어 차원보다 어휘 차원에서 파악하는 것이 더 효과적이다. 단어사보다 **어휘사**(語彙史)에 주목하는 일이 많은 것은 이 때문이다.

✻ 20세기 말부터는 개의 새끼뿐만 아니라 다 자란 개도 '강아지'라 부르는 일이 많아지고 있다. 즉 단어 '강아지'가 의미변화를 겪고 있다. 그 결과 같은 지시물을 가리키는 단어로서 '개'와 '강아지'의 **유의경쟁**(類義競爭)이 시작되었다.
  - '강아지'의 의미변화 : Canis familiaris의 새끼>Canis familiaris
  - '개'와 '강아지'의 유의경쟁[80]

✻ '괴>고양이', '돝>돼지', '염소>염생이(방언)'에서도 가축의 새끼를 가리키는 단어가 다 자란 가축도 가리키게 된 의미변화를 볼 수 있다.[81] '개>강아지'도 그러한 의미변화의 흐름에 포함된다.

✻ '개독, 개차반, 미친갯병' 등 '개'가 들어 있는 복합어에서는 '개>강아지'의 변화를 볼 수 없다. '개집>강아지집', '개밥>강아지밥'은 가능한 듯하다. 그러나 '개밥에 도토리'라는 속담에서는 '개밥>강아지밥'이 아닐 것이다.

✻ 한편 '개'는 오래 전에 접두사 '개-'로 발달했다. 20세기 말에는 부사 '개'로 발달하기도 했다.
  - 접두사 '개-' : 개꽃, 개떡, 개살구 / 개망신, 개망나니, 개죽음, 개폼
  - 부사 '개' : 개 좋다, 개 비싸다

✻ 단어 '개'의 역사를 '가히>개'의 형태변화로 파악하고 그치는 것보다 다른 언어요소인 명사 '강아지, 괴, 고양이, 돝, 돼지', 접두사 '개-', 부사 '개' 등과 관련지어 관찰하는 것, 즉 '개'의 어휘사에 주목하는 것이 더 의미가 있다.

---

80) 이 경쟁이 시작되면서 농촌의 마당에서 키우는 큰 개를 '개'라고 하고 도시의 방 안에서 키우는 작은 개를 '강아지'라고 하는 식으로 두 단어의 의미를 구별하는 경우도 있다.

81) 이때의 '-아지, -앙이'는 동물의 새끼를 가리키는 접미사로서 '송아지, 망아지'에도 쓰인다. 중세한국어의 '괴[koj]'에 '-앙이'가 붙어 '고양이'가 되었다. '돝'의 경우 'ㅌ'이 탈락한 '도'에 '-아지'가 붙어 '도아지>돼지'가 된 듯하다. 방언의 '염생이'는 '염소-앙이>염쌍이>염챙이>염생이'와 같이 형성되었을 것이다.

4.3. 어원

* **어원**(語源)은 어떤 단어의 최초의 모습이다. 그런데 그 단어의 역사 전체가 어원에 포함되는 것으로, 즉 '단어사'와 비슷한 개념으로 생각하기도 한다.

* 〈표〉는 문헌에 출현한 형태가 현대어와 다른 단어에 대해 표제어 바로 아래에 어원정보를 제시하고 있다. 15세기~19세기의 문헌에 한글로 표기된 최초의 어형이 핵심이다. 〈고〉는 '참고정보'라는 항목에서 어원을 설명하고 있다.

* 어원 설명이 자세한 사전은 〈우〉이다. 〈우〉는 '역사정보'라는 항목에서 문헌에 쓰인 예를 제시하며 단어사를 자세히 설명하고 있다.

* 현대인이 어원을 짐작하기 어려운 '안타깝다'에 대해 〈표〉는 어원정보란에서 '←않+답끼-+-알-'이라고만 제시하고 있다. 〈우〉의 역사정보 항목에서는 최초의 출현형인 『한불자전』(1880)의 '안탁깝다'를 기준으로 '안탁깝다>안타깝다'의 형태 변화만을 설명하고 있다.

* '안타깝다'의 어원에 대한 자세한 설명은 〈고〉의 참고정보란에서 볼 수 있다.

'안타깝다'에 대한 〈고〉의 참고정보

'안타깝다'는 19세기에 '안탓갑다'의 형태로 처음 나타난다. 이 말은 기원적으로 '*안닶갑다'에서 온 말로 추정되는데, 이 말은 '안ㅎ[內]+닶갑다'로 분석해 볼 수 있다. '닶갑다'는 '답끼-(답답해지다)'라는 동사 어간에 형용사를 만드는 접미사 '-압-'이 결합된 말로 '답답하다'의 뜻이므로 '*안닶갑다'는 기원적으로 '속이 답답하다'의 뜻이었을 것이다. [...]

* 다음은 〈우〉의 역사정보에 설명이 없으나 분명하다고 판단되는 어원의 예이다.
  • 원숭이<원셩(猿猩)-이[82]
  • 소갈머리<속알머리 ←[속+알=머리]
  • 그럴싸하다<그럴쌋ᄒ다 ←[+그럴_을#ᄉ#ᄒ_다]　＊'ᄉ'는 의존명사였음.

* 〈우〉의 역사정보가 부정확한 것도 있다. '깨닫다'의 15세기 형태 '씨ᄃᆞᆮ다'의 'ᄃᆞᆮ다'가 '달리다'를 뜻한다고 설명한 것이 그 예이다. 이 'ᄃᆞᆮ다'는 '(소리를) 듣다'의 변이형이다. '씨ᄃᆞᆮ다'는 듣고서 깨친다는 의미를 가졌던 단어이다.

* 개별 단어의 어원에 대한 견해는 확실한 것부터 아니면 말고 식의 주장까지 매우 다양하게 존재한다. 대중은 옛이야기와 결부된 어원을 믿고 싶어 하는 경향이 있다. 학문적으로 검증되어 있지 않으나 대중이 널리 믿는 어원론을 **민간어원론**(民間語源論)'이라 한다.

---

82) '원숭이'의 어원은 〈고〉에 '猿猩이'로 표시되어 있다.

4.4. 어원, 원어, 조어구조

✱ 어원은 **원어**(原語)와 다르다. 원어는 한자어나 외래어의 원래 언어에서의 모습이다. 역사적으로 어떤 말에서 발달해 왔느냐를 따지지 않는다.

✱ 한자어 '명절'의 원어는 '名節'이다. 그런데 '명절'의 어원은 『속삼강행실도』(1514)에 쓰인 '명실(名日)'이다. 나중에 '명실'의 'ㅿ'(반치음)이 'ㅈ'으로 변해 '명질'이 되자 이것을 한자어 '名節'에서 온 말로 해석하게 되었다. 고유어 '명질'을 '名節'로 표기해 한자어로 다루게 된 것은 **취음**(取音)이다(§3.6 참조).

✱ 외래어의 원어도 어원과 구별된다. 예를 들어 〈표〉에서 '레이다'의 원어는 'radar'로, 어원은 'radio detecting and ranging'으로 제시했다.

✱ 조어구조가 어원과 비슷한 면이 있다. 대부분의 복합어는 조어구조로부터 어원을 추측할 수 있다. '꽃잎'의 경우 15세기의 '곶, 닢'이 현대에 각각 '꽃, 잎'으로 바뀐 것 외에는 조어정보에 어원이 그대로 들어 있다고 할 수 있다.
- '꽃잎'에 대한 〈표〉의 조어정보 : 꽃-잎
- '꽃잎'에 대한 〈표〉의 어원정보 : <곶닢 ← 곶+닢

✱ '얼간이'의 조어구조 [+얼+가_은#이]도 어원을 알려주고 있다.

✱ 어원과 조어구조를 구별해야 하는 단어도 있다. '길라잡이'가 그렇다.[83]
- 〈고〉의 조어정보 : [±길라+잡-이]
- 〈고〉의 참고정보 : '길라잡이'는 앞에 나서서 '길[路]'을 인도해 주는 사람이나 사물을 가리키는 말이다. 이 단어는 본래 '길+나장(羅將)+-이'의 구성에서 변한 것인데, 여기서 '나장(羅將)'은 특정한 사람의 앞에서 길을 안내하고 앞서 가며 길을 정리하는 사람을 가리키던 말이다. [...]

✱ '화살<활+살'은 〈표〉의 기술처럼 어원으로만 인정하고 조어구조로 처리하지 않는 것이 좋다. ('*'는 그 형태가 **문증**되지 않음을 표시한다.)
- 〈고〉의 조어정보 : +화(활)+살 ＊합성어로 처리함.
- 〈표〉의 조어정보 : 화살 ＊단순어로 처리함.
- 〈표〉의 어원정보 : 화살<*활살 ← 활+살[84]

---

83) 〈고〉의 참고정보는 〈표〉의 어원정보 '길+나장(羅將)+-이'와 같다. 〈고〉의 조어정보는 〈표〉의 조어정보 '길라-잡이'보다 자세하다.

84) '햇살, 눈(ㅅ)살, 물(ㅅ)살, 바퀏살, 부챗살, 연(ㅅ)살' 등을 보면 'X+살'에서 'X'와 '살'의 의미관계가 '소유'일 때 사이시옷이 끼어든다. 그러나 '활+살'에는 사이시옷이 끼어들지 않고 ㄹ탈락이 일어난다. '활+살'이 현대의 조어법에 의한 것이 아니라는 뜻이다.

4.5. 어휘변화

✳ 어휘사의 핵심은 **어휘변화**이다. 어휘변화는 어휘의 변화, 즉 단어들의 집합이 겪는 변화이다.

✳ 언어변화 중 어떤 것은 변화의 속도가 느리고 어떤 것은 빠르다.

✳ 다음과 같은 음운변화, 문자변화, 문법변화는 오랜 기간(짧아도 수십 년, 길게는 백 년 이상)에 걸쳐 서서히 일어나며 변화가 진행되는 도중에 대중은 그러한 변화가 일어나고 있는지를 잘 느끼지 못한다.[85]

- ‘·’(아래아)가 모음체계에서 사라지는 변화 (음운변화)
- 종성 [ㄷ]을 적는 글자로 ‘ㄷ’ 대신 ‘ㅅ’을 쓰게 되는 변화 (문자변화)
- 어미 ‘-겠-’이 생겨나는 변화 (문법변화)

✳ 한편 어휘변화는 가장 활발히 일어나고 빠르게 진행되며 대중의 눈에 잘 띈다.

✳ ‘흙수저’란 단어는 2015년경에 대중매체에 처음 등장한 듯하다. 이 단어를 누가 언제 처음 쓰게 되었는지는 확인할 수 없으나 생긴 지 1~2년 사이에 대중매체를 통해 널리 퍼졌으며, 그 시기에 한국어 원어민 상당수가 이 새로운 단어의 탄생에 주목하고 있었다.[86]

✳ 어휘변화의 주요 내용은 다음과 같다.[87]

- 단어의 생성과 소멸
- 형태변화
- 의미변화
- 어휘분기
- 단어의 사용양상에 관한 변화

✳ 이러한 변화들은 어휘체계에 크고 작은 다양한 변화를 가져온다.

---

85) 다만 언어정책에 따른 인위적인 문자변화는 일시에 일어날 수도 있다. 그렇지만 이 경우에도 문자에 관한 새 규범을 대다수의 사람들이 따르게 되기까지는 수 년에서 수십 년이 걸릴 수 있다. 자연적인 문자변화는 인위적인 문자변화보다 더 느리게 진행된다.

86) 〈우〉의 ‘흙수저’ 항목에 제시된 다음 예가 초기의 용례이다. 이 글이 ‘금수저, 흙수저’라는 단어의 유행을 그 의미와 함께 설명하고 있는 것은 이들이 이 무렵에 막 등장했다는 뜻이다.
올해 들어서는 태생적으로 ‘부’를 물려받은 특권 계층을 말하는 ‘금수저’라는 단어가 유행하고, 이에 반대되는 서민들의 처지는 ‘흙수저’라는 자학적 단어로 표현되고 있다. 《매일일보》 2015. 8. 19.

87) 단어의 형태변화와 의미변화를 각각 ‘어형변화’와 ‘어의변화’라 부를 수도 있다.

4.6. 단어의 생성과 신어

✽ 새로 생겨난 단어는 **신어**(新語)이다. 신어를 일상적으로 '**신조어**(新造語)'라고도 부른다. '신조어'는 의도적으로 만든 단어라는 어감이 강하다.

✽ 사회는 끊임없이 변화하므로 어느 시대에나 신어가 존재한다. 사회의 변화가 크고 빠를수록 신어가 생기는 속도도 빠르고 신어의 양도 많다.

✽ 전문어 신어는 전문가들이 만들지만 일반어 신어는 창의성이 왕성하고 새것을 누리고자 하는 욕구가 강한 젊은 세대가 적극적으로 만들고 퍼뜨린다.

✽ 19세기 말에 외국 문물이 한국에 대량으로 빠르게 유입되기 시작하면서 신어가 많이 생기기 시작했다. 그 후 지금까지 150여 년간 급격한 사회변화에 따른 신어의 증가로 한국어 어휘는 크게 팽창했다.

✽ 《독립신문》 창간호(1896)의 논설에 전 시대에 없었던 단어들이 많이 등장한다.
  • 우리가 독닙신문을 오늘 처음으로 출판ㅎᄂᆞᆫ되 조션속에 잇ᄂᆞᆫ 닉외국 인민의게 우리 쥬의를 미리 말ᄉᆞᆷㅎᄒ여 아시게 ㅎ노라
    (우리가 독립신문을 오늘 처음으로 출판하는데 조선 안에 있는 내외국 국민에게 우리 주의(主義)를 미리 말씀드려 아시게 하노라.)
  • 19세기 말에 새로 생긴 단어 : 독닙, 신문, 출판ㅎ다, 닉외국, 인민, 쥬의

✽ 신어 가운데는 곧 사라지는 것도 있고 살아남는 것도 있다. 19세기 말에 등장한 신어들의 운명은 다음과 같다.
  • 곧 사라진 단어 : 쌍통(雙筒)(쌍안경), 연화석(煉化石)(벽돌), 청우의(晴雨儀)(기압계)
  • 살아남은 단어 : 연필(鉛筆), 완구(玩具), 신문지(新聞紙)

✽ 20세기 전반에 신문과 잡지, 20세기 후반에 라디오와 텔레비전, 21세기 초반에 인터넷이 신어의 생성과 전파를 촉진하는 대중매체로 등장했다.

✽ 신어 가운데 복합명사의 비율이 가장 높다. 복합명사를 만드는 조어법은 생산성이 높아서 신어를 활발히 만들어낸다. 다음은 21세기의 복합명사 신어이다.
  • 합성명사 : 꿀+팁, 똑+단발, 엄지+척, 광대+승천, 모태+솔로, 폭풍+눈물
  • 파생명사 : 개-이득, 막-귀, 캥거루-족, 갑-질[88]

✽ 〈표〉, 〈고〉와 같은 정규사전은 신어를 표제어로 등재하는 데에 신중하다. 신어가 유행어에 그치고 곧 사라질 수도 있기 때문이다. 그 반면에 개방형 사전인 〈우〉는 신어를 적극적으로 등재하고 있다.

---

88) '개-, 막-'은 접두사, '-족(族), -질'은 접미사이다.

4.7. 신어의 최초 출현의 기록

✱ 〈네이버 뉴스라이브러리〉에 따르면 컴퓨터를 가리키는 어형들의 최초 출현연도
는 다음과 같다.[89]

- 「콤퓨타」(1955) / 「콤퓨터」(1957) / 컴퓨터(1967) / 컴퓨타(1970)

✱ 〈네이버 뉴스라이브러리〉에서 각 단어의 최초 출현연도는 다음과 같다.

- 냉장고(1920), 호떡(1920), 세탁기(1921), 택시(1925), 로보트(1930), 사다리차(1935),
떡볶이(1936), 삼팔선(1945), 형광등(1949), 인공위성(1954), 쇼핑센터(1961), 전기
밥솥(1966), 압력솥(1970), 초코파이(1977), 편의점(1980), 커피믹스(1982), 논술
고사(1984), 그랜저(1986), 미얀마(1989), 노래방(1991), 힙합(1992), 공주병(1993),
뽕망치(1997), 짝퉁(1998)

✱ 1990년대 이후에 출판된 대사전들의 신어 수록 여부는 다음과 같다.

신어의 사전 표제어 수록 여부

단어 \ 사전	〈금성판 국어대사전〉 (1991)	〈표〉 초판 (1999)	〈표〉 개정판 (2008)	〈고〉 (2009)	〈우〉 (2016)
공주병, 인터넷, 휴대전화, 환승	×	○	○	○	○
나들목, 누리꾼, 블로그, 찜질방	×	×	○	○	○
먹튀, 악플, 얼짱, 훈남	×	×	×	○	○
돌직구, 떼창, 저출생, 드론	×	×	×	×	○
수소차, 식집사, 혐연자, 벼락거지	×	×	×	×	×

✱ 위의 단어들을 포함한 몇 단어가 신문기사에 최초로 출현한 연도를 〈빅카인즈〉
에서 조사하면 다음과 같다.

- 찜질방(1994), 블로그(2001), 악플(2002),[90] 반려묘(2003), 돌직구(2006), 정신
줄(2007), 치맥(2010), 상남자(2011), 갑질(2012), 셀카봉(2014), 배달봇(2016), 붕세
권(2018), 발망치(2019), 내돈내산(2020), 어쩔티비(2021), 편도족(2023)

✱ 국립국어원에서는 1994년부터 2019년까지 거의 매년 신어를 조사해 보고서를 발
간했다. 국립국어원 홈페이지의 '자료' 항목 참조.

---

89) 한편 컴퓨터를 가리키는 의역어로서 1955년 《동아일보》 기사 2건에는 '전자두뇌'가 쓰였고 1956년
《동아일보》, 《조선일보》의 여러 기사에는 '전자계산기'가 쓰였다.

90) 2002년 《부산일보》 기사에 "이른바 악플(비난하는 답변글)"이라는 표현으로 쓰였다. '이른바'라는
표현을 쓴 것, 괄호 안에 뜻을 설명한 것은 신문기사에서 독자에게 낯선 신어를 사용할 때 나타나는
전형적인 특징이다.

4.8. 21세기의 신어

❋ 21세기에 들어서는 인터넷을 통한 신어의 생성 및 전파가 활발하다. 인터넷은 문어소통을 활성화시켰다. 문어소통은 구어소통에 비해 신어를 만들고 이해하는 데 필요한 시간적 여유를 제공하므로 신어의 생성과 전파에 유리하다.

❋ 인터넷 덕분에 만발하고 있는 신어들은 다음과 같은 특징을 보인다.
- 생성, 전파, 소멸의 속도가 빠르다.
- 속어가 많다.
- 단어유희의 성격이 강하다.
- 준말이 많다.
- 기존 단어의 재분석을 자주 이용한다.
- 신어를 바탕으로 다시 신어를 만들기도 한다.
- 외래요소가 많이 사용된다.

❋ 다음은 '역세권'을 원래의 조어구조 '역세-권'과 다르게 '역+세권'으로 **재분석**(再分析)하고 '역' 대신 '슬(리퍼), 붕(어빵)'을 넣어 만든 신어이다.
- 슬세권 : 슬리퍼를 신고 돌아다닐 만한 가까운 지역.
- 붕세권 : 붕어빵가게에 가까운 지역.

❋ 신어 '깜놀, 짤방, 짤'을 바탕으로 다시 신어를 만든 예는 다음과 같다.
- 깜짝 놀람→ 깜놀→ 깜놀하다
- 짤림 방지→ 짤방→ 짤→ 움짤, 인생짤[91]

❋ 외래요소가 사용된 예는 다음과 같다.
- 등급 업(up)→ 등업 : 등급을 높임.
- 이불킥(이불kick) : 자려고 누웠을 때 갑자기 부끄럽거나 창피한 일이 생각나 이불을 걷어참.

❋ '등업'은 외래어 '업그레이드(upgrade)'를 대신한다. '등높(←등급 높임)'이나 '등상(←등급 상향)'보다 영어 'up'을 사용한 '등업'을 대중이 선호한 결과이다.

❋ '이불킥'은 '이불뻥' 같은 고유어형을 대신해 형성되었다. 축구 용어 '코너킥, 페널티킥', 격투기 용어 '니킥' 등의 '명사+킥'의 구조를 따라한 것이다. 즉 **유추**(類推)가 작용한 것이다.

---

91) 인터넷에 올린 글이 삭제되는 것을 방지하기 위해 사진을 덧붙였다는 뜻의 '짤림 방지'로부터 '짤방'이 만들어졌다('짤리다'는 '잘리다'의 비표준어형이다). 여기서 '짤방'은 '사진'의 뜻도 가지게 되었고 '짤방'의 약어 '짤'이 '사진'을 뜻하는 단어로 굳어졌다.

4.9. 신형태

* 단어의 새 형태는 **신형태**(新形態), 새 의미는 **신의미**(新意味)이다.

* 새 형태와 새 의미를 가지고 등장한 단어는 신어가 분명하다. 그러나 형태만 새롭거나 의미만 새로운 것은 신어로서의 성격이 다소 약하다.

* 대중은 형태만 새로운 단어도 신어로 인식한다. 새 형태는 눈에 잘 띄기 때문이다. 신형태를 가져서 신어가 된 예는 다음과 같다.

새로 생긴 축약형
- 남친 ←남자친구 / 여친 ←여자친구
- 남주 ←남주인공 / 여주 ←여주인공

새로 조어한 약어
- 완판 ＊'완전 판매'의 준말로서 '매진(賣盡)'을 대신하는 약어
- 겨땀 ＊'겨드랑이의 땀'의 준말로서 '곁땀'을 대신하는 약어

유희를 목적으로 기존 단어의 형태를 변형한 단어
- 댕댕이, 띵작, 커엽다, 롬곡옾높 ＊'멍멍이, 명작, 귀엽다, 폭풍눈물'을 각각 비슷해 보이는 표기로 대체한 형태
- 노오력 ＊표현적 장음이 얹힌 모음 'ㅗ'를 모음 둘로 표기한 형태

새로 조어한 복합어
- 애정하다, 고급지다, 멋스럽다 ＊각각 '사랑하다, 고급스럽다, 멋지다'와 다른 어감을 표현하기 위해 새로 조어한 복합어
- 길고양이, 길냥이 ＊'도둑고양이'의 나쁜 함축을 피하기 위해 만든 복합어
- 중2병 ＊사춘기 청소년들의 불안정한 심리와 언행을 질병처럼 표현한 단어

기존 단어나 구의 구조를 재분석한 단어
- 강추위 ＊물기가 없다는 뜻의 접두사 '강-'이 붙은 단어 '강추위'를 매우 거세거나 호되다는 뜻의 접두사 '强-'이 붙은 것으로 새롭게 해석해 만든 단어[92]
- 열일하다 ＊여러 일을 부지런히 한다는 뜻의 구 '열 일 하다'를 '열심히 일하다'의 준말로 새롭게 해석해 만든 단어

새로운 외래어
- 헤더 ＊축구 용어 '헤딩'이 콩글리시라는 이유로 영어 'header'를 음역한 단어

---

92) 『큰사전』(1947~1957), 『금성판 국어대사전』(1991)의 '강추위'와 〈표〉(1999)의 '강추위1'은 '눈도 오지 않고 바람도 불지 않는 몹시 심한 추위'를 뜻한다. 〈표〉(1999)의 '강추위2(强추위)'는 '눈이 오고 매운바람이 부는 심한 추위'를 뜻하는 신어이다.

4.10. 신의미

✽ 어떤 단어가 신의미를 가지게 되면 그것을 신어라고 보기도 한다.[93] 그러나 이미 존재하는 단어에 새로운 **의미소**가 추가된 것이라고 할 수도 있다. 즉 신어의 출현 대신 의미변화의 한 유형인 **의미소 증가**로 볼 수도 있는 것이다.

✽ 〈고〉의 '용병(傭兵)'의 뜻풀이에서 의미소 ①은 〈표〉의 뜻풀이에 해당한다. 〈표〉를 기준으로 할 때 〈고〉의 의미소 ②는 신의미이다.

- 〈표〉 용병(傭兵) : [군사] 지원한 사람에게 봉급을 주어 병력에 복무하게 함. 또는 그렇게 고용한 병사.
- 〈고〉 용병(傭兵)② : 일정한 보수를 받고 다른 나라의 팀에 소속되어 활동하는 운동선수를 비유적으로 이르는 말.

✽ '쏘다'의 다음 새 의미소도 〈표〉에 없고 〈고〉, 〈우〉에 있으므로 신의미이다.

- 〈고〉 쏘다⑥ : {속된 말로} (사람이 음식을) 다른 사람에게 대접하고 값을 치르다.

✽ '집사(執事)', '사이다(cider)', '꽂히다'의 다음 새 의미소는 〈표〉, 〈고〉에 없고 〈우〉에 있는 신의미이다.

- 집사 : 고양이를 시중들듯이 살뜰히 돌보며 기르는 사람을 비유적으로 이르는 말.
- 사이다 : 답답한 상황을 속 시원하게 해결해 주는 사람이나 상황을 비유적으로 이르는 말.
- 꽂히다 : 사람, 사물 따위에 마음이 완전히 빠져들다.

✽ '뿜다', '손절(損切)하다', '편집(編輯)하다'의 다음 새 의미소는 〈표〉, 〈고〉, 〈우〉에 없는 신의미이다.

- 뿜다 : 머금고 있던 액체를 입술 사이로 내뿜듯 웃음을 참지 못하고 터뜨리다.
- 손절하다 : 그동안 관계 유지를 위해 기울인 노력을 희생하고 관계를 끊다.[94]
- 편집하다 : 준비된 영상을 모아 완성품을 만드는 과정에서 일부를 삭제하다.

✽ 의미소 증가가 대개 그렇듯(§6.4 참조) 신의미는 대체로 비유에 의해 발생한다. 위에서 '용병(傭兵)②', '집사', '사이다'에 대한 뜻풀이에서 '비유적으로 이르는 말'이 그 점을 잘 보여준다.

---

93) 이러한 신어를 '의미적 신어'라고 부르기도 한다.

94) 다음과 같은 〈우〉의 신어 '손절(損切)'로부터 파생된 신의미이다.
   [경제] 앞으로 주가(株價)가 더욱 하락할 것으로 예상하여, 가지고 있는 주식을 매입 가격 이하로 손해를 감수하고 파는 일.

4.11. 유행어와 시사어

* **유행어**(流行語)는 일시적으로 많이 쓰이는 단어나 표현이다.

* 신어와 유행어는 다르다. 신어는 없던 단어가 새로 생겨난 것이며 빈도가 높든 낮든 상관이 없다. 유행어는 빈도가 일시적으로 높은 것이 특징이며 새로 생긴 말이든 전부터 있던 말이든 상관이 없다.

* 다음은 아직까지 높은 빈도로 사용되고 있는 유행어들이다.
  * 총체적 난국 (1990년대)
  * 아는 만큼 보인다. (1990년대)
  * 부자 되세요. (2000년대)   *덕담
  * 조물주 위에 건물주 (2000년대)
  * 맛있게 먹으면 0칼로리 (2010년대)

* '-족(族)'이 붙은 파생어 형태의 유행어들이 시기별로 쓰여 왔다.
  * 장발족, 제비족, 아베크족 (1970년대)
  * 야타족, 오렌지족 (1990년대)
  * 단타족 (2000년대)
  * 카공족, 혼술족 (2010년대)

* 다음은 기술의 발달에 따라 생겨나고 쇠퇴한 유행어이다.
  * 축음기, 전축, 다이얼, 브라운관, 삐삐, 디스켓, 시디(CD), 디브이디(DVD)

* 다음은 정책에 따라 생겨나고 쇠퇴한 유행어이다.
  * 토큰(token)   *시내버스 승차용 동전. 서울의 경우 1977년~1999년에 사용했다.
  * 놀토, 갈토   *2006년 3월~2011년 2월에 주 5일 수업제를 격주로 시행할 때 등교하는 토요일(갈토)과 등교하지 않는 토요일(놀토)을 구분하기 위해 썼다.

* **시사어**(時事語)는 특정 시기에 사회적 관심을 많이 받는 사람, 사물, 사건 등을 나타내는 단어이다. 보도기사에 많이 등장한다.
  * 신여성 : 신식 교육을 받거나 서양식 차림새를 한 개화기·일제강점기의 여자.
  * DJ, YS : 1970~1990년대의 정치인 김대중과 김영삼의 로마자표기 약어.
  * 갭투자(gap投資) : 전세로 임대 중인 주택을 전세 보증금만큼 덜 주고 사는 투자.
  * 코로나19 : 2020~2023년에 세계적으로 유행한 바이러스성 호흡기 전염병.

* 유행어와 시사어는 대부분 겹치지만, 유행어는 빈도가 일시적으로 높다는 점에, 시사어는 특정 시기에 사회적 관심을 많이 받는 대상을 가리킨다는 점에 초점이 두는 데 차이가 있다.

4.12. 단어의 소멸과 사어

✳ 기존의 단어가 사라지는 것이 **단어의 소멸**(消滅)이다. 사라진 단어를 '**사어**(死語)' 또는 '**폐어**(廢語)'라 한다.[95] 더 이상 쓰이지 않는다는 함축 없이 단순히 과거에 쓰이던 단어라는 뜻으로 '**고어**(古語)', '**옛말**'이라 부르기도 한다.[96]

✳ 지금은 사어가 된 15세기 단어 예는 다음과 같다.

- 가줄비다(비유하다), 그위(관청), ᄀᆞ룸(강), 나죵(저녁), 니다(가다), ᄂᆞ못(주머니), 다뭇(더불어), 둣오다(사랑하다), 뮈다(움직이다), 뵈아다(재촉하다), 아ᅀᆞᆷ(친척), 얼이다(혼인시키다), 오ᄋᆞᆯ다(온전하다), 유무(소식), 일벗다(훔치다), 져근덛(잠시), 젛다(두려워하다), 젼ᄎᆞ(까닭), 죻다(조아리다), 즈믄(1000), 하다(많다), ᄒᆞ다가(만약)

✳ 다음은 1900년대 초의 한국어와 일본어에서 한자어가 서로 다른 예이다(한/일). 그 후 한국의 한자어들은 일본의 한자어들에 밀려 점차 사라져 갔다.[97]

- 방문(方文)/처방서(處方書), 방축(防築)/제방(堤防), 보인(保人)/보증인(保證人), 상년(上年)/작년(昨年), 심방(尋訪)/방문(訪問), 온정(溫井)/온천(溫泉), 외방(外方)/지방(地方), 적실(的實)/확실(確實), 지전(紙錢)/지폐(紙幣), 직전(直錢)/현금(現金), 천리경(千里鏡)/망원경(望遠鏡), 하륙(下陸)/상륙(上陸)

✳ 다음의 '든벌' 등은 사라져 가는 단어이다. 이들을 대신하여 '홈웨어' 등이 널리 쓰이고 있다.

- 사라져 가는 단어 : 든벌, 난벌/나들잇벌, 철복, 일복/일옷
- 요즘 많이 쓰는 단어 : 홈웨어, 외출복/나들이옷, 계절옷, 작업복

✳ 사전 표제어 가운데 **유령어**(§1.10 참조)는 사어이다. 사전편찬자들은 유령어를 삭제하지 않고 두는 경향이 있다. 첫째, 그 단어가 정말 사어가 되었는지를 판단하기가 쉽지 않고, 둘째, 사전 사용자가 과거의 언어자료에서 사어를 마주쳐 사전을 검색할 수도 있기 때문이다.

✳ 대중은 일반적으로 단어의 생성에 비해 단어의 소멸을 잘 의식하지 못한다. 사람은 가끔 보이던 것이 안 보이게 될 때보다 없던 것을 새로 보게 될 때 주의를 더 집중하는 경향이 있기 때문이다. 그러므로 신어는 등장할 때부터 대중의 주목을 받지만 사어는 시나브로 사라져 가고 조용히 잊혀져 간다.

---

95) '사어(死語)'는 사라진 언어, 즉 소멸한 언어를 뜻하기도 한다.
96) 고어나 옛말은 단어를 가리킬 수도 있고 언어를 가리킬 수도 있다.
97) 최경봉 외(2020) 『한국어 어휘론』, 190~191쪽.

4.13. 형태변화

✽ 형태변화는 **체계적 형태변화**와 **개별적 형태변화**로 나누어진다.

- 체계적 형태변화 : 같은 조건을 가진 단어들에서 규칙적으로 일어나는 형태변화
- 개별적 형태변화 : 단어마다 개별적으로 나타나는 형태변화

✽ 다음은 체계적 형태변화의 예이다.

· > ― (비어두) (16세기)

- 말씀>말씀, ᄆᆞᅀᆞᆷ>ᄆᆞ음>마음, 아ᄃᆞᆯ>아들, 다ᄃᆞᆷ다>다듬다, 모ᄅᆞ다>모르다

· > ㅏ (어두) (18세기)

- ᄂᆞᆷ>남, ᄃᆞᆰ>닭, ᄯᆞᆯ>딸, ᄆᆞᅀᆞᆷ>ᄆᆞ음>마음, ᄃᆞ니다>ᄃᆞ니다>다니다, ᄑᆞ다>파다

✽ ‘·’는 16세기의 1단계 변화와 18세기의 2단계 변화를 통해 한국어의 모음체계에서 완전히 사라졌다. 그러나 **표기의 보수성**(保守性) 때문에 ‘·’의 표기는 20세기 전반까지도 남아 있었다.

ㄷ, ㄸ, ㅌ>ㅈ, ㅉ, ㅊ (‘ㅣ’ 또는 ‘j’ 앞) (18세기)

- 뎌>저(대명사), 딮>짚, 디다>지다(떨어지다), ᄠᅵ다>띠다>찌다(감자를), 티다>치다 (때리다)

✽ ‘ㄷ, ㄸ, ㅌ’이 각각 ‘ㅈ, ㅉ, ㅊ’으로 바뀐 변화는 ㄷ**구개음화**(口蓋音化)이다.[98]

✽ 다음은 개별적 형태변화의 예이다.

곳>꽃

- ㄱ>ㄲ : 어두경음화 (17세기)
- ㅈ>ㅊ : 어말유기음화 (18세기)

✽ ‘곳>꽃’에서 일어난 두음(頭音)과 말음(末音)의 변화는 이 단어만 개별적으로 겪은 변화였다. 예를 들어 ‘곰, 길다’의 두음 ‘ㄱ’과 ‘낮, 빛’의 말음 ‘ㅈ’은 바뀌지 않았다.

✽ ‘입시울>입슐>입술’에서는 ‘iu>ju>u’와 같은 모음의 변화를 통해 ‘시울’이 ‘술’로 바뀌었다. 그러나 단독형 ‘시울’과 합성어 ‘눈시울’에서는 ‘시울’이 바뀌지 않았다.[99] ‘입시울’이 개별적 형태변화를 겪은 것이다.

---

98) ‘댜, 뎌, 됴, 듀, 뎨’ 등 j계 이중모음이 있는 경우에는 ‘쟈, 져, 죠, 쥬, 졔’ 등을 거쳐 j탈락을 통해 ‘자, 저, 조, 주, 제’ 등으로 바뀌었다.

99) ‘시울’은 가장자리, 테두리를 뜻한다.

4.14. 유추와 어형의 통일성

✱ 개별적 형태변화에 **유추**(類推)가 작용하는 경우가 있다. 형태변화에서의 유추는 의미상 밀접한 단어의 형태를 본받는 것이다. 그 결과 의미상 관련된 단어들 간에 **어형의 통일성**(統一性)이 강화된다.

✱ '고롭다>고롭다>괴롭다'에서의 'ㅗ>ㅚ'는 의미상 가까운 '외롭다'의 중성 'ㅚ'에 유추한 결과이다. 이로써 '괴롭다'는 괴로움을 뜻하는 어기 '고(苦)'와의 관련성을 잃었다.

- 고롷다>고롭다>괴롭다
- 외롷다>외롭다

✱ 15세기의 '마순(40)'은 16세기 이후 '마은>마은'이 되었다가 18세기에 '셜흔(30)'을 본받아 '마흔'이 되었다. '셜흔'은 19세기 말에 '서른'으로 바뀌었다.

- 마순>마은>마은>마흔

✱ '배웅'은 한자어 '비힝(陪行)'에서 유래한 귀화어이다. 다음의 '배앵>배웅'에서의 'ㅐ>ㅜ'는 반의어 '마중'의 중성 'ㅜ'에 유추한 것이다.

- 비힝(陪行)>배행>배앵>배웅100)
- 마종>마중101)

✱ '음달(陰달)>응달'에서의 'ㅁ>ㅇ'은 반의어 '양달(陽달)'의 종성 'ㅇ'에 유추한 것이다.

- 음달(陰달)>응달

✱ 15세기에 'ㄱㄹ'와 '셔'는 어형의 통일성이 없었다. 'ㄱㄹ'가 'ㄱ로'로 바뀌자 그에 유추하여 '셔'가 '세로'로 바뀌어 반의어 간에 어형의 통일성이 확보되었다.

- ㄱㄹ>ㄱ르>ㄱ로>가로
- 셔>세로102)

---

100) 〈표〉, 〈고〉, 〈우〉는 '배웅'의 이러한 어원을 제시하지 않고 있다. 다만 〈고〉는 '배행(陪行)①'(떠나는 사람을 조금 따라 나가 작별하여 보냄.)의 유의어로 '배웅'을 제시했다.

101) '마중'을 뜻하는 15세기의 '마쯔비'(←맞+-줄-+-이)'로부터 생겨난 17세기의 '맛조이'는 17세기에 출현한 '마종'과의 형태적 관계를 설명하기 어렵다. 어쨌든 '마종'으로부터 발달한 '마중'이 '배웅'이라는 어형의 기반이 된 것은 틀림없다.

102) 〈우〉는 '셔'의 첫 출현을 18세기로 기술하고 있으나 『법화경언해』(1463)의 "셔 츼여 빠디며"(세로로 기울어 빠지며), 『금강경삼가해』(1482)의 "ᄒᆞ녁 셔브터"(한쪽 세로로부터)에도 쓰였다. 이 '셔'는 '서다'를 뜻하는 '셔-'에 접미사 '-이'가 결합한 파생어이다.

4.15. 의미변화

✱ 형용사 '어리다'는 15세기에 어리석다는 뜻이었는데 17세기 이후에 나이가 적다는 뜻으로 바뀌었다.

의미		15~16세기	17세기 이후
생물의 성장단계	후기	늙다	늙다
	전성기	졈다	졈다>젊다
	초기		어리다
정신적 성숙의 단계	미성숙	어리다	어리석다>어리석다

✱ 15세기 이후의 의미변화의 예를 몇 개 들면 다음과 같다. 형태변화가 동반된 것도 있고 그렇지 않은 것도 있다.

15세기 단어	형태변화	의미변화
놈	─	사람>남자(비하어)
얼굴	─	형체>낯
겨집	겨집>계집	여자/아내>여자(비하어)
쏘다	쏘다>싸다	가치가 있다>값이 낮다
어엿브다	어엿브다>어여쁘다/예쁘다	불쌍하다>아름답다

✱ 의미변화 가운데 **의미소 감소**는 다의어의 의미소 일부가 사라지는 것이다.

✱ 15세기의 '없다'는 있지 않음을 뜻하는 형용사 의미소 외에 '없어지다, 죽다'를 뜻하는 동사 의미소도 가지고 있었는데 근대를 거치면서 사라졌다.

  • **生**은 날 씨오 **滅**은 업슬 씨라   ✱ 『월인석보』(1459년)
    ('생'은 생겨나는 것이고 '멸'은 없어지는 것이다.)

✱ **의미소 증가**는 신어의 탄생이라고 할 수도 있다. §4.10 참조.

✱ '별로(別로)'는 원래 '특별히'를 뜻하는 말이었다. 그런데 '별로'가 '별로~않다/아니다' 구문에 주로 쓰이게 되면서 '별로' 자체가 부정의 의미를 가진 것으로 바뀌었다. '않다/아니다'로부터 '별로'로 **의미 전염**(傳染)이 일어난 것이다. 현재는 '별로'만으로도 '그다지~않다/아니다'의 뜻을 표현한다.

  • 별로('특별히'의 뜻)>별로('그다지'의 뜻)

✱ 비하어가 아니었던 '놈'과 '계집'이 **비하어**(卑下語)로 바뀐 것은 **가치 하락**(下落)이다. '스님, 승려'를 뜻하는 15세기 '즁'의 현대 어형 '중'도 비하어에 가깝게 가치가 하락했다.

4.16. 화석화

✳ 어떤 말을 둘 이상의 형태소로 분석할 때 과거 언어요소의 흔적을 발견하는 경우가 있다. 그러한 흔적은 생물의 화석과 같은 언어의 **화석**(化石)이다.

✳ '날것, 날고기, 날달걀'의 '날-'은 접두사이지만 '날로'('날것으로'의 뜻)의 '날'은 15세기의 명사 '늘'의 화석이다. '홀몸, 홀아비, 홀어미'의 '홀'도 접두사이지만 '홀로'의 '홀'은 15세기의 명사 'ᄒᆞᄫᆞᆯ'의 화석이다.[103] 즉 15세기의 명사 '늘, ᄒᆞᄫᆞᆯ'은 '날로, 홀로'에서 **화석화**(化石化)되었다.

- • '날로'의 '날' : 15세기의 명사 '늘'의 화석
- • '홀로'의 '홀' : 15세기의 명사 'ᄒᆞᄫᆞᆯ'의 화석

✳ 곶감은 껍질을 벗기고 꼬챙이에 꿰어서 말린 감이다. 15세기의 명사 '곶'('꼬챙이'의 뜻) 또는 동사 '곶-'('꽂다'의 뜻)에 '감'이 붙은 형태가 '곶감'이다. '곶>꼬챙이'와 '곶->꽂-'의 변화 후 '곶감'의 '곶'은 화석이 되었다.[104]

- • '곶감'의 '곶' : 15세기의 명사 '곶' 또는 동사 '곶-'의 화석

✳ '좁쌀, 멥쌀, 햅쌀'을 분석하면 명사 '조', 접두사 '메-, 해-'와 '쌀' 사이의 'ㅂ'이 추출된다. 이 'ㅂ'은 15세기의 'ᄡᆞᆯ'('쌀'의 뜻)의 두음 'ㅂ'의 화석이다.

- • 좋+ᄡᆞᆯ>좁쌀
- • 뫼+ᄡᆞᆯ>멥쌀
- • 히+ᄡᆞᆯ>햅쌀

✳ 다음 예들에서도 15세기의 'ᄡᆞ다'('둘러싸다'의 뜻), 'ᄡᅳᆯ다'('빗자루로 쓸다'의 뜻)의 두음 'ㅂ'이 화석이 되었다.

- • 휘-+ᄡᆞ다>휩싸다
- • 휘-+ᄡᅳᆯ다>휩쓸다

✳ 한자 '山, 申, 李'의 훈(訓)과 음(音)을 이어서 말할 때 각각 '뫼산, 납신, 오얏리'라 한다. '뫼, 납, 오얏'은 각각 '산, 원숭이, 자두'를 뜻하는 15세기의 '뫼, 납, 오얏'이 한자의 훈에 화석으로 남은 것이다.

- • 한자의 훈 '뫼, 납, 오얏' : 15세기의 '뫼, 납, 오얏'의 화석

---

103) ⟨고⟩는 '날로'를 '+날+로'로, '홀로'를 '±홀+로'로 분석하고 있다. 조사 '으로' 앞에 쓰인 점을 바탕으로 '날'과 '홀'을 똑같이 명사로 분석하는 것이 옳을 것이다.

104) 현대의 '곶감'을 분석할 때는 ⟨고⟩의 '±곶+감'처럼 '곶'을 어근으로 처리할 수밖에 없을 것이다.

4.17. 어휘화, 문법화, 단순어화

✱ **어휘화**(語彙化)는 단어보다 작거나 큰 언어요소가 단어로 바뀌는 변화이다.
- 단어보다 작은 언어요소인 조사, 접사의 어휘화
- 단어보다 큰 언어요소인 어절, 구의 어휘화

✱ **조사의 어휘화**, **접사의 어휘화**는 흔하지 않다.
- 부사격조사 '보다'>부사 '보다'
- 접미사 '-기(氣)'>명사 '끼'
- 접미사 '-꾼'>명사 '꾼'

✱ 어휘화의 반대 방향으로 일어나는 언어변화는 **문법화**(文法化)이다. 문법화는 단어, 어절, 구로부터 조사, 어미, 접사가 발달하는 변화이다. 이 과정에서 어휘적 의미가 약해지고 문법기능이 강해진다.
- 동사의 활용형 '보-다가'>조사 '보다'
- 명사 '기(氣)'>접미사 '-기'   ✱'기가 세다, 기가 죽다, 기를 꺾다' 등의 명사 '기'
- 구 [_을#것×을]>어미 '-을걸'   ✱'추측'과 '후회'를 뜻하는 종결어미

✱ 어휘화의 과정에서 **성분구조**(成分構造)가 달라지는 경우가 있다. 예를 들어 구 '못 마땅하다'는 한 단어가 되면서 성분구조가 달라졌다. 성분구조가 바뀌는 것은 **재분석**(再分析)에 속한다.
- 못#마땅하다>못마땅+하다

✱ 복합어가 단순어로 바뀌는 변화인 **단순어화**(單純語化)는 어휘화와 구별된다.[105]
- 부쇠(←불+쇠)>부시   ✱합성어>단순어
- 흔ᄢᅴ(←흔+ᄢᅴ)>홈ᄢᅴ>함께   ✱합성어>단순어
- 알ᄑᆞ다(←앓-ᄇᆞ-다)>아프다>아프다   ✱파생어>단순어

✱ 17세기의 '부쇠'는 '불 붙이는 데 쓰는 쇠'라는 뜻의 합성어였고, 15세기의 '흔ᄢᅴ'는 '동일한 때'라는 뜻으로 만들어진 합성어였으며, 15세기의 '알ᄑᆞ다'는 동사 '앓-'에 형용사화 접미사 '-ᄇᆞ-'가 붙은 파생어였다.

---

105) 단어화도 어휘화, 단순어화와 용어가 비슷하지만 개념이 다르다. §10.1 참조.

4.18. 어절과 구의 어휘화

✱ 부사와 관형사 중에는 **어절의 어휘화**에 의해 만들어진 것들이 꽤 있다.

어절(조사결합형)의 어휘화

- 부사 : 그대로, 이대로, 저대로, 뜻대로, 마음대로, 멋대로, 제대로, 제멋대로 / 때로, 때때로, 실제로, 억지로, 의외로, 절대로, 정말로, 진실로, 진짜로, 참말로, 참으로 / 단숨에, 뜻밖에, 세상에, 한꺼번에, 당최(<당초에) / 그만, 이만 / 모처럼, 좀처럼

어절(활용형)의 어휘화

- 부사 : 그래도, 그래서, 그런데, 그러면, 그러니까, 그러므로, 그렇지만, 따라서, 이어서, 어쩌면, 어떻든, 어쨌든, 되도록, 오래도록, 갈수록, 이따가(<있다가)
- 관형사 : 그런, 이런, 저런, 어떤, 아무런, 염병할, 빌어먹을
- 감탄사 : 이런, 저런, 염병할, 빌어먹을

✱ **구의 어휘화**에 의해 만들어진 명사는 '관형어+명사'로부터 만들어진 것이 많다.

- 관형어+명사>명사 : 어린이, 젊은이, 늙은이, 닮은꼴, 마른안주, 들것, 열쇠

✱ 구의 어휘화에 의해 동사가 만들어진 예는 다음과 같다.

명사+동사>동사

- 주술구조 : 남모르다, 물들다, 병들다, 빛나다, 생각나다, 싹트다, 화나다
- 목술구조 : 꿈꾸다, 눈물짓다, 맛보다, 손잡다, 욕먹다, 장난치다, 춤추다, 힘쓰다

부사+동사>동사

- 그만두다, 달리하다, 더하다, 못나다, 바로잡다, 안되다, 잘생기다, 함께하다

동사-어미+동사>동사

- 먹고살다, 주고받다, 파고들다 / 껴안다, 내려가다, 달려가다, 데려가다, 돌려보내다, 돌려주다, 돌아가다, 돌아보다, 돌아서다, 떠오르다, 몰려가다, 바라보다, 올라가다, 집어치우다 / 가져다주다, 내려다보다, 돌아다보다, 들여다보다

✱ 한편 어휘화가 일어나지 않은 '명사+동사' 형태의 구의 예는 다음과 같다.

- 주술구조 : 구름 끼다, 바람 불다, 배 아프다, 비 오다, 소리 나다, 해 뜨다
- 목술구조 : 노래 부르다, 돈 벌다, 돈 쓰다, 문 열다, 밥 먹다, 사고 치다, 소리 내다, 손 씻다, 웃음 짓다, 자리 잡다, 전화 걸다, 짐 싸다, 집 짓다

✱ 구의 어휘화에 의해 형용사가 만들어진 예는 다음과 같다.

- 색다르다, 힘들다 / 남다르다, 철석같다 / 똑바르다 / 관계없다, 너나없다, 다시없다, 맛없다, 멋없다, 상관없다, 쓸데없다, 재미없다 / 물샐틈없다, 보잘것없다

✱ 구의 어휘화는 조어법 가운데 합성(§2.5~§2.8)으로 처리할 수도 있다.

4.19. 어휘분기

* **어휘분기**(語彙分岐)는 한 단어가 둘 이상의 단어로 갈라지는 것이다. 분기 후의 단어들은 어원이 같으므로 **동원어**(同源語)이다.
* 다의어가 의미에 따라 서로 다른 단어가 되는 것이 가장 흔한 어휘분기의 모습이다.
* 15세기의 동사 'ᄇᆞᅀᆞ다'는 현대의 '빻다'와 '부수다'의 의미를 모두 가지고 있었는데 어형도 달라지고 의미도 나누어져 서로 다른 단어 '빻다'와 '부수다'가 되었다.
  - ᄇᆞᅀᆞ다>빻다/부수다
* 중세한국어의 '킈'는 형용사 '크-'에 명사화 접미사 '-의'가 결합해 만들어진 파생명사로서 '크기'와 '키'의 의미를 모두 가지고 있었다. '킈'가 '크기'와 '키'로 분기했다.
  - 킈>크기/키
* '갖추어져 있다'를 뜻하는 15세기의 형용사 'ᄀᆞᆽ-'에 사동접미사 '-호-'가 결합한 것이 'ᄀᆞ초다'('갖추어지게 하다'의 뜻)였다. 이것이 '갖추다'와 '감추다'로 어휘분기가 이루어졌다. 〈우〉가 제시한 형태변화는 다음과 같다.
  - ᄀᆞ초다(15세기~19세기)>가초다(18세기~19세기)>갓추다(19세기)>갖추다(20세기~현재)
  - ᄀᆞ초다(15세기~17세기)>ᄀᆞᆫ초다(15세기~16세기)>ᄀᆞᆷ초다(16세기~19세기)>감초다(18세기~19세기)>감추다(19세기~현재)
* 15세기의 다의어 'ᄀᆞᄅᆞ치다'는 20세기에 언어생활의 편의를 위해 의미에 따라 '가리키다'와 '가르치다'로 나누었다. '빻다, 부수다', '크기, 키', '갖추다, 감추다'가 **자연적**(自然的) **어휘분기**라면 '가리키다, 가르치다'는 **인위적**(人爲的) **어휘분기**이다.
  - 자연적 어휘분기 : '빻다, 부수다', '크기, 키', '갖추다, 감추다'
  - 인위적 어휘분기 : '가리키다, 가르치다'
* **변태**(變態)도 어휘분기와 관련된다. §2.23에서 본 **변태어**(變態語)들은 통시적 관점에서 모두 어휘분기의 예이기도 하다. 변태어 '븕다'와 'ᄇᆞᆰ다'는 그 기원이 명사 '블'이었다. 불의 색깔을 뜻하는 형용사로 '븕다'가 먼저 만들어지고 나서 변태에 의해 'ᄇᆞᆰ다'가 생겨난 것으로 추측된다. 근대를 거치면서 '븕다>붉다', 'ᄇᆞᆰ다>밝다'로 어형이 바뀌었다.

4.20. 단어의 빈도의 변화

✱ 같은 개념을 가리키기 위해 어떤 단어나 어떤 어형을 주로 쓰느냐에 유행이 있을
수 있다.

✱ 〈네이버 뉴스라이브러리〉에 따르면 동호회를 뜻하는 두 단어 '구락부'와 '클럽'의
1920~1999년의 **빈도**가 다음과 같이 달랐다. '구락부'는 1920~1930년대에, '클럽'은
1980~1990년대에 많이 쓰였음을 확인할 수 있다.

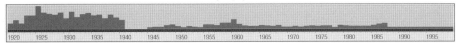

✱ '구락부(俱樂部)'는 영어 'club'을 일본어에서 'クラブ(kurabu)'로 음역해 한자로 표
기한 단어이다. '俱樂部'는 '함께 즐기는 모임'이라는 뜻이 되므로 의미도 고려한
음역이다. '클럽'은 영어 'club'을 음역한 단어이다.

✱ 다음 그림은 'salad'에 대한 두 어형 '사라다'와 '샐러드', 그리고 'coffee shop'에 대한
두 어형 '코피숍'과 '커피숍'의 빈도의 추이가 다름을 보여준다.

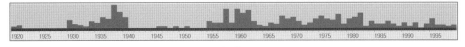

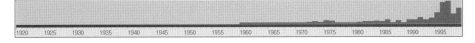

4.21. 오해에 의한 어휘변화

✻ 대중이 어원, 원어, 조어구조 등을 오해해 어휘변화가 일어나는 경우가 있다.

✻ '청설모'라는 어형은 청서(靑鼠)(다람쥣과의 동물)의 털을 가리키는 '청서모(靑鼠毛)'에서 왔다. 대중이 '청서'와 '청서모'의 한자와 의미를 잘 모르므로 '청서모>청설모'의 형태변화와 함께 '털>동물'의 의미변화가 일어났다.

 • 청서모(靑鼠毛)>청설모　✻의미변화 동반(털>동물)

✻ '괴발개발'의 축자적 의미는 '고양이의 발과 개의 발'인데 '글씨를 되는대로 아무렇게나 써 놓은 모양'이라는 비유적 의미로 쓰인다. 고양이를 뜻하는 '괴'가 사어가 되자 '개'와 각운이 맞는 '새'를 대립항으로 삼아 '개발새발'이 생겨났다.

 • 괴발개발>개발새발

✻ '유명세(有名稅)[유명쎄]'는 유명하기 때문에 치르는 대가를 세금에 비유한 단어이다. '유명세를 치르다' 형태로 많이 쓴다. 최근에는 '유명세를 타다'라는 표현이 더 널리 쓰이고 있다. '유명세(有名稅)'를 '유명해서 얻은 기세'라는 뜻의 '유명세(有名勢)'로 오해한 결과이다.106)

 • 유명세(有名稅)를 치르다>유명세(有名勢)를 타다

✻ 속담 "하릅강아지 범 무서운 줄 모른다."(나이가 한 살 된 강아지가 범이 무서운 동물인 줄 모른다.)에서 '하릅강아지'가 '하룻강아지'로 바뀌었다. 대중이 '하릅(동물의 한 살)'의 뜻을 이해하지 못해 '하릅+강아지'의 조어구조를 '하루+강아지'로 오해한 것이다.107)

 • 하릅강아지>하룻강아지　✻위의 속담에서

✻ '유명세(有名稅), 하릅강아지'를 각각 '유명세(有名勢), 하룻강아지'로 바꿔 해석한 것은 단어의 어원, 원어, 조어구조 등에 대한 **재분석**(再分析)의 결과이다.

---

106) '유명세(有名勢)를 타다'가 아직 표준어로 인정된 것은 아니나 〈고〉의 표제어 '어항(漁港)'과 '테마곡'의 예문에도 등장할 정도로 보편화되어 있다.
　　이름 없는 작은 어항이었던 정동진은 텔레비전 드라마의 배경으로 유명세를 타게 되었다. / 지난주 막을 내린 주말 드라마는 드라마보다 테마곡이 더 유명세를 탔다.

107) 〈표〉는 '하룻강아지①'을 "난 지 얼마 안 되는 어린 강아지."로, 〈고〉는 '하룻강아지②'를 "태어난 지 얼마 되지 않은 어린 강아지."로, '하룻강아지③'을 "한 살 된 강아지."로 풀이하고 있다. 대중은 '태어난 지 하루밖에 안 된 강아지' 정도로 생각한다.

어휘와 문법

5.1. 어휘와 문법의 관계

✱ 어휘와 문법은 주요 **언어부문**(言語部門)들로서 상호보완적 관계를 맺고 있다.

✱ 어휘는 단어의 집합이고 단어는 문장을 만드는 재료이다. 문법은 단어를 재료로 하여 문장을 만드는 규칙의 집합이다. 문법부문이 단어라는 부품을 조립해 문장을 만드는 작업장이라면 어휘부문은 단어라는 부품을 모아놓은 창고이다.

✱ 다음 문장들에서 단어 '생각하다', 어미와 단어의 연결 '-을 것', 어미 '-겠-'이 모두 비슷한 의미를 표현한다. 단어로, 즉 어휘적으로 표현할 때보다 어미를 이용하여 문법적으로 표현할 때 의미가 더 추상적이다.

- 내일 비가 온다고 **생각한다**.
- 내일 비가 **올 것**이다.
- 내일 비가 **오겠**다.

✱ 단어를 배치하고 단어에 조사와 어미를 붙일 때 **문법규칙**(文法規則)이 작용한다. 문법규칙이 잘 작용하면 올바른 **문법구조**(文法構造)가 만들어진다.

- 이 차는 기술자의 **수리**가 필요하다.
- 이 차는 기술자가 **수리할/고칠** 필요가 있다.
- 이 차는 기술자가 **수리해야/고쳐야** 한다.

✱ 위의 첫 문장에서 관형어 '기술자의'의 피수식어로는 명사 '수리'가 제격이다.

✱ 위의 둘째, 셋째 문장에서 주어 '기술자가'의 서술어로는 동사 '수리하다, 고치다'가 제격이다.

✱ 위의 둘째 문장에서 명사 '필요'의 수식어로는 동사의 관형사형 '수리할', '고칠'이 적당하다.

✱ 위의 셋째 문장에서 동사 '하다'의 수식어로는 동사의 부사형 '수리해야', '고쳐야'가 적당하다.

- 이 옷은 재봉사의 **수선**이 필요하다.
- 이 옷은 재봉사가 **수선할/고칠** 필요가 있다.
- 이 옷은 재봉사가 **수선해야/고쳐야** 한다.

✱ 위의 첫 문장에서 '수리' 대신 '수선'을 써야 하는 것, 둘째와 셋째 문장에서 '수리하다' 대신 '수선하다'를 써야 하는 것, 그리고 '수선하다' 대신에 '고치다'를 써도 되는 것은 문법과 무관한, 어휘의 문제이다.

✱ 어휘와 문법의 상호작용으로 적격한 문장이 만들어진다.

5.2. 문법구조와 어휘

✱ 문장의 기본적인 문법구조는 **서술구조**(敍述構造)이다. 서술구조는 주어와 서술어의 연결로 이루어진다. 여기에 목적어나 보어가 더해지기도 한다.

✱ 단어들 가운데 체언은 주어, 목적어, 보어를 이루고 용언은 서술어를 이룬다.

✱ 체언의 지시물을 한정하기 위한 수식어로 관형어를 쓸 수 있고 용언의 지시물을 한정하기 위한 수식어로 부사어를 쓸 수 있다. '수식어+피수식어'의 구조는 **수식구조**(修飾構造)이다.

- 날씨가 덥다. ✱서술구조(주어+서술어)
- 더운 날씨 ✱수식구조(관형어+체언)

✱ 위와 같이 똑같은 두 단어 '날씨'와 '덥다'가 서술구조를 이룰 수도 있고 수식구조를 이룰 수도 있다. 두 구조의 상호관계는 문법규칙으로 기술할 수 있다.

✱ 서술구조와 수식구조 중 한쪽만 가능한 경우가 있다.

서술구조와 수식구조가 대응하지 않는 경우
- 밥이 덥다. (×) / 더운 밥 (○)
- 어이가 없다 (○) / 없는 어이 (×)

✱ 이러한 현상은 단어 '덥다'와 숙어 '어이가 없다'가 가진 개별적인 특성이다. 문법규칙으로 기술하기는 어렵다.

✱ 명사에 따라 수식구조의 형태가 다를 수 있다. 예를 들어 명사 '근거, 불안, 계획' 등은 '체언+에 대한'이라는 관형어의 수식을 받을 수 있다.

- 주장에 대한 근거
- 미래에 대한 불안 ✱미래가 불안하다. / 미래에 대해 불안해한다.
- 여행에 대한 계획 ✱여행을 계획하다

✱ 명사 '집, 가방, 시간, 나열' 등은 '체언+에 대한'의 수식을 받을 수 없다.

✱ 따라서 모든 명사를 문법적 성질에 따라 두 유형으로, 즉 '체언+에 대한'의 수식을 받을 수 있는 것과 그렇지 않은 것으로 나눌 수 있다.

✱ 용언이 서술어가 되어 어떤 서술구조를 이루는지도 각각 다르다. 예를 들어 동사 '이기다, 승리하다, 꺾다'는 뜻이 비슷하지만 서술구조가 조금씩 다르다.

- 두산이 삼성에 이겼다. / 두산이 삼성에 승리했다. ✱주어+부사어+서술어
- 두산이 삼성을 이겼다. / 두산이 삼성을 꺾었다. ✱주어+목적어+서술어
- 두산이 삼성을 승리했다. (×)
- 두산이 삼성에 꺾었다. (×)

5.3. 용언의 활용과 조어법

✱ 의미가 서로 비슷한 '높게'와 '높이'의 구조는 조금 다르다.
  - '높-+-게(부사형어미) → 높게   ✱부사형
  - '높-+-이(부사화 접미사) → 높이   ✱부사

✱ 이에 따라 다음에서 '높게'만 문법적으로 옳다.
  - 창문이 담장보다 높게 지었다. (○)
  - 창문이 담장보다 높이 지었다. (×)

✱ 형용사 '높다'는 절 '[창문이 담장보다 높-]'의 서술어이며 부사형어미 '-게'가 붙어 부사절을 형성한다. 그러나 '높이'는 부사이므로 서술어가 될 수 없어 주어 '창문이'와 어울리지 못하고 절을 형성하지 못한다.

✱ 형용사 '높-'으로부터 부사형 '높게'가 만들어지는 과정은 **활용**이고 부사 '높이'가 만들어지는 과정은 조어법의 하나인 **파생**이다.
  - 활용 : 높-게 → 높게   ✱문법의 영역
  - 파생 : 높-이 → 높이   ✱어휘의 영역

✱ 부사형어미 '-게'가 붙은 활용형은 어기와 여전히 같은 단어이다. 어미 '-고, -으면, -더라도, -었-' 등이 붙은 활용형들도 마찬가지이다.
  - 높게, 높고, 높으면, 높더라도, 높았다 : 모두 '높다'라는 같은 단어에 속함.

✱ 접미사 '-이'가 붙은 파생어는 어기와 다른 독립적인 단어이다. §2.16 참조.
  - 괜히, 분명히, 솔직히, 가까이, 같이, 틀림없이, 깨끗이, 빽빽이

✱ 부사화 접미사 '-이'는 조어요소이고 부사형어미 '-게'는 문법요소이다. 최소의 조어요소를 흔히 **형태소**(形態素)라 부른다. 최소의 문법요소인 조사와 어미는 '**문법소**(文法素)'라 부를 수 있다. 문법소에 대해서는 §5.5 참조.

✱ 한편 다음에서 '높게'는 부사절의 서술어라기보다 부사처럼 쓰이고 있다. 즉 부사 '높이'와 문법적으로나 의미상으로 다름없어 보인다.
  - 창문을 담장보다 높게 지었다.
  - 창문을 담장보다 높이 지었다.

✱ 형용사에 '-게'가 붙은 부사형이 위와 같이 쓰인 경우에는 부사형보다 부사로 보는 것이 편리하다.

✱ 〈표〉가 '-게' 활용형으로 처리한 다음 형태들을 〈고〉가 부사로 처리한 것이 바로 그와 같은 이유 때문이라고 할 수 있다.
  - 이렇게, 그렇게, 저렇게, 어떻게, 아무렇게

5.4. 품사별 어휘

✳ **품사**(品詞)는 문법적 성질이 같은 단어들을 크게 묶은 것이다.[108]

  • 명사, 대명사, 수사, 동사, 형용사, 관형사, 부사, 감탄사

✳ 한 단어가 한 품사에 속하는 것이 일반적이지만 일부 단어는 둘 이상의 품사에 속한다. 품사가 하나인 단어는 **단품사어**(單品詞語), 둘 이상인 단어는 **다품사어**(多品詞語)이다.

✳ 〈기〉는 품사별로 표제어를 분할하므로 모든 단어 표제어가 단품사어가 된다.

✳ '정말(正말)'은 〈표〉에 따르면 다품사어 한 단어이고 〈기〉에 따르면 단품사어 세 단어이다.

〈표〉	〈기〉

정말1
  [Ⅰ] [명사]
  [Ⅱ] [부사]
  [Ⅲ] [감탄사]
	정말1 [명사]

	정말2 [부사]
	정말3 [감탄사]

✳ 품사별로 단어의 수가 천차만별이다. 단어 수가 많은 품사의 첫째는 명사이고 둘째는 동사이며 셋째는 형용사와 부사이다. 수사가 가장 적다.[109]

〈표〉의 단어 표제어

품사	개수	비율
명사	269,807	76.09
대명사	352	0.10
수사	181	0.05
동사	56,341	15.89
형용사	13,410	3.78
관형사	1,562	0.44
부사	12,314	3.47
감탄사	650	0.18
합계	354,617	100.00

〈기〉의 단어 표제어

품사	개수	비율
명사	29,382	62.09
대명사	105	0.22
수사	83	0.18
동사	10,994	23.23
형용사	2,928	6.19
관형사	840	1.77
부사	2,832	5.98
감탄사	161	0.34
합계	47,325	100.00

---

108) 조사를 단어에서 제외하는 점에 대해서는 §1.5 참조.

109) 〈표〉에는 다품사어들이 섞여 있으므로 이 합계는 실제 단어 표제어 합계 351,968개보다 많다. 〈기〉는 모든 단어 표제어가 단품사어이므로 이 합계가 실제 단어 표제어 합계 47,325개와 같다.

5.5. 단어와 문법소

✽ 문장을 형성하는 최소의 단위는 **문장소**(文章素)이다. 문장소의 두 유형은 단어와 문법소이다.

✽ 단어가 어휘의 기본단위라는 점을 중시해 '**어휘소**(語彙素)'로 부르기도 한다.

✽ **문법소**(文法素)에는 조사와 어미가 있다.[110]

✽ 단어는 **어휘적 의미**를 나타내고 문법소는 **문법적 의미**, 즉 **문법기능**(文法機能)을 나타내는 것이 일반적이다. 그런데 일부 단어는 어휘적 의미보다 문법기능이 강하다. 이러한 관점에서 단어를 실사와 허사로 다시 나눌 수 있다.

문장소의 분류

단어		문법소
실사	허사	
자립명사 수사 본동사 본형용사 관형사 부사 감탄사	의존명사 대명사 보조동사 보조형용사	조사 어미
강 ←	어휘적 의미	→ 약
약 ←	문법기능	→ 강

✽ 단어 가운데 문법기능이 강한 의존명사, 대명사, 보조동사, 보조형용사는 **허사**(虛辭)이고 나머지는 **실사**(實辭)이다. 허사의 수는 아주 적다.

✽ 실사는 어휘적 의미가 강하므로 사전에서 기술하고 조사, 어미는 문법기능이 강하므로 문법서에서 기술한다. 단어 가운데 문법기능이 강한 허사에 대한 기술도 문법서에서 기술하는 경우가 많다. 한편 사전에서 허사는 물론 조사, 어미에 대해서도 기술하는 것은 독자의 편의를 위한 것이다. 이들에 대한 정확하고 자세한 기술은 문법서가 담당한다.

---

110) 접미사는 일반적으로 조어요소이므로 문법소가 아니다. 그러나 접미사 가운데 '-가량, -들, -씩' 등은 조어법과 무관하고 문장의 형성에 기여하므로 문법소에 속하는 것으로 볼 수 있다. §2.13 참조.

5.6. 자립명사와 의존명사

＊ 명사는 문법적으로 자립명사와 의존명사로 나누어진다.

＊ **의존명사**(依存名詞)는 반드시 관형어의 수식을 받아야 하는 명사이다. **자립명사**(自立名詞)는 관형어의 수식을 받을 수도 있고 받지 않을 수도 있다. 다음에서 '물건'은 자립명사이고 '것'은 의존명사이다.

- 필요한 물건은 이제 다 샀다. ＊관형어 '필요한'이 명사 '물건'을 수식함.
- 물건은 이제 다 샀다. ＊명사 '물건'을 수식하는 관형어가 없음.
- 필요한 것은 이제 다 샀다. ＊관형어 '필요한'이 명사 '것'을 수식함.
- 것은 이제 다 샀다. (×) ＊명사 '것'을 수식하는 관형어가 없음.

＊ 〈표〉의 명사 표제어는 269,807개(＝269074+870-137)이다.

- 자립명사 용법을 가진 표제어 : 269,074개
- 의존명사 용법을 가진 표제어 : 870개
- 자립명사 용법과 의존명사 용법을 동시에 가진 표제어 : 137개

＊ '바퀴'는 자립명사 용법과 의존명사 용법을 동시에 가진 단어이다.

바퀴

- [자립명사] 돌리거나 굴리려고 테 모양으로 둥글게 만든 물건.
- [의존명사] 어떤 둘레를 빙 돌아서 제자리까지 돌아오는 횟수를 세는 단위.

＊ 의존명사 중에서 수량의 단위를 나타내는 것은 **단위성**(單位性) **의존명사**이다.

＊ 단위성 의존명사는 사물의 종류에 따라 구별되어 쓰인다.

- 사람/한국인/승객 두 명 ＊'명'은 사람을 세는 의존명사
- 개/물고기/세균 두 마리 ＊'마리'는 동물을 세는 의존명사
- 자동차/냉장고/전화기/컴퓨터/로봇 두 대 ＊'대'는 기계를 세는 의존명사

＊ 일부 자립명사도 수량의 단위를 나타낼 수 있다. 즉 **단위성**(單位性) **자립명사**로 쓰일 수 있다. 다음의 '사람, 그릇'이 그 예이다.

- 한국인/승객 두 사람
- 밥/국/짜장면 두 그릇

＊ 단위성 자립명사와 단위성 의존명사를 합친 것이 **단위명사**(單位名詞)이다.[111] 〈표〉에서 뜻풀이에 '세는 단위.'를 포함한 명사 표제어, 즉 단위명사는 364개이다. 이것은 단위성 자립명사 250개와 단위성 의존명사 178개의 합집합이다.

---

111) 단위명사를 '**분류사**(分類詞)'라 부르기도 한다.

5.7. 고유명과 고유명사

✽ 자립명사는 의미에 따라 **보통명사**(普通名詞)와 **고유명사**(固有名詞)로 나누어진
   다. **고유명사**(固有名詞)는 고유명 중에서 단어인 것이다.

✽ **고유명**(固有名)은 인명, 지명, 건축물명, 책명, 작품명, 상품명, 단체명, 기념일명
   등과 같이 **개체**(個體)에 붙인 이름이다. 개체로서의 지시물을 고정된 언어형태로
   가리키기 위해 사용한다.

✽ 동물, 식물, 물건의 개체에 붙인 이름도 고유명이다. 집에서 기르는 개나 고양이
   에게 붙인 이름이 그 예이다.

✽ 고유명은 단어 외에도 구나 문장의 형태를 가질 수 있다.

단어 형태의 고유명	구 형태의 고유명	문장 형태의 고유명
• 홍길동 (인명)	• 공쿠르 형제 (인명)	• 빼앗긴 들에도 봄은 오는가 (시 작품명)
• 서울 (지명)	• 자유의 여신상 (건축물명)	
• 조선왕조실록 (책명)	• 국경 없는 의사회 (단체명)	• 그것이 알고 싶다 (방송 프로그램 작품명)
• 다보탑 (건축물명)	• 우유 속에 코코아 (상품명)	
• 추석 (기념일명)	• 부처님 오신 날 (기념일명)	

✽ 문장 안에서 고유명은 명사 자리에 쓰인다.
   • 시사프로그램 〈그것이 알고 싶다〉는 1992년에 첫 전파를 탔다.
   • 수애는 영화 《님은 먼 곳에》에서 남편을 찾아 베트남에 가는 여자를 연기했다.

✽ 위에서 방송프로그램 제목 '그것이 알고 싶다'는 명사 자리에 놓여 주어 역할을,
   영화 제목 '님은 먼 곳에'는 명사 자리에 놓여 부사어 역할을 하고 있다. 이것은 인
   용된 구나 문장이 명사 자리에 쓰이는 현상과 비슷하다.

✽ 〈표〉에는 고유명 표제어가 20,050개 실려 있다. 〈표〉는 이들을 **전문어**로 처리하
   고 네 가지 전문영역으로 나누어 표시하고 있다.
   • 고유명 일반(424개) : 가로족(Garo族) … 힌두족(Hindu族)
   • 인명(10,394개) : 가가린(Gagarin, Yury Alekseevich) … 힘러(Himmler, Heinrich)
   • 지명(7,117개) : 가가와현(Kagawa[香川縣]) … 힐로(Hilo)
   • 책명(2,122개) : 가곡선(歌曲選) … 흥왕조승(興王肇乘)

✽ 고유명은 전문어(§7.13~§7.15)와 성격이 다르므로 일반어로 처리하는 것이 합리
   적이다. 다만 위의 전문영역을 의미영역으로 제시하는 것은 필요하다.

5.8. 고유명의 형태의 고정성

✳ 고유명은 **기호사각형**(記號三角形)에서 의미가 형태와 지시물 사이를 매개하는 역할이 매우 약하다. 기호사각형은 §6.1 참조.

✳ 고유명에 대해서는 형태와 지시물이 연결되어 있음을 아는 것이 중요하다.

- 관촌수필 (소설 작품명) : 의미로는 수필이지만 지시물은 소설이다.
- 오징어게임 (드라마 작품명) : 의미로는 게임이지만 지시물은 드라마이다.
- 무너진 사랑탑 (가요 작품명) : 의미로는 탑이지만 지시물은 가요이다.
- 채석강(彩石江) (지명) : 의미로는 강이지만 지시물은 해안이다.

✳ 이미 존재하는 고유명을 다른 지시물을 가리키기 위해 전용하는 경우가 있다. 이 경우에도 형태와 지시물의 연결을 알고 있어야 소통이 가능하다.

- 모임 장소를 경복궁으로 할까 하다가 자금성으로 바꿨다.

✳ 위 문장에서 '경복궁'과 '자금성'은 유적지를 가리키는 고유명이 아니라 각각 한식당과 중식당의 상호이다.

✳ 고유명은 형태가 고정되어 있다는 점이 중요하다. 다음의 작품명 '사계(四季)'를 의미가 같은 '사계절, 사철, 봄여름가을겨울' 등으로 바꾸면 그 작품을 가리키는 힘이 약해진다.

- 태연의 가요 「사계」

✳ 고유명은 의미와 지시물의 관련성보다 형태의 고정성이 중요하기 때문에 의역 대신 음역을 하는 일이 흔하다.

- 미국의 도시명 'New York' : 뉴욕   ✳'새 요크'로 의역하지 않음.
- 프랑스의 산 'Mont Blanc' : 몽블랑   ✳'흰 산', '백산(白山)'으로 의역하지 않음.
- 스위스의 산 'Jungfrau' : 융프라우   ✳'처녀'로 의역하지 않음.

✳ 고유명을 의역하는 경우에도 형태를 고정하는 것이 중요하다. 그래서 번역어의 형태가 이미 고정되어 있다면 다른 형태로 바꾸기 어렵다.

- Black Sea → 흑해(黑海)   ✳검정바다(×), 검은 바다(×), 까만 바다(×)
- Golden Gate Bridge → 금문교(金門橋)   ✳황금 문 다리(×)
- World Health Organization → 세계보건기구   ✳세계건강조직(×)
- [이탈리아어]Le quattro stagioni (비발디의 연주곡) → 사계   ✳사계절(×), 사철(×), 봄여름가을겨울(×)
- Planet of the Apes (영화 제목) → 혹성탈출   ✳원숭이 행성(×)
- Home Alone (영화 제목) → 나 홀로 집에   ✳혼자 집에서(×), 집에서 외로이(×)

5.9. 인명

✻ 한국인의 **인명**(人名)은 **성씨**(姓氏), 즉 **성**(姓) 뒤에 이름을 붙인 구조로 되어 있다. 인명이 이러한 구조임을 강조한 표현이 '**성명**(姓名)'이다.

✻ 일상적으로 '이름'을 '성명'과 같은 뜻으로 쓰기도 하고 성명에서 성을 뺀 것만 뜻하는 것으로 쓰기도 한다.[112] 즉 '이름'이라는 용어는 중의적(重義的)이다.

✻ 고대로부터 왕족, 귀족 등 상류층만 성을 사용해 왔는데 고려를 지나면서 평민들도 점차 성을 가지게 되었고 조선 후기에는 천민들에게까지 성이 퍼져 나갔다. 20세기까지는 성의 양상이 전통시대와 비슷했으나 21세기에 들어서서 새로운 성이 크게 증가했다. 2000년 인구조사에서 조사된 성은 430가지였는데 2015년 인구조사에서는 5,582가지로 크게 늘었다. 귀화인들이 성을 만든 경우가 많았기 때문이다. 한자가 없는 4,075가지 성이 대부분 귀화인의 성이다.

✻ 2015년의 인구조사에 따른 주요 성을 인구순으로 보면 다음과 같다.
  • 김(金), 이(李), 박(朴), 최(崔), 정(鄭), 강(姜), 조(趙), 윤(尹), 장(張), 임(林), 한(韓), 오(吳), 서(徐), 신(申), 권(權), 황(黃), 안(安), 송(宋), 전(全), 홍(洪)

✻ 성을 뺀 이름은 대부분 한자어이지만 고유어나 외래어도 소수 있다. 2음절이 대부분이고 1음절이나 3음절은 소수이며 4음절 이상은 극소수이다.

✻ 전형적인 한국인 인명은 성 1음절에 이름 2음절이 결합한 3음절이다. 그래서 전통적으로 '이름 석 자'라는 관용표현이 사용되어 왔다.
  • 아이가 한글로 이름 석 자를 겨우 쓸 수 있게 되었다.

✻ 시대에 따라 선호하는 이름이 다르다. 몇 예를 보면 다음과 같다.
  • 1950~1960년대 : 춘삼, 병식 (남자) / 영심, 순덕 (여자)
  • 2000년대 이후 : 서준, 재혁 (남자) / 지영, 예은, 수지 (여자)

✻ 특별한 상황에서 실제 인명, 즉 **실명**(實名) 대신 다양한 인명이 쓰인다.
  • 별명, 가명, 예명, 필명

✻ 〈표〉에 전문영역이 '인명'으로 표시된 표제어가 10,394개 등재되어 있다. 단어 표제어 9,745개, 구 표제어 649개이다. 외국인의 인명도 많이 포함되어 있다.
  • 단어 : 간디, 거칠부, 공자, 세종, 소크라테스, 정약용, 충무공, 허준
  • 구 : 나폴레옹 일세, 레오나르도 다빈치, 바보 온달, 사명 대사, 흥선 대원군

---

112) 이 점은 사전에도 반영되어 있다. 전자의 용법은 〈표〉, 〈고〉의 '이름③'에, 후자의 용법은 〈표〉, 〈고〉의 '이름②'에 해당한다.

5.10. 수사

* **수사**(數詞)는 수나 차례를 가리키는 체언이다. 수를 가리키는 수사는 **양수사**(量數詞)이고 차례를 가리키는 수사는 **서수사**(序數詞)이다.[113]

* 서수사는 양수사에 접미사 '-째'나 접두사 '제(第)-'를 붙인 파생어이다.

* 수사는 수나 차례를 가리키는 방식에 따라 **일반수사**와 **지시수사**로 나누어진다.

수사의 분류

하위품사	종류	양수사	서수사
일반수사	단칭수사	하나, 일	첫째, 제일
	복칭수사	한둘, 일이	한두째
지시수사	의문수사	몇	몇째
	비한정수사	몇	몇째

* 일반수사 가운데 **단칭수사**(單稱數詞)는 수나 차례 하나만을 가리키는 수사이고, **복칭수사**(複稱數詞)는 둘 이상의 수나 차례를 불확실하게 가리키는 수사이다.[114]

* 지시수사 가운데 **의문수사**(疑問數詞)는 질문의 대상인 수나 차례를 가리키는 수사이고, **비한정수사**(非限定數詞)는 비한정적으로, 즉 범위를 한정하지 않은 채 수나 차례를 가리키는 수사이다. 자세한 내용은 문법서 참조.

* 수사에는 고유어, 한자어, 혼종어가 있다.
  * 고유어 수사 : 하나, 둘, 셋, 넷, 다섯 … 아흔아홉, 여럿, 몇 …
  * 한자어 수사 : 영, 일, 이, 삼, 사, 오 … 구십구, 백, 백일 …
  * 혼종어 수사 : 백하나(百하나), 백둘(百둘), 백셋(百셋) …

* 한자어 수사는 문어에서 한글 대신 아라비아숫자로 쓰는 것이 일반적이다.
  * 100만 원, 30일 동안, 닭 300마리

* '년, 월, 일, 세기' 앞의 한자어 서수사에서는 접두사 '제-'를 생략한다.
  * 2023년 1월 1일, 21세기

* 다음과 같은 경우에도 한자어 서수사의 접두사 '제-'를 생략할 때가 많다.
  * 2학기 중간고사, 3분기 매출액, 33회 파리 올림픽, 대기번호 25번

---

113) '한 사람, 이십 명, 몇 번'의 '한, 이십, 몇'과 같이 관형어로 쓰이는 수사를 수관형사로 처리하는 견해도 있으나 이 책에서는 이들을 수사가 관형어로 쓰인 것으로 처리한다.

114) 단칭수사, 복칭수사는 각각 '정수사(定數詞), 부정수사(不定數詞)'에 대한 새 용어이다.

5.11. 단칭수사

✻ 단칭수사의 목록은 다음과 같다.

단칭 양수사 3

수	고	혼	한
20	스물	—	이십
30	서른	—	삼십
40	마흔	—	사십
50	쉰	—	오십
60	예순	—	육십
70	일흔	—	칠십
80	여든	—	팔십
90	아흔	—	구십
100	—	—	백
101	—	백하나	백일
…		…	…
1,000	—	—	천
10,000	—	—	만
100,000,000	—	—	일억
…	—	—	…

단칭 양수사 1

수	고	한
0	—	영
1	하나	일
2	둘	이
3	셋	삼
4	넷	사
5	다섯	오
6	여섯	육
7	일곱	칠
8	여덟	팔
9	아홉	구
10	열	십

단칭 양수사 2

수	고	한
11	열하나	십일
12	열둘	십이
13	열셋	십삼
14	열넷	십사
…	…	…
20	스물	이십
21	스물하나	이십일
…	…	…
99	아흔아홉	구십구

단칭 서수사 3

수	고	혼	한
20	스무째	—	제이십
30	서른째	—	제삼십
40	마흔째	—	제사십
50	쉰째	—	제오십
60	예순째	—	제육십
70	일흔째	—	제칠십
80	여든째	—	제팔십
90	아흔째	—	제구십
100	—	백째	제백
101	—	백한째	제백일
102	—	백두째	제백이
…	—	…	…

단칭 서수사 1

수	고	한
1	첫째	제일
2	둘째	제이
3	셋째	제삼
4	넷째	제사
5	다섯째	제오
6	여섯째	제육
7	일곱째	제칠
8	여덟째	제팔
9	아홉째	제구
10	열째	제십

단칭 서수사 2

수	고	한
11	열한째	제십일
12	열두째	제십이
13	열셋째	제십삼
…	…	…
20	스무째	제이십
21	스물한째	제이십일
22	스물두째	제이십이
23	스물셋째	제이십삼
…	…	…
99	아흔아홉째	제구십구

5.12. 복칭수사

✻ 복칭수사의 목록은 다음과 같다.

복칭 양수사 1

수	고	한
1 또는 2	한둘	일이
2 또는 3	두셋	이삼
3 또는 4	서넛	삼사
4 또는 5	너덧	사오
5 또는 6	대여섯	오륙
6 또는 7	예닐곱	육칠
7 또는 8	일고여덟	칠팔
8 또는 9	여덟아홉	팔구

복칭 양수사 2

수	고	한
3~9	여럿	—
11~15	여남은	십여
21~25	스무남은	이십여
31~35	—	삼십여
...		...
101~109	—	백여
...	—	...
1001~1099	—	천여
...	—	...

복칭 양수사 3

수	한
20~99	수십
200~999	수백
2000~9999	수천
...	...

복칭 양수사 4

수	한
18~32	이삼십
28~42	삼사십
...	...
78~92	팔구십
180~320	이삼백
280~420	삼사백
...	...
280~920	팔구백
...	...

복칭 서수사

수	고
1 또는 2	한두째
2 또는 3	두셋째
3 또는 4	서넛째
4 또는 5	너덧째
5 또는 6	대여섯째
6 또는 7	예닐곱째
7 또는 8	일고여덟째
8 또는 9	여덟아홉째
11~15	여남은째
21~25	스무남은째

✻ 위 목록에서 '한둘, 한두째'처럼 수 둘을 가리키는 복칭수사 외에는 복칭수사가 가리키는 수를 숫자로 표시한 것이 정확한 것은 아니다. 복칭수사들은 원래 불확실한 수를 가리키므로 이와 같이 숫자로 명시하기에 다소 부적절한 것이다. 예를 들어 '3'이나 '10' 같은 수가 '여럿'에 포함되는지에 대해 개인에 따라 판단이 다를 수 있다.

5.13. 용언

✽ 용언은 동사와 형용사로 나눌 수도 있고 **본용언**(本用言)과 **보조용언**(補助用言)으로 나눌 수도 있다. 따라서 용언은 네 가지 하위품사, 즉 본동사, 본형용사, 보조동사, 보조형용사로 나누어진다.

✽ 〈표〉에 실린 용언은 모두 69,087개이다.[115]

용언의 분류

구분	동사 (56,341)	형용사 (13,410)
본용언 (69,068)	본동사 (56,333)	본형용사 (13,393)
보조용언 (52)	보조동사 (40)	보조형용사 (18)

✽ 용언은 서술어가 될 수 있는 유일한 품사이다. 용언은 문장의 서술어로서 문형을 결정한다. 다의어인 용언은 의미소별로 취하는 문형이 다를 수 있다.

✽ 〈표〉는 문형별로 의미소들을 묶어 배열한다. 동사 '돌아오다'의 의미소별 뜻풀이는 다음과 같다. (용례는 의미소별로 예구 하나씩만 새로 만들어서 보인다.)

1【…에/에게】【…으로】

① 원래 있던 곳으로 다시 오거나 다시 그 상태가 되다. 예 고향으로 돌아오다.

② 무엇을 할 차례나 순서가 닥치다. 예 차례가 나에게 돌아오다.

③ 몫, 비난, 칭찬 따위를 받다. 예 칭찬이 나에게 돌아오다.

2【…으로】

먼 쪽으로 둘러서 오다. 예 먼 길로 돌아오다.

3[116]

① 본래의 상태로 회복하다. 예 정신이 돌아오다.

② 일정한 간격으로 되풀이되는 것이 다시 닥치다. 예 여름이 돌아오다.

4【…을】

① 어떤 장소를 끼고 원을 그리듯이 방향을 바꿔 움직여 오다. 예 산을 돌아오다.

② 갔던 길을 되짚어서 오다. 예 갔던 길을 돌아오다.

✽ **1**, **2**, **3**은 자동사, **4**는 타동사이다. 즉 '돌아오다'는 자동사와 타동사를 겸한 단어이다. §5.14 참조.

---

115) 한 단어가 이 네 하위품사 중 둘 이상으로 쓰이는 경우가 있으므로 각 하위품사의 개수의 합이 각각의 합계와 일치하지 않는다.

116) 문형 표시에서 주어를 생략하므로 **3**은 주어만 필요한 문형이다.

5.14. 자동사와 타동사

✱ 〈표〉에 실린 본동사는 모두 56,333개이다. 목적어가 필요 없는 본동사는 **자동사**(自動詞)이고 목적어를 요구하는 본동사는 **타동사**(他動詞)이다.

- 자동사 용법만 가진 표제어 31,824개 (= 56333-24509)
- 타동사 용법을 가진 표제어 24,509개 ✱자동사 용법도 가진 표제어 포함

주요 자동사

- 가다(부산에), 계시다(방에), 그치다(비가), 끝나다, 나다(화가), 남다(돈이), 내리다(비가), 놀다, 늘다, 돌다(뒤로), 되다(도시가), 들다(돈이), 떠나다(유럽으로), 떨어지다(바닥에), 만나다(친구와), 말하다(늦는다고), 멈추다(비가), 모이다, 묻다(물이), 변하다, 붙다, 비다(공간이), 빠지다(살이), 살다(서울에), 서다, 쉬다(편히), 앉다(자리에), 오다(한국에), 울다, 움직이다(차가), 웃다, 일어나다, 일하다, 자다(밤에), 죽다, 줄다, 차다(가득), 통하다(말이), 하다(고맙다고), 헤어지다(친구와), 흐르다(물이)

주요 타동사

- 가르치다(한자를), 가지다(꿈을), 건너다(길을), 그치다(울음을), 기다리다(버스를), 꾸다(꿈을), 내다(화를), 내리다(값을), 넘다(담을), 넣다(소금을), 닦다(땀을), 닫다(문을), 돌다(운동장을), 돕다(친구를), 듣다(소리를), 떠나다(여행을), 마시다(물을), 만나다(친구를), 만들다(상자를), 먹다(점심을), 멈추다(걸음을), 모르다(이름을), 모으다(돈을), 못하다(술을), 묶다(끈을), 묻다(이름을), 바라다(성공하기를), 받다(선물을), 배우다(한자를), 벗다(옷을), 보다(책을), 버리다(쓰레기를), 빨다(옷을), 빼다(살을), 사다(우유를), 생각하다(고향을), 시작하다(일을), 쓰다(글을), 쓰다(돈을), 씻다(손을), 알다(이름을), 열다(문을), 움직이다(몸을), 읽다(책을), 잃어버리다(우산을), 입다(옷을), 잊다(이름을), 자다(잠을), 자르다(종이를), 잘하다(운동을), 잡다(손잡이를), 좋아하다(고양이를), 주다(선물을), 집다(젓가락을), 차다(공을), 참다(화를), 찾다(우산을), 타다(버스를), 피하다(비를), 하다(청소를)

✱ §5.13의 '돌아오다'를 비롯한 소수의 단어는 자동사와 타동사를 겸한다.

돌다

- [자] : 팽이가 돌다, 영수가 뒤로 돌다
- [타] : 달이 지구를 돌다

내리다

- [자] : 비가 내리다, 승객이 차에서 내리다, 물가가 내리다
- [타] : 영미가 손을 내리다, 은행이 금리를 내리다, 대장이 명령을 내리다

5.15. 부사

✱ 부사는 서술어를 수식하는 것이 주된 기능이다. 부사가 관형사나 부사를 수식하기도 한다. 소수의 부사는 체언을 수식할 수 있다.
- 우리는 영미를 오래 기다렸다.   ✱부사 '오래'가 서술어 '기다렸다'를 수식함.
- 영호가 민수 바로 옆에 서 있다.   ✱부사 '바로'가 명사 '옆'을 수식함.

✱ 부사 표제어가 〈표〉에는 12,314개, 〈기〉에는 2,832개 실려 있다.
- 〈기〉의 부사 : 초급 131+중급 274+고급 277+등급 없음 2150＝2832개

✱ 조어법이나 어원의 관점에서 부사는 체언과 관련된 것, 용언과 관련된 것, 그 밖의 것으로 나눌 수 있다. 중요도가 높은 부사를 예시하면 다음과 같다.

체언과 관련된 부사
- 그냥, 그대로, 그동안, 그때, 그만, 금방, 매년, 매달, 매일, 매주, 별로, 약간, 언제나, 얼마나, 요즘, 이제, 잠깐, 제일, 조금, 좀, 지금, 한번, 함께

용언과 관련된 부사
- 같이, 굉장히, 그래서, 그러니까, 그러면, 그런데, 그렇지만, 그리고, 너무, 많이, 매우, 멀리, 바로, 반드시, 빨리, 안녕히, 열심히, 오래, 일찍, 자주, 천천히

그 밖의 부사
- 가끔, 가장, 갑자기, 거의, 계속, 곧, 꼭, 다, 다시, 더, 덜, 또, 먼저, 못, 물론, 미리, 벌써, 서로, 아마, 아주, 아직, 안, 어서, 왜, 원래, 잘못, 전혀, 점점, 특히, 항상

✱ 조어법이나 어원의 관점에서 의성의태어 대부분은 체언이나 용언과 관련이 없다. 의성의태어에 대해서는 §5.16 참조.

✱ 용언과 관련된 부사 가운데는 형용사에 부사화 접미사 '-이'가 붙어 만들어진 것이 많다. §2.16 참조.

✱ 부사이면서 명사인 단어들이 있다. 〈표〉의 표제어 가운데 그러한 단어는 327개이다. 가가호호(家家戶戶), 가급적(可及的) … 혹자(或者), 혼자.
- 오늘(명사) : 오늘의 날씨
- 오늘(부사) : 오늘 해야 할 일

✱ 보조사가 붙은 부사를 명사로 오해하는 경우가 있다. 〈고〉가 명사 '지금'에 대해 제시한 다음 예문의 '지금'은 명사가 아닌 부사이다. '나는 지금 너무 바쁘다.'에서의 '지금'의 품사가 부사인 것과 마찬가지이다.
- 지금은 너무 바빠서 당신을 만날 시간을 낼 수가 없습니다.

5.16. 의성의태어

✳ **의성의태어**(擬聲擬態語)는 **의성어**(擬聲語)와 **의태어**(擬態語)이다.

✳ 의성의태어는 부사이다. 즉 의성어는 **의성부사**이고 의태어는 **의태부사**이다.

✳ 의성의태어는 4,000여 개로서 부사 전체 12,000여 개의 1/3 정도를 차지한다.

✳ 의성어는 소리를 모사(模寫)한 단어이다. (청각적)

- 뻥 : 풍선이나 폭탄 따위가 갑자기 요란스럽게 터지는 소리.
- 부글부글 : 많은 양의 액체가 야단스럽게 잇따라 끓는 소리. 또는 그 모양.

✳ 의태어는 모양이나 느낌을 묘사(描寫)한 단어이다. (시각적, 촉각적)

- 기우뚱 : 물체가 한쪽으로 약간 기울어지는 모양.
- 주렁주렁 : 열매 따위가 많이 달려 있는 모양.
- 따끔따끔 : 찔리거나 꼬집히는 것처럼 자꾸 아픈 느낌.

✳ 한 단어가 의성어이면서 동시에 의태어인 경우도 있다.

- 쌩, 퍽, 엉엉, 까르르, 부글부글, 소곤소곤, 토닥토닥

✳ **반복합성어**의 대부분은 의성의태어이다. §2.9 참조.

✳ 의성의태어에는 **변태어**가 많다. §2.23 참조.

- 뻥/펑/빵/팡, 부글부글/보글보글/바글바글
- 따끔/뜨끔, 따끔따끔/뜨끔뜨끔, 기우뚱/갸우뚱, 알록달록/얼룩덜룩

✳ 변태어들끼리는 의미나 어감에 차이가 있다. 예를 들어 '부글부글'의 의미소 '화가 치미는 모양'은 '보글보글'이 가지고 있지 않다. 또 '소곤소곤'과 '수군수군'에 대한 〈기〉의 뜻풀이가 똑같지만 어감은 다르다.

- 화가 부글부글 끓다. / 화가 보글보글 끓다. (×) ✳의미의 차이
- 소곤소곤=수군수군 : 〈기〉 남이 알아듣지 못하게 낮은 목소리로 자꾸 이야기하는 소리. 또는 그 모양. ✳어감의 차이

✳ 의성의태어에 '하다, -거리다, -대다'를 붙인 복합어가 많다.

- 따끔하다, 따끔거리다, 따끔대다, 따끔따끔하다
- 기우뚱하다, 기우뚱거리다, 기우뚱대다
- 주렁주렁하다

✳ 의태어는 관련 동사와 함께 **연어**(連語)를 형성하는 경우가 많다. 연어에 대해서는 §8.2~§8.4 참조.

- 활짝 열다/피다/개다/웃다

5.17. 관형사와 감탄사

✻ **관형사**(冠形詞)는 체언을 수식하는 것이 주된 기능이다.

✻ 관형사 표제어가 〈표〉에는 1,562개, 〈기〉에는 840개 실려 있다.

- 〈기〉의 관형사 : 초급 71+중급 102+고급 184+등급 없음 483＝840개

✻ 접미사 '-적(的)'이 붙은 관형사는 〈표〉에 1,227개, 〈기〉에 640개 실려 있다.

✻ 접미사 '-적'이 붙은 단어는 모두 명사와 관형사를 겸한다. 조사 '으로'가 붙거나 '이다, 아니다'의 보어로 쓰일 때는 명사이고 그 밖의 경우에는 관형사이다.

- 관형사 '적극적' : 적극적 태도
- 명사 '적극적' : 적극적으로, 적극적인, 적극적이다, 적극적이 아니다

✻ 〈기〉의 초급 관형사 71개 가운데 '구, 구십, 네, 넷째 … 팔, 팔십, 한, 한두'의 53개는 관형어로 쓰이는 수사이고, 다음의 18개가 진정한 관형사이다.[117]

초급 관형사

- 그, 그런, 다른, 모든, 무슨, 새, 아무, 약(約), 어느, 어떤, 옛, 이, 이런, 저, 저런, 전(全), 전(前), 첫 (18개)

✻ **감탄사**(感歎詞)는 상황에 대한 즉각적인 반응을 표현하는 것이 주된 기능인 단어이다. **감정감탄사**(感情感歎詞), **의지감탄사**(意志感歎詞), **간투감탄사**(間投感歎詞)로 나누어진다.

- 감정감탄사 : 즉석에서 느낀 대로 표현함.
- 의지감탄사 : 소통에 대한 의지나 태도를 표현함.
- 간투감탄사 : 말하기를 준비하고 있음을 표현함.

✻ 감탄사 표제어가 〈표〉에는 650개, 〈기〉에는 161개 실려 있다.

- 〈기〉의 감탄사 : 초급 17+중급 16+고급 2+등급 없음 126＝161개

✻ 초급~고급 35개는 다음과 같이 분류된다(첫 번째 의미소 기준).

등급	감정감탄사	의지감탄사	간투감탄사
초급	아2, 야2, 어2, 와3	그래1, 그럼2, 글쎄, 글쎄요, 네3, 아니2, 아니요, 안녕, 여보세요, 예4, 음1, 응	저5
중급	아이2, 아이고, 아하, 앗, 어머, 어휴, 오2, 으악2	그러게2, 그렇지1, 뭘, 쉿, 아냐, 여보, 자3	저기2
고급	저런, 쯧쯧	－	－

---

117) 〈표〉와 〈기〉는 관형어로 쓰이는 수사를 수관형사로 보는 견해를 따르고 있다.

어휘와 의미

6.1. 단어의 기호사각형

✱ 단어는 **어형**(語形)과 **어의**(語義)의 결합체이다. §1.7 참조.

✱ 단어는 지시물을 가리키기 위해 존재한다. 다음의 **단어의 기호삼각형**(記號三角形)에서 지시물과 직접 이어져 있는 것은 어형이 아니라 어의이다. 어형은 어의를 통해 간접적으로 지시물과 관련을 맺는다.[118]

단어의 기호삼각형

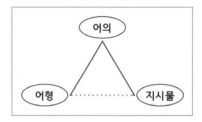

✱ **지시물**(指示物)은 세계에 존재하는 모든 것으로서, 언어로 가리키는 대상이다.

✱ 다음과 같이 똑같은 대상을 조금 다르게 표현할 수 있다.
  • 100m 앞에 갈림길/교차로/삼거리가 있다.

✱ 이 상황에서 '갈림길, 교차로, 삼거리'의 지시물은 똑같다. 그렇다고 해서 이 세 단어의 어의가 똑같다고 할 수는 없다. 이 세 단어의 어의는 조금씩 다르지만 주어진 상황에서 똑같은 지시물을 가리키기 위해 사용되고 있다.

✱ 단어가 존재하기 전부터 사람은 지시물에 대한 생각을 가지고 있다. 그 생각이 **개념**(概念)이다. 개념이 단어와 연결된 것이 어의이다.

✱ 개념을 고려하면 다음과 같은 **단어의 기호사각형**(記號四角形)이 만들어진다.

단어의 기호사각형

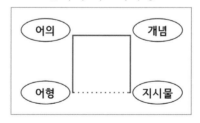

✱ 이 그림에서 개념과 지시물은 단어 밖에 있다. 즉 언어에 속하지 않는다.

---

118) 단어의 기호삼각형은 C. K. Ogden and I. A. Richards(1923) *The Meaning of Meaning*의 의미삼각형(또는 기호삼각형)에서 '관념(thought)'과 '기호(symbol)'를 각각 '어의'와 '어형'으로 바꾸어 개선한 것이다.

6.2. 어의의 모호성

✱ 단어 간의 형태의 차이는 분명하다. 예를 들어 '돌'과 '돈'의 형태의 차이는 분명하다. 두 단어의 발음형태와 표기형태가 모두 분명히 다르다.

✱ 그 반면에 단어 간의 의미의 차이는 모호한 면이 있다. 예를 들어 '모래, 자갈, 돌, 바위'의 의미의 경계는 분명하지 않다. 크기가 이들의 본질적인 차이인 듯하지만 지름이나 둘레 몇 cm를 기준으로 각각을 구분할 수 있는지 확실하지 않다. 나아가 쌀에 돌이 섞여 있다고 할 때처럼 돌이 자갈보다 작은 경우도 있다. 이것은 본질적으로 각각의 **어의**(語義)가 모호한 데 원인이 있다.

✱ **어의의 모호성**(模糊性)을 설명하는 데는 **원형**(原型)의 개념을 활용하는 것이 효과적이다. 단어가 가리키는 지시물 가운데 어떤 것은 원형에 가깝고 어떤 것은 원형에서 멀다고 생각하는 것이다. 예를 들어 명사 '차(車)'가 가리킬 수 있는 지시물들의 원형성을 다음과 같은 그림으로 표현할 수 있다.

'차'의 지시물

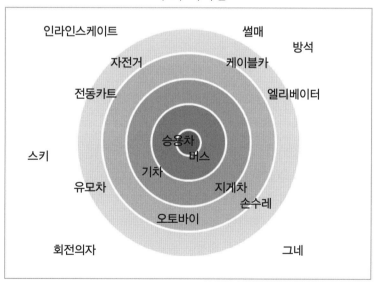

✱ 어의의 모호성을 보여주는 또 한 예는 각 단어가 가진 **연상적**(聯想的) **의미**가 주관적인 경우이다. 예를 들어 명사 '공주(公主)'는 '젊다, 예쁘다' 같은 의미적 속성을 가진 것으로 연상하는 것이 일반적이다. 그렇지만 늙은 공주도 공주이고 예쁘지 않은 공주도 공주이다. 확률적으로는 젊고 예쁜 공주보다 그렇지 않은 공주가 더 많을 수 있다.

6.3. 단의어와 다의어

＊ 단어 하나가 의미 하나만 가지는 것이 이상적일 것이다. 그러나 꽤 많은 단어가 둘 이상의 의미를 가지고 있다. 그 각각의 의미를 '**의미소**(意味素)'라 부를 수 있다.[119]

＊ 의미소가 하나인 단어는 **단의어**(單義語), 의미소가 둘 이상인 단어는 **다의어**(多義語)이다.

  • 단의어 : 동료, 무릎, 가방, 술(주류), 여름, 편지
  • 다의어 : 친구, 머리, 그릇, 물(액체), 봄, 주소

＊ 〈표〉에 따르면 '여름'은 의미소가 1개이므로 단의어이다.

  • 여름 : 한 해의 네 철 가운데 둘째 철. 봄과 가을 사이이며, 낮이 길고 더운 계절로, 달로는 6∼8월, 절기(節氣)로는 입하부터 입추 전까지를 이른다.

＊ 〈표〉에 따르면 '봄'은 의미소 3개를 가진 다의어이다.

  • 봄① : 한 해의 네 철 가운데 첫째 철. 겨울과 여름 사이이며, 달로는 3∼5월, 절기(節氣)로는 입춘부터 입하 전까지를 이른다.
  • 봄② : 인생의 한창때를 비유적으로 이르는 말.
  • 봄③ : 희망찬 앞날이나 행운을 비유적으로 이르는 말.

＊ 〈고〉의 전체 표제어 386,889개 중 다의어는 54,869개로 약 14%를 차지한다. 의미소가 가장 많은 다의어는 '가다'로서 42개의 의미소가 풀이되어 있다. 그 다음은 '놓다' 40개, '받다' 36개, '하다' 35개, '나다' 34개의 순이다. 이 다섯 단어는 모두 용언이라는 점이 특징이다.[120]

＊ 동형어와 마찬가지로 다의어도 **어휘적 중의성**(重義性)의 주된 요인이다.

다의어 '치우다'가 중의성을 일으킨 경우
  • 식탁을 치우다 : 식탁을 다른 곳으로 옮기다.
  • 식탁을 치우다 : 식탁에 차려진 음식이나 그릇을 다른 곳으로 옮기다.

다의어 '밥'이 중의성을 일으킨 경우
  • 오늘은 아침에 밥을 안 먹었다. ＊굶었다는 뜻
  • 오늘은 아침에 밥을 안 먹었다. ＊밥이 아닌 다른 음식을 먹었다는 뜻

---

119) '의미소' 대신 '의항(義項)'이나 '센스(sense)'와 같은 용어를 쓰기도 한다.
120) 〈고〉의 표제어 통계는 도원영·차준경(2009) 「고려대 한국어대사전의 종합적 고찰」, 《민족문화연구》 51 참조.

6.4. 기본의미와 파생의미

✳ 〈고〉의 타동사 '찍다1'의 의미소 ①~⑪ 중 ①~④는 다음과 같다.

---

① (사람이 가루나 액체를 사물의 끝에) 대어 들러붙거나 흔적이 남게 하다. 예 달걀을 소금에 찍다

② [기본의미] (사람이 사물을 날이 있는 도구로) 내리쳐서 박히게 하다. 예 사과를 포크로 찍다

③ (사람이 도장이나 그 무늬를 사물에) 대고 눌러 자국을 남기다. 예 도장을 찍다

④ (사람이 사물이나 그 영상을) 사진기나 촬영기로 필름에 그대로 옮기다. 예 사진을 찍다

✳ 〈고〉에서 의미소의 배열은 빈도순이다. 즉 ①이 가장 많이 쓰이는 의미소이다. 그런데 이 단어의 **기본의미**(基本意味) 또는 **중심의미**(中心意味)는 ①이 아닌 ② 이다. ①, ③, ④ 등 나머지 의미소들은 **파생의미**(派生意味)이다.

✳ 〈표〉의 '가위'와 '아침'의 뜻풀이에서 ①이 기본의미, ②가 파생의미이다.

  • 가위① : 옷감, 종이, 머리털 따위를 자르는 기구.

  • 가위② : 가위바위보에서, 집게손가락과 가운뎃손가락 또는 엄지손가락을 벌려 내미는 동작. 또는 그런 손.

  • 아침① : 날이 새면서 오전 반나절쯤까지의 동안.

  • 아침② : =아침밥.

✳ 다의어는 대체로 하나의 기본의미 외에 의미변화로서의 **의미소 증가** 또는 **의미의 확장**(擴張)을 통해 형성된 하나 이상의 파생의미를 가진다.

✳ 의미소 증가는 대부분 **비유**(比喩)를 통해 이루어진다.

✳ 가위②는 가위①과 비슷하게 생겼다는 점, 즉 **유사성**(類似性)에 근거한 비유인 **은유**(隱喩)를 통해 생겨났다.

✳ 아침②는 아침①과 시간적으로 가까이 있다는 점, 즉 **인접성**(隣接性)에 근거한 비유인 **환유**(換喩)를 통해 생겨났다.

✳ '휴가(休假)'의 의미소 ②도 의미소 ①로부터 환유에 의해 생겨났다.[121]

  • 휴가① : 학업 또는 근무를 일정한 기간 동안 쉬는 일. 또는 그 기간. 예 휴가를 내다.

  • 휴가② : 학업 또는 근무를 쉬는 기간에 하는 여행. 예 이번 여름에는 동해안으로 휴가를 떠날 생각이다.

---

121) 〈고〉의 뜻풀이에는 의미소 ①만 제시되어 있다. 〈표〉의 뜻풀이도 비슷하다.

6.5. 의미소 간의 차이

✻ 한 다의어의 의미소들이 의미상으로 서로 얼마나 다를 수 있는지를 정하기는 쉽지 않다. 한 단어의 두 의미소인 '내리다①'과 '내리다②'의 의미 차이는 서로 다른 단어인 '오르다'와 '올리다'의 의미 차이와 동일하다.

- 값이 내리다① / 값을 내리다②
- 값이 오르다 / 값을 올리다

✻ 동일한 의미 차이가 한 단어 안에 존재할 수도 있고 단어와 단어 사이에 존재할 수도 있는 것이다. 따라서 어떤 두 의미소가 같은 단어에 속할지 서로 다른 단어에 속할지를 규칙으로 말할 수는 없다. 한국어의 수많은 의미소들과 단어들의 대응 양상이 한국어의 어휘적 특징을 형성한다고 할 수 있다.

✻ 다의어는 의미소별로 다른 특징을 띨 수 있다. 명사 '목'의 두 의미소를 비교하면 다음과 같다.

'목'의 두 의미소의 비교

의미소		목①	목②
같은 점	연어	목이 붓다, 목이 아프다	
다른 점	영어 대역어	throat	neck
	관련어	동의어는 '목구멍'	낮춤말은 '모가지'
	연어	목이 칼칼하다	목이 부러지다
	숙어	목에 거미줄 치다	목이 빠지게 기다리다
	복합어	목감기, 목소리, 떠는목	목걸이, 목덜미, 자라목

✻ 동사 '짓다'의 의미소들은 각기 다른 **연어**를 형성한다. '짓다'에 대한 〈표〉의 주요 의미소별로 연어 예를 들면 다음과 같다. 연어에 대해서는 §8.2~§8.4 참조.

① 밥을 짓다, 옷을 짓다, 집을 짓다　　⑥ 미소를 짓다, 한숨을 짓다
② 약을 짓다　　　　　　　　　　　　⑦ 죄를 짓다
③ 시를 짓다　　　　　　　　　　　　⑧ 매듭을 짓다
④ 무리를 짓다　　　　　　　　　　　⑨ 결론을 짓다
⑤ 농사를 짓다　　　　　　　　　　　⑩ 이름을 짓다

✻ 관점을 달리하면, 〈표〉에서 연어를 기준으로 '짓다'의 의미소들을 구별했다고 할 수도 있다.

6.6. 사전에서의 뜻풀이

✽ 사전에서의 **뜻풀이**는 표제어의 의미를 설명한 말이다.

✽ 뜻풀이는 형식에 따라 다섯 유형으로 나누어진다.

 • 정의형, 참조형, 대역형, 문맥형, 메타언어형

✽ **정의형**(定義型) **뜻풀이**는 '수식어+피수식어' 구조이다. 피수식어는 표제어의 상위어이고, 수식어는 표제어가 그 등위어와 구별되는 특징을 내용으로 한다.[122] 예를 들어 '접시'는 상위어 '그릇'과 접시만의 특징을 표현한 수식어로 뜻풀이할 수 있다.

 • 접시 : 음식을 담는 데 쓰는 납작하고 평평한 그릇.

✽ **참조형**(參照型) **뜻풀이**는 의미상 밀접히 관련된 다른 표제어를 참조하도록 표시하는 방식이다. 예를 들어 '계란'은 '달걀'의 동의어로 표시할 수 있다.

 • 계란 : =달걀.

✽ **대역형**(對譯型) **뜻풀이**는 대역어를 제시하는 방식이다. 이언어사전, 다언어사전에서 사용한다.

 • 묻다 : ask, inquire, interrogate.

✽ **문맥형**(文脈型) **뜻풀이**는 표제어를 포함한 문장의 뜻을 이해하면 표제어의 뜻을 알수 있게 한 방식이다. '손뼉'을 다음과 같이 뜻풀이하는 것이 그 예이다.

 • 두 손바닥을 부딪쳐 소리가 나게 하는 것은 손뼉을 치는 것이다.

✽ **메타언어형**(meta言語型) **뜻풀이**는 표제어가 가진 언어적 기능과 성격을 진술하는 방식이다. 의존명사 '만'에 대한 다음 뜻풀이가 그 예이다.

 • 만 : 시간이 얼마 동안 지났음을 나타내는 말.

✽ 뜻풀이에 사용된 단어는 표제어보다 중요도가 높은 것이 이상적이다. 그러나 중요도가 높은 표제어일수록 그렇게 하기가 어려워진다.

 • 끓이다 : 액체를 거품이 솟아오를 정도로 뜨겁게 하다.   ✽〈기〉의 뜻풀이 ①

✽ 초급어 '끓이다'를 뜻풀이하기 위해 초급어 '정도, 뜨겁다, 하다' 외에 '액체(고급), 거품(중급), 솟아오르다(고급)' 같은 단어를 사용할 수밖에 없다.

✽ 뜻풀이에서 표제어를 다시 사용하는 것은 비논리적이다. 다음 예는 '목'의 의미를 이미 알고 있어야 '목'의 뜻풀이를 이해할 수 있다는 점에 문제가 있다.

 • 목 : 목 안쪽에서 몸속으로 나 있는 깊숙한 구멍.   ✽〈기〉의 뜻풀이 ②

---

122) 이때 상위어를 '**유개념**(類概念)', 등위어와 구별되는 특징을 '**종차**(種差)'라고도 한다.

6.7. 합성명사의 의미투명도

✳ 어기들의 의미를 통해 합성어의 의미를 예측할 수 있으면 합성어의 의미가 **투명**(透明)한 것이다. 이것은 어기들의 **의미합성**(意味合成)이 일어난 결과이다.

✳ 의미가 투명한 합성어의 의미는 **축자적(逐字的) 의미**이다.

✳ 합성동사 '굴러가다'와 '알아듣다'는 의미합성이 일어난 점에서 같지만, '굴러가다'가 '알아듣다'보다 **의미투명도**(意味透明度)가 더 높다.
  • 굴러가다 : '굴러서 가다'의 의미에 가까움.
  • 알아듣다 : '들어서 알다'의 의미에 가까움.

✳ 두 명사 A와 B가 결합한 합성명사의 경우에는 A와 B의 **의미관계**(意味關係)가 '병렬'일 때 의미투명도가 가장 높다.

병렬
  • 가로세로, 개돼지, 논밭, 물불, 밤낮, 비바람, 손발, 위아래, 처자식, 총칼, 팔다리

✳ B에 대한 A의 의미관계가 다음과 같을 때도 의미투명도가 높은 편이다.

자격
  • 누이동생, 대나무, 마귀할멈, 별똥별, 오늘날, 조카딸, 주인아저씨, 처갓집

소유 또는 기원(起源)
  • 개구멍, 거미줄, 닭고기, 소똥 / 나뭇잎, 눈물, 밀가루, 빗방울, 손바닥, 햇빛[123]

모양
  • 곰인형, 똥머리, 뱀장어, 별표, 실파, 안개비, 오리배, 원그래프, 줄자, 코끼리바위

재료
  • 고무장갑, 금반지, 나무젓가락, 눈사람, 돌부처, 물거품, 비닐봉지, 유리병, 종이컵

수단
  • 눈짐작, 말다툼, 물장난, 부채춤, 불고기, 손빨래, 전기차, 칼국수, 팔씨름, 해시계

목적
  • 글공부, 물병, 밥상, 보온병, 세숫비누, 술잔, 신발장, 장바구니, 전깃줄, 화물차

시간
  • 가을꽃, 낮잠, 미래차, 밤비, 보름달, 봄바람, 아침밥, 어젯밤, 여름방학, 주말부부

공간
  • 강바람, 길고양이, 들짐승, 등짐, 땅콩, 물고기, 바닷가재, 손전등, 안방, 진돗개

---

123) 빗금 앞은 A가 **유정물**(有情物)이고 빗금 뒤는 A가 **무정물**(無情物)이다. 전자와 달리 후자의 경우에는 사이시옷이 끼어드는 경향이 있다.

6.8. 어기 사이의 의미관계와 합성명사의 의미

＊ 어기 사이의 의미관계가 무엇인지에 따라 합성명사의 의미가 정해진다.

＊ '뿔테1'과 '뿔테2'는 어기가 똑같지만 의미관계가 서로 달라서 두 단어의 의미가 다르다.

- 뿔테1 : 암소가 새끼를 낳을 때마다 그 뿔에 하나씩 생기는 테. ＊소유
- 뿔테2 : 짐승의 뿔(요즘은 플라스틱)로 만든 안경테. ＊재료

＊ 어기도 같고 의미관계도 같지만 의미가 다른 합성명사들이 있다.

＊ 다음의 '발야구①, ②'에서 발은 야구의 '수단', '밥도둑①, ②'에서 밥은 도둑의 '목적'이다.

- 발야구① : 야구와 비슷한 규칙 아래, 공을 방망이로 치는 대신 발로 차서 승부를 겨루는 경기.
- 발야구② : 야구 경기에서 주자의 빠른 발이 득점에 크게 기여한 경기.[124]
- 밥도둑① : 일은 하지 않고 놀고먹기만 하는 사람을 비유적으로 이르는 말.
- 밥도둑② : 입맛을 돋우어 밥을 많이 먹게 하는 반찬을 비유적으로 이르는 말.

＊ 어기가 비슷하고 의미관계가 같지만 의미의 양상이 사뭇 다른 경우도 있다.

＊ '쌀밥, 콩밥'에서 어기 사이의 의미관계가 똑같이 '재료'이지만 둘의 의미에는 조금 다른 면이 있다.

- 쌀밥 : 쌀로만 지은 밥.
- 콩밥 : 쌀에 콩을 섞어 지은 밥.

＊ 쌀 이외의 재료를 넣어 지은 밥의 경우에 주재료인 쌀은 평범하다. 예를 들어 콩과 쌀을 섞어 지은 밥에서 쌀은 **무표적**(無標的)이고 콩은 **유표적**(有標的)이다. 이러한 밥의 특징을 잘 드러내는 이름은 '콩밥'이다.

＊ '목티, 배꼽티'에서 어기 사이의 의미관계가 똑같이 '모양'이지만 둘의 의미에는 꽤 다른 점이 있다.

- 목티 : 목을 가리는 티셔츠.
- 배꼽티 : 배꼽을 드러내는 티셔츠.

＊ 티셔츠의 기본 모양은 목을 드러내고 배꼽을 가리는 것이다. 목티는 목을 가린다는 점이 특징이고 배꼽티는 배꼽을 드러낸다는 점이 특징이다. 유표적 요소인 목과 배꼽을 어형에 표시하는 것은 자연스럽다.

---

124) '발야구②'는 〈표〉, 〈고〉에 실려 있지 않으나 야구 경기의 해설에서 자주 쓰인다.

6.9. 합성명사의 비유적 의미

❋ 합성명사가 **비유적**(比喩的) **의미**로 쓰일 때는 의미투명도가 낮아진다. 그렇지만 비유를 이용한 합성명사는 상상력을 자극하며 재미를 준다.

❋ '쑥밭'의 의미소들 가운데 ①은 **축자적 의미**로서 투명하다. ②도 어느 정도 투명한 편이다. 그러나 ③은 비유적 의미로서 불투명하다.[125]

- 쑥밭① 쑥을 재배하는 밭.
- 쑥밭② 쑥이 무성하게 나 있는 거친 땅. ＝쑥대밭.
- 쑥밭③ 매우 어지럽거나 못 쓰게 된 모양. ＝쑥대밭.

❋ 비유적 의미를 가진 다음의 '오리걸음' 등은 B(걸음, 뜀, 더위, 땀)의 하위어이므로 의미투명도가 아주 낮지는 않다.

- 오리걸음, 토끼뜀, 가마솥더위, 찜통더위, 구슬땀

❋ 비유적 의미를 가진 다음 단어들에서 A와 B의 의미관계가 '눈꽃'에서는 '재료', '톱밥'에서는 '기원', '효자손'에서는 '소유'이지만 이들이 꽃, 밥, 손의 일종이 아니다. 그러므로 이들의 의미투명도는 상당히 낮다.

- 눈꽃, 톱밥, 효자손

❋ 사전 뜻풀이에서 비유의 근거를 설명한 경우도 있고 생략한 경우도 있다. 다음의 '칼퇴근'에 대해서는 비유의 근거를 설명했고 '고명딸'에 대해서는 생략했다.

- 칼퇴근 : 〈고〉 규정된 퇴근 시간을 정확히 지켜 퇴근하는 일을 속되게 이르는 말. 퇴근 시간 준수의 정확성을 칼의 예리함에 비유하여 나타낸 말이다.
- 고명딸 : 〈표〉, 〈고〉 아들 많은 집의 외딸.

❋ '고명딸'은 여러 아들 틈에 끼인 딸 한 명을 고명에 비유한 단어이다.

❋ 다음 예들에서는 발이 손보다 움직임이 서투른 점에 착안한 비유가 쓰였다.

- 발글씨, 발번역, 발연기, 발요리[126]

❋ 까치의 발 모양에 근거한 비유는 여러 분야의 합성명사에 사용된다.

- 까치발1 : 발뒤꿈치를 든 발.
- 까치발2 : [건설] 선반 등을 받치는 직각삼각형 모양의 나무나 쇠.
- 까치발3 : [식물] 국화과의 한해살이풀.

---

125) 〈표〉, 〈고〉, 〈우〉에 ①은 실려 있지 않다.
126) '발글씨, 발번역, 발요리'는 〈표〉, 〈고〉, 〈우〉에 실려 있지 않다. 〈우〉는 띄어 쓴 표제어 '발 연기'에 대해 "매우 형편없는 연기를 낮잡아 이르는 말."로 풀이했다.

6.10. 한자어의 축자적 의미와 비유적 의미

✱ 한자어의 의미가 각 한자의 의미를 합성한 의미와 같으면 축자적 의미이다. 축자적 의미를 가진 다음 한자어들은 의미가 투명하다.

- 식수(食水) : 먹는(食) 물(水)
- 난독증(難讀症) : 읽기(讀) 어려워하는(難) 증상(症).
- 이열치열(以熱治熱) : 더위(熱)로써(以) 더위를(熱) 다스림(治)

✱ 일부 한자어의 의미는 축자적 의미를 벗어난다.

- 목동(牧童)≠가축을 기르는(牧) 아이(童)
- 인형(人形)≠사람(人) 모양(形)의 물건

✱ '목동(牧童)'은 축자적으로 아이만 가리키지만 현실에서는 성인일 때도 있다. 심지어 '늙은 목동'이라는 표현도 쓰인다.[127] '童'의 의미가 불투명해진 것이다.

✱ '인형(人形)'은 축자적으로 사람 모양이어야 하지만 현실에서는 '곰인형'처럼 동물 모양인 물건도 '인형'이라 부른다.

✱ '한파(寒波)'는 〈표〉, 〈고〉에서 '갑자기 들이닥치는 추위'와 같은 축자적 의미만 제시하고 있으나 경제 분야에서 다음과 같이 비유적 의미로 많이 쓰이고 있다.

- 반도체시장의 한파가 심해지고 있다. / 고용 한파가 몰려온다.

✱ '봉기(蜂起)'의 축자적 의미는 '벌떼가(蜂) 일어남(起)'이지만 실제로는 '많은 사람이 벌떼처럼 일어남'이라는 비유적 의미로만 쓰인다.

✱ 다음은 주로 비유적 의미로 쓰이는 한자어와 한자어 기반의 혼종어이다.

- 고배(苦杯), 관건(關鍵), 귀감(龜鑑), 낙인(烙印), 난항(難航), 낭패(狼狽), 농단(壟斷), 농락(籠絡), 두각(頭角), 모순(矛盾), 박차(拍車), 사족(蛇足), 완벽(完璧), 청춘(靑春), 추파(秋波), 추호(秋毫), 파탄(破綻), 파행(跛行), 필두(筆頭), 하자(瑕疵), 효시(嚆矢)
- 고무적(鼓舞的), 저돌적(猪突的) / 노파심(老婆心), 백안시(白眼視), 초토화(焦土化), 출사표(出師表)
- 궐기(蹶起)하다, 고취(鼓吹)하다, 구사(驅使)하다, 난무(亂舞)하다, 낭자(狼藉)하다, 농성(籠城)하다, 동결(凍結)하다, 망라(網羅)하다, 반추(反芻)하다, 석권(席捲)하다, 실각(失脚)하다, 운집(雲集)하다, 준동(蠢動)하다, 즐비(櫛比)하다, 출마(出馬)하다, 표변(豹變)하다, 풍미(風靡)하다, 호도(糊塗)하다
- 고무(鼓舞)되다, 무산(霧散)되다, 와해(瓦解)되다, 회자(膾炙)되다

---

127) 그러나 〈표〉, 〈고〉는 '목동(牧童)'을 '아이'로 풀이하고 있다.

6.11. 합성명사의 가능한 의미와 실제 의미

✳ '빵모자'는 다음의 다양한 의미관계 가운데 '모양'의 의미관계를 가진 것만 사전에 올라 있다.

- 빵 모양의 모자 ✳모양
- 빵이 가지고/쓰고 있는 모자 ✳소유
- 빵으로 만든 모자 ✳재료
- 빵을 만들/팔 때 쓰는 모자 ✳목적

✳ '오리배'는 다음의 다양한 의미관계 가운데 '모양'의 의미관계를 가진 것만 〈우〉에 '오리 배'로 올라 있다.[128]

- 오리 모양의 배 ✳모양
- 오리가 가지고 있는 배 ✳소유
- 오리로 만든 배 ✳재료
- 오리의 힘으로 가는 배 ✳수단
- 오리를 태우기 위한 배 ✳목적

✳ '빵모자'와 '오리배'의 여러 가능한 의미 가운데 하나씩만 실제 의미로 사용되는 것이다. 가능한 의미 가운데 어떤 의미가 실제로 사용될지는 언어의 규칙으로 예측할 수 없다. **단어화**의 필요성이 클수록 실제로 사용될 가능성이 높을 것이다. 단어화에 대해서는 §10.1 참조.

✳ 다음은 조어구조가 모두 같지만 실제 의미는 일정하지 않다. 넷 중에서 〈표〉, 〈고〉는 '하루살이'와 '한해살이'만 등재하고 있다.

- 하루살이 : ① 곤충.[129] ② 하루 벌어 하루 먹고사는 생활. ③ 덧없는 삶.
- 한주살이 : (미등재)
- 한달살이 : (미등재)
- 한철살이 : (미등재)
- 한해살이 : 봄에 싹이 나서 그해 가을에 열매를 맺고 말라 죽음. 또는 그런 식물.

✳ 21세기에 들어서 '한 달 동안 한 지역에 머물면서 현지인처럼 사는 것'을 '한달살이'라 부르고 있다. 사는 기간만 달리한 '한주살이, 한철살이, 한해살이'도 가능한 단어들이다. 실제로 그런 현상이 존재하고 단어화도 필요하기 때문이다.

---

128) 〈우〉에서 '오리 배'로 띄어 썼지만 현실어에서는 단어 '오리배'로 쓰인다.
129) 하루살이 성충의 실제 수명은 몇 시간에서 1~2주까지 다양하다고 한다.

6.12. 동의중복어

✱ **동의중복**(同義重複)은 한 구성 안에서 의미가 같은 언어요소를 두 번 사용하는 것이다. 의미를 더 투명하고 명료하게 표현하거나 강조하기 위한 것이다.

✱ '초가집(草家집)'은 '가(家)'와 '집'의 동의중복이 일어난 **동의중복어**(同義重複語)이다. 한자 '家'의 의미가 완전히 투명하게 드러나지 않으므로 고유어 '집'을 덧붙인 것이다. 사전에서는 '초가'와 '초가집'의 뜻풀이를 똑같이 제시하고 있지만 어감이나 용법은 조금 다른 면이 있다.

✱ '겉표지(겉表紙)'는 '겉'과 '표(表)'가 동의중복을 일으킨다. 속표지(속表紙)도 표지의 일종이라고 한다면 '표지'와 '겉표지'는 의미가 서로 다르다고 할 수 있다.

✱ '마주, 서로'를 뜻하는 접두사 '맞-'이 다음 파생어들에서 동의중복을 일으킨다. 이때 '맞-'은 마주 또는 서로 행해지는 동작의 직접성을 강조한다.
  • 맞교대(맞交代), 맞교환(맞交換), 맞대결(맞對決), 맞대응(맞對應), 맞상대(맞相對)

✱ 동의중복어의 대부분은 혼종어이다. 한자요소나 외래요소의 의미를 보완하기 위해 의미가 같은 고유요소를 덧붙인 형태가 많다.

명사
  • 고+한 : 그물망(그물網), 담장(담牆), 모래사장(모래沙場), 모음집(모음集), 몸보신(몸保身), 새신랑(새新郞), 손수건(손手巾), 술주정(술酒酊)
  • 한+고 : 족발(足발), 야밤(夜밤), 처갓집(妻家집), 단발머리(短髮머리), 백주대낮(白晝대낮), 고목나무(古木나무), 매화꽃(梅花꽃), 완두콩(豌豆콩), 공작새(孔雀새)
  • 외+고 : 커터칼(cutter칼)
  • 외+한 : 믹서기(mixer機), 카드리더기(card reader機), 커피머신기(coffee machine機), 몽블랑산([프]Mont Blanc山),130) 타이산산([중]Tàishān(泰山)山), 주장강([중]Zhūjiāng(珠江)江)

용언
  • 고+한 : 굳건하다(굳健하다), 익숙하다(익熟하다), 튼실(튼實)하다
  • 한+고 : 고되다(苦되다),131) 억누르다(抑누르다),132) 연잇다(連잇다), 용솟다(湧솟다)

---

130) 프랑스어 'mont'은 '산', 'blanc'은 '희다'를 뜻한다.
131) 〈표〉는 '고'를 한자요소로 보지 않았다. 또 〈고〉는 [+苦-되_대로 표시해 '되다'를 접미사로 표시했다. 그러나 '되다'는 힘들다는 뜻의 형용사로 보는 것이 낫다.
132) 〈표〉, 〈고〉는 '억'을 한자 '抑'으로 표시하지 않고 고유요소로 보았다.

6.13. 구에서의 동의중복

✱ 구에서도 동의중복이 일어난다. 한 단어에 들어 있는 의미를 이웃한 단어로 또 표현하는 것이다.

- 봉변(逢變)을 당하다, 조난(遭難)을 당하다
- 부상(負傷)을 입다/당하다, 피해(被害)를 입다/당하다

✱ '봉변, 조난, 부상, 피해'의 원래 의미는 변고를 만나는(逢) 것, 곤란을 만나는(遭) 것, 상해를 입는(負) 것, 해(害)를 입는(被) 것으로서 모두 당한다는 의미를 이미 포함하고 있다. 그러므로 '봉변하다, 조난하다, 부상하다, 피해하다'만으로 충분하다. 그러나 '봉변, 조난, 부상, 피해'가 가진 '당한다'는 의미가 약해져서 '당하다, 입다'를 추가한 표현이 더 일반적으로 쓰이게 되었다.

- 시범(示範)을 보이다, 박수(拍手)를 치다, 결실(結實)을 맺다

✱ '시범'은 모범을 보이는(示) 것, '박수'는 손뼉을 치는(拍) 것, '결실'은 열매를 맺는(結) 것이므로 여기서도 동의중복이 일어난다. 그러나 동의중복이 없는 '시범하다, 박수하다, 결실하다'보다 동의중복 표현이 더 널리 쓰이고 있다.

✱ 날을 뜻하는 단어 뒤에 다시 '날'을 붙인 동의중복 표현도 흔히 쓰인다.

- 추석 날, 생일 날, 토요일 날, 크리스마스 날

✱ 이상의 예들은 동의중복이 관습화되어 그대로 쓰는 것이 자연스럽다.

✱ 한편 다음과 같은 표현에서는 동의중복이 불필요한 것으로 간주된다.

- 미리 예약(豫約)하다 / 사전예약(事前豫約) / 하루 일당(日當)
- 다시 재건(再建)하다 / 둘로 양분(兩分)되다 / 먼저 선수(先手)를 치다
- 판이(判異)하게 다르다
- 착공(着工)에 들어가다
- 일확천금(一攫千金)을 거머쥐다
- 남은 여생(餘生) / 아는 지인(知人) / 가장 최악(最惡)의 선택

✱ 이들 대신에 다음과 같이 표현하면 충분하다.

- 예약하다 / 예약 / 일당
- 재건하다 / 양분되다 / 선수를 치다
- 판이하다, 크게 다르다
- 착공하다, 공사에 들어가다
- 천금을 거머쥐다, 큰 돈을 거머쥐다
- 여생 / 지인 / 최악의 선택

6.14. 단어 간의 의미관계

✽ 모든 단어는 독립적인 의미를 가진다. 그렇지만 모든 단어가 의미상 서로 무관한 것은 아니다. 일부 단어들은 서로 밀접한 **의미관계**(意味關係)를 가진다.

✽ 대표적인 의미관계는 다음과 같다.
- **유의관계**(類意關係) : **유의어** 간의 관계
- **반의관계**(反義關係) : **반의어** 간의 관계
- **상하관계**(上下關係) : **상위어**와 **하위어**의 관계
- **부분관계**(部分關係) : **전체어**와 **부분어**의 관계

✽ 논리적 관점에서는 유의관계와 유의어 대신 **동의관계**(同義關係)와 **동의어**(同義語)를 다루는 것이 정확할 것이다. 그러나 두 단어의 의미가 100% 동일한 경우는 극히 드물다. 더욱이 의미의 유사도가 100%에 근접한 다수의 단어들을 다루는 것이 의미가 있다. 그래서 유사도가 100%인 경우와 100%에 근접한 경우를 묶어 유의관계로 처리하는 것이 일반적이다.[133]

✽ 단어 간의 의미관계는 의미소별로 형성된다. 그래서 다의어는 각 의미소가 제각기 의미관계를 이룰 수 있다.

✽ '핏줄'은 의미소별로 유의관계를 형성한다.
- 핏줄① : 몸속에서 피가 흐르는 관. [유의어] 혈관
- 핏줄② : 같은 조상에서 이어져 온 계통. [유의어] 혈통

✽ '내리다'는 의미소별로 반의관계를 형성한다.
- (값이) 내리다 ↔ (값이) 오르다
- (살이) 내리다 ↔ (살이) 오르다
- (차에서) 내리다 ↔ (차에) 오르다/타다
- (차를) 내리다 ↔ (차를) 타다
- (손을) 내리다 ↔ (손을) 올리다
- (값을) 내리다 ↔ (값을) 올리다

✽ 다음은 명의(名義)를 빌리는 것과 관련된 단어들로서 의미상 서로 매우 밀접하지만 이들의 관계를 위의 네 가지 의미관계로는 기술하기 어렵다.
- 바지사장, 대포폰, 차명계좌

✽ 다음 단어들의 관계도 마찬가지이다.
- 코골이, 이명(耳鳴)
- 더빙, 립싱크

---

133) 이러한 유의관계를 '동의관계'로 부르기도 한다. 이때는 유사도가 100%인 단어를 '**완전동의어**', 100%에 근접한 단어를 '**부분동의어**'로 불러 구별한다.

6.15. 유의관계와 유의어

✽ **유의어**(類義語)는 **유의관계**(類意關係)를 이루는 단어이다. 단어가 아닌 말은 유의어가 될 수 없다.
  • 고독하다 (단어)＝외롭다 (단어) ✽유의어임.
  • 불쾌하다 (단어)＝기분이 나쁘다 (구) ✽유의어가 아님.
  • 걱정스럽다 (단어)＝걱정이다 (구) ✽유의어가 아님.[134]

✽ 사전에서는 단어와 구를 구별하지 않고 유의어로 수록하는 경향이 있다. 〈고〉의 표제어 '부처님 오신 날'에 대한 유의어 목록은 다음과 같다.
  • 불생(佛生), 불생일(佛生日), 불일(佛日), 불탄일(佛誕日), 불탄절(佛誕節), 석탄절(釋誕節), 강탄절(降誕節), 석존제(釋尊祭), 초파일(初八日), 사월 초파일, 석가 탄신일, 사월 파일

✽ 이 가운데 '부처님 오신 날, 사월 초파일, 석가 탄신일, 사월 파일'은 구이므로 단어 '불생' 등의 유의어라 할 수 없다.[135] 그렇지만 사전에서 단어와 구를 구별하지 않고 이들을 묶어 제시하는 것이 대중에게 편리한 면이 있다.

✽ 품사가 서로 다른 단어끼리 의미가 비슷한 경우가 있지만 품사가 같은 경우에만 유의어를 인정하는 것이 일반적이다.
  • 범 (명사)＝호랑이 (명사) ✽유의어임.
  • 걱정되다 (동사)＝걱정스럽다 (형용사) ✽유의어가 아님.
  • 일찍 (부사)＝늦게 (형용사) ✽유의어가 아님.

✽ '늦게'는 형용사 '늦다'의 활용형 중에서 부사형이다. 문장에서 '일찍'과 '늦게'가 모두 부사어로 쓰이고 의미도 비슷하다. 그러나 어휘적으로는 '일찍'과 '늦다'를 관련지어야 하고 이들은 품사가 서로 다르므로 '일찍'과 '늦게'를 유의어라 할 수는 없다.[136]

✽ 이상과 같이 단어와 단어가 품사가 서로 같은 경우에만 '유의어'로 처리할 수 있다.

✽ 단어와 구가 섞인 경우, 그리고 품사가 다른 경우에는 '유의표현'으로 처리하는 것이 정확하다. 유의표현에 대해서는 §6.19 참조.

---

134) '걱정이다'는 한 어절이지만 명사 보어 '걱정'과 형용사 서술어 '이다'로 이루어진 구로 분석된다.

135) 〈고〉에서 구 '부처님 오신 날'을 '고유명사'로 표시한 것도 부정확하다. '고유명'으로 표시하는 것이 정확하다. §5.7 참조.

136) 형용사에 부사형어미 '-게'가 붙은 부사형이 경우에 따라 부사로 행동한다고 보고 '늦게'를 부사로 인정하면(§5.3) '일찍'과 '늦게'를 유의어로 볼 수도 있다.

6.16. 유의어쌍과 유의어군

＊ 유의어가 셋 이상인 경우도 있다. 유의관계에 있는 두 단어를 '**유의어쌍**(類義語雙)', 유의어가 셋 이상인 것을 '**유의어군**(類義語群)'으로 구별할 수도 있다.

유의어쌍
- 범＝호랑이

유의어군
- 기울기＝물매＝비탈＝경사(傾斜)＝구배(勾配)

＊ 흔히 쓰는 말의 영역에서는 '범'과 '호랑이'만 유의관계를 이룬다고 보고 이 둘을 유의어쌍이라 할 수 있다. 그런데 사전에 '호랑이'의 유의어로 '산군(山君), 산중왕(山中王)'도 실려 있다. 그러면 이 넷은 유의어군이 된다.

유의어군
- 범＝호랑이＝산군＝산중왕

＊ 이와 같이 관점에 따라 유의어쌍과 유의어군이 엇갈릴 수 있으므로 각 유의어들이 이 둘 중 무엇에 해당하는지를 엄격하게 따지지 않는 것이 나을 수 있다.

＊ 유의어쌍과 유의어군을 구별하지 않고 유의어의 예를 보면 다음과 같다.
- 서점＝책방
- 뱁새＝붉은머리오목눈이
- 공복감＝시장기＝허기
- 손서＝손녀사위＝손자사위＝손주사위
- 개똥벌레＝단량＝반디＝반딧불＝반딧불이
- 궁랍＝모세＝설밑＝세만＝세말＝세모＝세밑＝세저＝세종＝숙세＝역미＝연말＝연모＝연미＝연종
- 구원＝구유＝구천＝구천지하＝명간＝명경＝명계＝명국＝명도＝명로＝명부＝명조＝명토＝시왕청＝염라국＝염라부＝유계＝유도＝유명＝음부＝저승＝중천＝지부＝천양＝타계＝하계＝현택＝황양＝황천＝황토
- 좁다＝협소하다
- 뻐기다＝뽐내다＝우쭐대다＝으스대다＝자랑하다＝재다＝젠체하다
- 도망치다＝도망가다＝도망하다＝도주하다＝달아나다＝내빼다
- 갑자기＝돌연＝별안간
- 아무튼＝어떻든＝어쨌거나＝어쨌건＝어쨌든＝어쨌든지＝여하간＝여하튼＝좌우간＝좌우지간＝하여간＝하여간에＝하여튼＝하여튼지

6.17. 유의어 간의 의미 차이

✳ 유의어 간의 의미 차이가 분명한 경우 각각을 구별해 사용하는 것이 중요하다.

'햇빛'과 '햇볕'의 의미 차이

단어	의미의 부류	연어
햇빛	광선	햇빛이 비치다/들다/밝다, 햇빛을 받다, 햇빛에 반짝이다/바래다
햇볕	열기	햇볕이 들다/따뜻하다, 햇볕을 쬐다, 햇볕에 그을다/타다/말리다

✳ '참석', '참여', '참가'는 모임에 끼어드는 점에서 기본적인 의미가 같으나 그 모임에서의 역할이 얼마나 크고 중요한가가 다르다. '참석, 참여, 참가'의 순으로 역할이 크고 중요하다.

'참석', '참여', '참가'의 의미 차이

단어	차이 나는 의미	연어
참석	모임 공간에 마련된 자리를 차지하여 권한을 행사하기 위해 끼어듦.	회의/토론회/동창회에 참석하다
참여	힘을 보태기 위해 끼어듦.	봉사활동/모금운동에 참여하다
참가	이름을 올려 끼어듦.	체육대회/축제/투표에 참가하다

✳ 유의어들의 반의어가 각기 다를 수 있다.

'몸, 신체, 육체, 육신'의 반의어

단어	몸	신체	육체	육신
반의어	마음	정신	영혼	

✳ '기쁘다↔슬프다'는 이성적, '즐겁다↔괴롭다'는 감성적이다.[137]

- 기쁘다↔슬프다 : 이성적 판단에서 생겨난 기분을 묘사한다. ✳희비(喜悲)
- 즐겁다↔괴롭다 : 감각에서 생겨난 기분을 묘사한다. ✳고락(苦樂)

✳ 전문어에서는 비슷한 용어 간의 개념 차이를 정확히 규정하는 것이 중요하다.

- 무알코올 : 알코올이 0%인 음료.
- 비알코올 : 알코올이 1% 미만인 음료.[138]

✳ 법률 전문어로서의 '손실'과 '손해', '보상'과 '배상'은 다음과 같이 구별된다.

- 적법한 행위/집행에 대한 손실을 보상한다.
- 위법한 행위/집행에 대한 손해를 배상한다.

---

137) 〈표〉, 〈고〉의 뜻풀이는 이러한 의미 차이를 잘 표현하지 못하고 있다.

138) 「주세법」에서는 알코올 1% 이상인 음료를 주류(酒類), 즉 술로 규정하고 있다. 식품의약품안전처에서는 무알코올과 비알코올(non-alcoholic)을 본문과 같이 규정하고 있다.

6.18. 유의어 간의 의미 외의 차이

✽ 유의어 간의 차이 가운데 의미 차이가 아닌 것들은 다음과 같다.

어종

- 달걀＝계란(鷄卵)
- 똥개＝잡종견(雜種犬)＝잡견(雜犬)＝잡종개(雜種개)＝믹스견(mix犬)

어원

- 소고기 ← 소+고기
- 쇠고기〈쉬고기 ← 쇼+이 고기   ✽'소의 고기'에 해당하는 구조.

조어법

- 소고기 ← 소(명사)+고기(명사)
- 쇠고기 ← 쇠-(접두사)+고기(명사)   ✽현대에는 '쇠-'를 접두사로 분석함.

문법적 성질

- (～에/에게, 을) 이기다 ＝ (～에/에게) 승리하다 ＝ (～을) 꺾다   ✽운동경기에서

위상

- 얼굴＝신관(높임말)＝상판(속어)＝낯바닥(속어)＝쪽(속어)
- 실수(일반어)＝과실(전문어[법률])＝범실(전문어[배구])＝실책(전문어[야구])
- 쥐＝서생원(높임말)＝쥐새끼(비하어)

단어족

- 꿈나라＝꿈국가(×)
- 나라관(×)＝국가관   ✽접미사 '-관(觀)'
- 군침＝군타액(×)   ✽접두사 '군-'

연어

- 돈 걱정＝돈 염려(×)＝돈 근심(×)
- 똥이 급하다＝똥이 바쁘다(×)
- 똥을 참다＝똥을 견디다(×)
- 대변/소변을 보다＝똥/오줌을 보다(×)
- 값진 교훈을 얻다≠값비싼 대가를 치르다

숙어

- 깡통을 차다＝캔을 차다(×)   ✽'거지가 되다'의 뜻
- 세상을 떠나다＝세계를 떠나다(×)   ✽'죽다'의 뜻
- 죽기 살기로＝사망하기 생존하기로(×)   ✽'매우 열심히'의 뜻

6.19. 유의표현

✳ 단어이든 아니든 품사가 같든 다르든 비슷한 의미를 가진 말은 **유의표현**(類義表現)이다. 예를 들어 단어 '만개하다'와 구 '활짝 피다', 단어 '동식물'과 구 '동물과 식물'은 유의표현이다.

대략적인 수임을 뜻하는 유의표현

- 접미사 : -쯤, -가량   ✳열 개쯤, 열 개가량
- 부사 : 대략   ✳대략 열 개
- 관형사 : 약, 한   ✳약 열 개, 한 열 개
- 명사 : 정도   ✳열 개 정도

'화나다'의 유의표현

- 동사 : 화나다＝성나다＝뿔나다
- 구 : 화/성/뿔/부아/화딱지/열불이 나다＝화/부아가 치밀다＝꼭지/야마가 돌다＝뚜껑이 열리다

'죽다'의 유의표현

- 동사 : 죽다＝돌아가시다＝숨지다＝뒈지다＝사망(死亡)하다＝작고(作故)하다＝별세(別世)하다＝영면(永眠)하다＝운명(殞命)하다＝타계(他界)하다＝서거(逝去)하다
- 구 : 세상을 떠나다＝세상을 뜨다＝세상을 하직하다＝생명을 잃다＝생을 마감하다＝목숨이 다하다＝목숨을 잃다＝숨을 거두다＝숨이 끊어지다＝숨이 지다＝죽음에 이르다＝사망에 이르다＝유명(幽明)을 달리하다＝저승길을 떠나다＝불귀의 객이 되다＝저 세상 사람이 되다＝하늘나라로 가다＝숟가락을 놓다＝눈에 흙이 들어가다＝골로 가다

✳ 다음은 '매우 가까운 거리'라는 개념과 관련된 표현들이다. 유의표현이라고 하기 어려운 것도 있지만 말하기와 쓰기를 정교하게 하는 데 도움이 된다.

- 명사 : 눈앞, 코앞, 턱밑, 이웃, 근접(近接), 인접(隣接), 지척(咫尺), 지근거리(至近距離), 지호지간(指呼之間)
- 부사 : 바짝, 바싹, 바투, 거의
- 형용사 : 가깝디가깝다, 빠듯하다, 아슬아슬하다
- 동사 : 접근하다, 다가가다, 다가붙다, 육박하다, 닥치다, 맞닥뜨리다, 스치다, 이웃하다
- 구 : 바로 앞/옆/뒤, 엎어지면 코 닿을 데, 닿을락 말락, 닿을 듯 말 듯, 손에 잡힐 듯

6.20. 이종어 간의 유의관계

* **이종어**(異種語)는 어종이 다른 단어이다. 유의관계를 형성하는 이종어가 많다.

고유어/한자어

- 나라/국가, 다리/교량, 달걀/계란, 몸무게/체중, 배/선박, 살갗/피부, 어린이/아동, 어버이/부모, 오른쪽/우측, 옷/의복, 이/치아, 지름/직경, 침/타액, 해돋이/일출

고유어/외래어

- 기름/오일, 몸매/바디핏, 숟가락/스푼, 열쇠/키, 지팡이/스틱

고유어/혼종어

- 네거리/사거리(四거리), 등긁이/효자손(孝子손), 지나치다/과하다(過하다)

한자어/외래어

- 견본/샘플, 규모/스케일, 규칙/룰, 문신/타투, 배낭/백팩, 분홍/핑크, 색/컬러, 소문/루머, 순위/랭킹, 야영/캠핑, 옥상/루프탑, 일정/스케줄, 점검/체크, 조리법/레시피, 축제/페스티벌, 표/티켓

한자어/혼종어

- 강변/강가(江가), 골다공증/뼈엉성증(뼈엉성症), 무곡/춤곡(춤曲)＝댄스곡(dance曲), 사계절＝사계/사철(四철), 표면/겉면(겉面)

외래어/혼종어

- 원룸/단칸방(單칸房), 실크로드/비단길(緋緞길)

고유어/한자어/외래어

- 그물/망/네트, 비옷/우의/레인코트, 알몸/나체/누드, 줄/선/라인, 춤/무용/댄스, 틈/간격/갭, 허리띠/혁대＝요대/벨트, 호루라기/호각/휘슬, 홀어미/편모/싱글맘

고유어/한자어/혼종어

- 해마다/매년/매해(每해), 밖굽이무릎/내반슬/오다리(O다리)＝오각(O脚)

한자어/외래어/혼종어

- 화물차/트럭/짐차(짐車), 휴대전화/핸드폰/휴대폰(携帶phone)

고유어/한자어/외래어/혼종어

- 짜가＝짝퉁/모조품＝가품/이미테이션/가짜(假짜)

* 한자의 훈과 음의 대응에서 이종어 간의 유의관계가 역사적으로 변화한 사례를 볼 수 있다. 다음에서 보듯이 훈 '구슬'과 음 '옥' 등의 쌍은 오랜 옛날에 유의관계를 이루고 있었겠지만 이제는 유의어로 보기 어렵게 되었다.

- 구슬/옥(玉), 뜻/정(情), 마당/장(場), 빛/색(色), 뿔/각(角), 쇠/금(金)

6.21. 반의관계

✽ **반의어**(反義語)는 **반의관계**(反義關係)를 이루는 단어이다. 반의어 A와 B가 이루는 반의관계는 크게 세 유형으로 나누어진다.

✽ **상보반의어**(相補反義語) : A와 B가 포함된 의미공간에서, A가 아닌 것은 모두 B이고 B가 아닌 것은 모두 A이다.
  - 아버지↔어머니, 출석↔결석, 유료↔무료, 완성↔미완성, 합격↔불합격
  - 있다↔없다, 알다↔모르다, 죽다↔살다

✽ **정도반의어**(程度反義語) : A와 B가 포함된 의미공간에서, A와 B는 극단적인 속성을 나타내고 중간적인 속성이 존재한다.
  - 부자↔빈자, 행복↔불행
  - 높다↔낮다, 싸다↔비싸다, 조용하다↔시끄럽다, 편리하다↔불편하다

✽ **방향반의어**(方向反義語) : A와 B의 차이는 방향 또는 관점의 차이이다.
  - 앞↔뒤, 오른쪽↔왼쪽, 가로↔세로, 형↔동생
  - 가다↔오다, 사다↔팔다, 주다↔받다, 가르치다↔배우다, 만나다↔헤어지다

✽ 한자접두사 '불(不)-, 비(非)-'가 붙은 단어가 반의어로 많이 쓰인다.
  - 가능↔불가능, 명예↔불명예, 평등↔불평등, 조화↔부조화
  - 공개↔비공개, 대칭↔비대칭, 정상↔비정상, 회원↔비회원

✽ 단어이든 아니든 반대 의미를 가진 말은 **반의표현**(反義表現)이다. 다음에서 '가난하다, 부유하다'는 단어이지만 '부자이다'는 명사 '부자'와 형용사 '이다'가 연결된 구이다.
  - 가난하다↔부유하다/부자이다

✽ '가난하다'에 비해 '부유하다'의 빈도는 낮다. 그래서 '가난한 가족'의 반의표현으로서 '부유한 가족'보다 '부자 가족'이 더 먼저 떠오른다.
  - 가난한 가족↔부자 가족

✽ 부사 '먼저'의 반의표현은 '명사+조사'의 구조인 '나중에'이다.
  - 먼저↔나중에

✽ 부사 '많이'의 반의표현은 부사 '조금'과 형용사의 부사형 '적게'이다.
  - 많이↔조금 / 많이↔적게

✽ '주다'와 '빼다'를 반의어라 하기는 어렵지만 다음의 연어들에서는 반의어처럼 행동한다.
  - 힘을 주다↔힘을 빼다

6.22. 의미소별 반의관계

✳ '넓다'와 '좁다'는 다의어로서 의미소들이 일대일로 반의관계를 이룬다.

'넓다'와 '좁다'의 반의관계

넓다	좁다
① 면이나 바닥 등이 크다.	① 면이나 바닥 등이 작다.
② 폭이 길다.	② 폭이 짧다.
③ 마음이나 생각이 크고 너그럽다.	③ 마음이나 생각이 작고 너그럽지 않다.
④ 범위가 크다.	④ 범위가 작다.

✳ '길다'와 '짧다'는 의미소에 따라 반의관계를 이루거나 이루지 못한다.

'멀다'와 '가깝다'의 반의관계

길다	짧다
① 양 끝 사이가 멀다.	① 양 끝 사이가 가깝다.
예 머리가 길다. 줄이 길다.	예 머리가 짧다. 줄이 짧다.
② 시간이 오래다.	② 시간이 오래지 않다.
예 긴 시간. 휴가가 길다.	예 짧은 시간. 휴가가 짧다.
③ 글의 분량이나 말수가 많다.	③ 글의 분량이나 말수가 적다.
예 글이 길다. 길게 말하다.	예 글이 짧다. 짧게 말하다.
✕	④ 정상적인 수준에 미치지 못한 상태이다.
	예 지식이 짧다. 영어가 짧다.

✳ **착용동사**(§11.5 참조)는 착용부위에 따라 분화되어 있지만 그 반의어는 '벗다' 하나로서 비대칭을 보인다.

  • 입다 / 신다 / 쓰다 / 끼다 / 차다 / 매다 / 띠다 ↔ 벗다

✳ 이에 대해 '입다, 신다, 쓰다' 등에 대응하는 '벗다'의 의미소가 각각 다르다고 볼 수도 있으나 '벗다'에 대한 사전의 일반적인 뜻풀이는 그렇지 않다.

〈표〉의 '벗다①'의 뜻풀이와 용례
  • 사람이 자기 몸 또는 몸의 일부에 착용한 물건을 몸에서 떼어 내다. 예 옷을 벗다, 모자를 벗다, 신발을 벗다, 장갑을 벗다.

✳ 그러므로 '벗다①'이라는 의미소 하나가 '입다, 신다, 쓰다' 등이 각각 가진 여러 의미소에 동시에 대응하는 비대칭적 반의관계를 인정할 수밖에 없다.

✳ 착용하는 물건이나 신체부위에 따라 각기 다른 섬세한 착용 동작이 필요한 데 반해 착용한 물건을 몸에서 떼어내는 동작은 비교적 단순하므로 이러한 비대칭이 생겼다고 할 수 있다.

6.23. 상하관계와 부분관계

✱ 한 단어의 의미가 다른 단어의 의미를 포함할 때 전자는 **상위어**(上位語), 후자는 **하위어**(下位語)이다. 상위어는 더 포괄적인 의미를, 하위어는 더 세밀한 의미를 표현한다. 상위어와 하위어의 관계는 **상하관계**(上下關係)이다.

✱ 다음의 '바지, 치마' 등은 '옷'의 하위어이고 '옷'은 이들의 상위어이다.

- 상위어 : 옷
- 하위어 : 바지, 치마, 셔츠, 재킷, 스웨터, 조끼, 속옷 …

✱ '옷'의 하위어인 '바지'는 '청바지, 반바지' 등의 상위어이다.

- 상위어 : 바지
- 하위어 : 청바지, 반바지, 면바지, 멜빵바지, 레깅스 …

✱ 같은 상위어를 공유하는 하위어들끼리는 층위가 서로 같은 **등위어**(等位語)이다.[139] 위의 '바지, 치마, 셔츠' 등은 등위어이다.

✱ 조어구조가 상하관계를 분명히 보여주는 경우가 많다.

'X+보다' 복합어가 '보다'의 하위어인 경우

- 상위어 : 보다
- 하위어 : 거들떠보다, 건너다보다, 굽어보다, 깔보다, 내다보다, 내려다보다, 넘겨다보다, 넘보다, 노려보다, 눈여겨보다, 돌아다보다, 둘러보다, 들여다보다, 뜯어보다, 바라다보다, 바라보다, 살펴보다, 쏘아보다, 얕보다, 엿보다, 우러러보다, 지켜보다, 째려보다, 쳐다보다, 톺아보다, 훑어보다, 훔쳐보다, 흘겨보다

✱ **부분어**(部分語)는 **전체어**(全體語)가 가리키는 지시물의 일부분을 가리킨다. 전체어와 부분어의 관계는 **부분관계**(部分關係)이다.

✱ 만두는 만두피 속에 만두소를 채워 만든다. 그러므로 '만두'는 전체어이고 '만두소'와 '만두피'는 부분어이다.

- 전체어 : 만두
- 부분어 : 만두소, 만두피

✱ 어떤 단어는 둘 이상의 전체어의 부분어가 된다. 다음에서 보듯이 '문, 창문, 벽, 천장, 바닥'은 '집'의 부분어이기도 하고 '차'의 부분어이기도 하다.

- '집'의 부분어 : 문, 창문, 벽, 천장, 바닥, 방, 부엌, 화장실 …
- '차'의 부분어 : 문, 창문, 벽, 천장, 바닥, 운전대, 브레이크, 전조등 …

---

139) '등위어'를 '동위어(同位語)'라 부르기도 한다.

7.1. 단어 간의 관계

✱ 단어는 어휘라는 바다에 흩어져 있는 섬들처럼 각각 고립된 세계를 형성하고 있다. 예를 들어, 단어 '입술'의 고형 '입시울'은 '시울, 눈시울'과 달리 '입슐>입술'의 형태변화를 겪었다. '입시울'의 '시울'이 독립적으로 행동한 것이다.

✱ 한편, 물밑에서 섬들이 이어져 있듯이 각 단어는 다른 단어들과 다양한 관계를 맺고 있다. 예를 들어 단어 '나무'는 다음 단어들과 깊은 관계를 맺고 있다.

〈기〉에서 '나무'의 뜻풀이에 사용한 단어(특히 명사)[140]
- 줄기, 가지 잎, 식물, 집, 가구, 재목, 불

〈고〉에서 '나무'의 의미소별로 제시한 유의어
  ① 목본, 수목, ② 목재, 재목, ③ 땔나무, 시목, 화목

'나무'를 포함한 복합어
- 나무꾼, 나무늘보, 나무젓가락, 나무하다, 느티나무, 소나무, 아름드리나무, 참나무

나무를 뜻하는 '목(木), 수(樹), 트리(tree)'를 포함한 단어
- 목(木) : 목공예, 목수, 목재, 목탑 / 묘목, 무늬목, 벌목, 버팀목, 식목일, 초목
- 수(樹) : 수령(樹齡), 수목(樹木), 수종(樹種) / 가로수, 상록수, 활엽수
- 트리(tree) : 이진트리(二進tree), 크리스마스트리

'나무'의 앞뒤에 자주 쓰이는 단어
- 그루 (나무 세 그루), 우거지다 (나무가 우거지다), 자라다 (나무가 자라다), 심다 (나무를 심다), 베다 (나무를 베다)

✱ 단어 간의 관계는 크게 두 유형으로 나누어진다.
- 단어 간의 **계열관계**(系列關係) : 같은 자리에서 서로 교체될 수 있는 관계.
- 단어 간의 **통합관계**(統合關係) : 앞뒤로 이어질 수 있는 관계.

✱ '나무'의 앞뒤에 자주 쓰이는 단어 '그루, 우거지다, 자라다, 심다, 베다' 등은 '나무'와 통합관계를 이룬다. 단어 간의 통합관계에는 문법의 작용이 강하다. 위의 나머지 단어들은 '나무'와 계열관계를 이룬다.

✱ **어휘체계**(語彙體系)는 단어 간의 계열관계와 통합관계의 합계이다.

✱ 이 장에서는 단어 간의 계열관계를 중심으로 어휘체계를 살핀다.

---

140) 단어 '나무'에 대한 〈기〉의 뜻풀이는 다음과 같다.
　　① 단단한 줄기에 가지와 잎이 달린, 여러 해 동안 자라는 식물.
　　② 집이나 가구 등을 만드는 데 사용하는 재목.
　　③ 불을 때기 위해 베어 놓은 나무의 줄기나 가지.

7.2. 동형관계

❋ 둘 이상의 단어가 형태가 같거나 다른 것을 다음과 같이 분류할 수 있다.

동형어와 이형어

유형				뜻
이형어	이음이철어		이철어	발음과 표기가 모두 다른 단어
동형어	동음어	동음이철어		발음은 같고 표기는 다른 단어
		동음동철어	동철어	발음과 표기가 모두 같은 단어
	이음동철어			표기는 같고 발음은 다른 단어

❋ **동형관계**(同形關係)는 동형어 간의 관계이다. 다음과 같이 발음이 같거나 표기가 같은 단어는 **동형어**(同形語)이다.

동음동철어(同音同綴語)

- 배1(인체) ─ 배2(탈것) ─ 배3(과일)
- 쓰다1(사용) ─ 쓰다2(글을) ─ 쓰다3(모자를)

동음이철어(同音異綴語)

- [낟] : 낫(연장) ─ 낮(주간) ─ 낯(얼굴)
- [양녁] : 양력(陽曆) ─ 약력(略歷)
- [드리다] : 드리다(주다) ─ 들이다(힘을)

이음동철어(異音同綴語)

- 잠자리1[잠자리] ─ 잠자리2[잠짜리]
- 발병(發病)1[발병] ─ 발병(發病)2[발뼝]

❋ 변이형을 가진 동형어는 **완전동형어**(完全同形語)와 **부분동형어**(部分同形語)로 나눌 수 있다.

- 완전동형어 : 모든 변이형이 일치하는 동형어.
- 부분동형어 : 일부 변이형이 일치하고 나머지 변이형이 일치하지 않는 동형어.

❋ 다음의 '굽다1'과 '굽다2'는 일부 형태만 일치하는 부분동형어이다.

- 굽다1(허리가) : 굽고[굽꼬], 굽는[굼는], 굽으면[구브면], 굽어[구버]
- 굽다2(고기를) : 굽고[굽꼬], 굽는[굼는], 구우면[구우면], 구워[구워]

❋ 발음도 다르고 표기도 다른 단어, 즉 이음이철어는 **이형어**(異形語)이다.

이음이철어(異音異綴語)

- 마음 ─ 너구리

7.3. 동음동철어 간의 차이

✱ 다음은 품사가 같은 동음동철어 예이다.
- [명사] : 배1(인체) ─ 배2(탈것) ─ 배3(과일)
- [동사] : 쓰다1(사용) ─ 쓰다2(글을) ─ 쓰다3(모자를)

✱ 다음은 품사가 다른 동음동철어 예이다.
- 가장(家長)1 [명사] ─ 가장2(제일) [부사]
- 쓰다1(사용) [동사] ─ 쓰다4(맛이) [형용사]

✱ 복합어인 동음동철어는 조어구조나 참여한 형태소가 다른 경우가 있다.

조어구조도 다르고 참여한 형태소도 다른 동음동철어
- 집게1 : 파생명사(동사+접미사)   ✱동사 '집-'에 접미사 '-게'가 붙음.
- 집게2 : 합성명사(명사+명사)   ✱명사 '집(건물)'에 명사 '게(동물)'가 붙음.

조어구조는 같지만 참여한 형태소가 다른 동음동철어
- 막장1 : 파생명사(접두사+명사)   ✱접두사 '막-(마구)', 명사 '장(醬, 양념)'
- 막장2 : 파생명사(접두사+명사)   ✱접두사 '막-(마지막)', 명사 '장(場, 장면)'
- 되묻다1 : 동일한 질문을 다시 하다.   ✱접두사 '되-', 동사 '묻다(질문)'
- 되묻다2 : 묻은 물건을 파내서 다시 묻다.   ✱접두사 '되-, 동사 '묻다(매립)'

✱ 동음동철 한자어는 한자가 다른 경우가 대부분이다.
- 수도(水道)1 : 관을 통해 물을 보내 주는 시설.
- 수도(首都)2 : 한 나라의 중앙정부가 있는 도시.
- 수도(修道)3 : 도를 닦음.

✱ 소수의 동음동철 한자어는 참여한 한자가 똑같지만 의미가 다르다.
- 변절(變節)1 : 절개나 지조를 지키지 않고 바꿈.
- 변절(變節)2 : 계절이 바뀜.
- 쌍수(雙手)1 : 두 손.
- 쌍수(雙手)2 : '쌍꺼풀수술'의 축약형.
- 외면(外面)1 : 겉면.
- 외면(外面)2 : 마주 대하기를 꺼려 얼굴을 다른 쪽으로 돌림.
- 인사(人事)1 : 만나거나 헤어질 때 예를 표시하는 말이나 행동.
- 인사(人事)2 : 조직에서 사람을 임용, 해임, 평가하는 일.
- 중식(中食)1 : 점심식사.
- 중식(中食)2 : 중국식 음식.

7.4. 동형충돌

✽ 〈고〉의 표제어 386,889개 가운데 동형어는 모두 99,499개이다. 이 중 둘이 동형인 단어는 41,014개, 셋이 동형인 단어는 18,867개, 넷이 동형인 단어는 11,224개이다. 가장 많은 단어가 동형인 것은 '장'으로서 표제어가 '장1'부터 '장41'까지 41개가 있다.[141] 이와 같은 **동형충돌**(同形衝突)은 소통에 장애를 일으킬 수 있다.

✽ 동형어는 1음절어가 가장 많고 2음절어, 3음절어 등 어형이 길어질수록 적어지기 때문에 어형이 짧을수록 동형충돌의 가능성이 높다.

✽ 소설을 분량에 따라 규정하는 용어 '장편소설(長篇小說)'과 '장편소설(掌篇小說)'은 동형충돌을 일으킨다. 동형충돌 회피, 즉 **동형회피**(同形回避)를 위해서는 한쪽의 형태를 바꾸는 것이 좋다. '장편소설(掌篇小說)'을 '초단편소설(超短篇小說)'로 바꾸는 것이 한 방법이다.[142]

✽ '연패(連敗)'와 '연패(連霸)'는 의미가 거의 반대여서 동형충돌에 따르는 혼란이 크다.[143] 둘 중 어느 단어가 사용되었는지를 문맥에 의지해 판별할 때가 많다.
  • 5연패의 늪에 빠졌다.   ✽부정적 평가이므로 '연패(連敗)'로 해석하게 됨.
  • 5연패를 달성했다.   ✽긍적적 평가이므로 '연패(連霸)'로 해석하게 됨.

✽ '제설(製雪)'과 '제설(除雪)', '제적(除籍)'과 '재적(在籍)', '방화(防火)'와 '방화(放火)'도 의미가 거의 반대인 동음어들로서 혼란을 일으킨다.[144]

✽ 문어에서는 동철어 때문에 생기는 중의성을 해소하기 위해 한자나 영어 대역어를 병기하는 경우가 많다. 한자어 '장(章)' 대신 아예 외래어 '챕터(chapter)'를 사용하는 사람도 있다.
  • 이 책에서 세 장을 읽었다.   ✽동형어 '장' 때문에 중의성이 생김.
  • 이 책에서 세 장(張)을 읽었다.   ✽중의성이 해소됨.
  • 이 책에서 세 장(章)을 읽었다.   ✽중의성이 해소됨.
  • 이 책에서 세 장(chapter)을 읽었다.   ✽중의성이 해소됨.
  • 이 책에서 세 챕터를 읽었다.   ✽중의성이 해소됨.

---

141) 도원영·차준경(2009) 「고려대 한국어대사전의 종합적 고찰」, 《민족문화연구》 51.
142) '장편소설(掌篇小說)'을 '엽편소설(葉篇小說)'로 부르기도 한다.
143) '연패(連敗)'는 패배이고 '연패(連霸)'는 승리가 아닌 우승이므로 정확한 반의어는 아니다.
144) 표준발음을 기준으로 하면 이들의 발음이 [제ː설]과 [제설], [제적]과 [재ː적], [방화]와 [방ː화]이므로 동음어가 아니지만 현실발음은 각각 [제설], [제적], [방화/방와]로서 동음어이다.

7.5. 동형어와 다의어

✽ 한 어형이 둘 이상의 의미소에 대응할 때 그 의미소들이 한 단어에 속하면 **다의어**(多義語)이고 서로 다른 단어에 속하면 **동형어**(同形語)이다.

✽ 동형어와 다의어의 판정에서 의미보다 형태가 우선 고려된다. 어형이 확연히 다른 '오르다'와 '올리다'는 서로 다른 단어임이 분명하다. 그러나 그 반의어인 '내리다①'과 '내리다②'는 '오르다'와 '올리다'만큼 의미가 다름에도 불구하고 어형이 같으므로 같은 단어, 즉 다의어로 볼 가능성이 크다.

- 값이 오르다 / 값을 올리다
- 값이 내리다① / 값을 내리다② : '내리다'는 다의어

✽ 동형어와 다의어의 판정에 어원을 활용할 때가 많다. 즉 어원이 같으면 다의어로, 어원이 다르면 동형어로 판정하는 것이다. 예를 들어 다음의 '심심하다1'과 '심심하다2'는 어원이 다르므로 동형어로 판정할 수 있다.

- 심심하다1 : 하는 일이 없어 지루하고 재미가 없다. ＜힘힘ᄒ다
- 심심하다2 : 음식 맛이 조금 싱겁다. ＜슴슴ᄒ다

✽ 어원이 같더라도 의미가 상당히 멀어진 경우에는 동형어로 처리할 수 있다. 이것은 **어휘분기**(§4.19)가 일어난 것으로 보는 것이다.

✽ 15세기의 '히'에서 유래한(즉 어원이 같은) '해'를 ⟨표⟩는 다의어로, ⟨고⟩는 동형어로 처리했다. 또 접두사 '잔-'에 명사 '머리'가 붙은(즉 어원과 조어법이 같은) '잔머리'를 ⟨표⟩는 다의어로, ⟨고⟩는 동형어로 처리했다.

사전	태양	1년	잔꾀	짧고 가는 머리카락	유형
⟨표⟩	해①	해②	잔머리①	잔머리②	다의어
⟨고⟩	해2	해1	잔머리1	잔머리2	동형어

✽ 동형어와 다의어의 판정 결과는 어휘통계에 큰 영향을 준다. 위의 '해'와 '잔머리'는 ⟨표⟩에 따르면 두 단어이고 ⟨고⟩에 따르면 네 단어가 되는 것이다.

✽ 동형어와 다의어는 **어휘적 중의성**(重義性)을 일으킬 수 있다는 점에서 같다. 동형어가 중의성을 일으킨 예는 다음과 같다. 다의어의 경우는 §6.3 참조.

동형어 '차1', '차2'와 '타다1', '타다2'가 중의성을 일으킨 경우

- 차를 탔다. ✽승차했다는 뜻
- 차를 탔다. ✽마시는 차를 만들었다는 뜻

7.6. 단어족

✳ 합성이나 파생은 한 단어나 어근으로부터 여러 새 단어를 만들 수 있게 해 준다.

✳ 명사 '꽃'을 어기로 한 합성어는 매우 많다. 많지 않지만 파생어도 있다.

합성어

- 꽃+～ : 꽃가루, 꽃게, 꽃구경, 꽃그늘, 꽃길, 꽃나무, 꽃다발, 꽃동산, 꽃등심, 꽃띠, 꽃말, 꽃무늬, 꽃반지, 꽃피다 …
- ～+꽃 : 감꽃, 개나리꽃, 겹꽃, 국화꽃, 나라꽃, 나팔꽃, 눈꽃, 들꽃, 메밀꽃, 불꽃, 살구꽃, 소금꽃, 웃음꽃 …

파생어

- 꽃+～ : 꽃답다
- ～+꽃 : 개꽃, 민꽃, 참꽃, 헛꽃

✳ 이 단어들은 모두 '꽃'이라는 단어로 인해 관계를 맺게 되었다. '꽃'과 이 단어들이 모두 모여 **단어족**(單語族 word family)을 이룬다. 조어법에 의해 관계를 맺은 단어들의 집합이 단어족이다.

✳ 단어나 어근뿐만 아니라 접사를 중심으로 해서도 단어족이 이루어진다고 볼 수 있다.

✳ '-스럽다'가 붙은 파생어 821개는 접미사 '-스럽다'를 중심으로 하여 단어족을 이룬다. §2.4 참조.

✳ 복합어는 두 단어족에 동시에 속한다. 예를 들어 '불꽃'은 '꽃'의 단어족에 속하면서 동시에 '불'의 단어족에도 속한다. '헛꽃' 역시 '꽃'의 단어족에 속하는 동시에 접두사 '헛-'의 단어족에도 속한다.

✳ 단어족의 크기는 제각각이다. '꽃'의 단어족에 속한 단어들은 수가 꽤 많다. 즉 '꽃'의 단어족은 크기가 꽤 크다. 접미사 '-적(的)'의 단어족은 크기가 매우 크다. §2.17, §5.17 참조.

✳ 다음은 단어족의 크기가 매우 작은 예이다.

- 나중, 남나중
- 처음, 난생처음
- 용기, 용기백배, 용기백배하다

✳ 단어족의 크기는 생산성과 비례한다. §2.4 참조.

7.7. 사전에서의 단어족

✳ 종이사전의 표제어 배열순서는 대부분 표제어 전체를 가나다순으로 나열하는 것이지만, 일부 사전은 단어족을 한 표제어 밑에 모아 제시하기도 한다.

✳ 일본에서 나온『코스모스 조화사전』(1988/1991)은 주표제어 '손' 아래에 부표제어로 다음 항목들을 차례로 싣고 각각 풀이했다.[145] 복합어 외에 숙어도 포함되어 있다.

- 손가락, 손가락질, 손금, 손등, 손목, 손바닥, 손발, 손수건, 손아귀, 손잡이, 손질, 손짓, 손톱, 손(이) 가다, 손(을) 꼽다, 손(을) 대다, 손(을) 들다, 손뼉(을) 치다, 손(을) 잡다, 손쉽다, 손수, 맨손[146]

✳ 종이사전과 달리 전자사전은 표제어의 배열이 자유롭다. 필요에 따라 단어족을 다양한 형태로 보여줄 수 있다.

✳ 학습용 사전에서는 단어족 정보가 유용하다. 표제어 '손'에 대해 단어족을 다음과 같이 정돈하여 제시하는 것이 좋을 것이다.[147]

손+~
- (초급) : 손가락, 손바닥, 손수건,
- (중급) : 손가방, 손길, 손끝, 손등, 손목, 손목시계, 손발, 손뼉, 손잡이, 손질, 손톱
- (고급) : 손맛, 손아귀, 손짓
- (등급 없음) : 손거울, 손금, 손깍지, 손나팔, 손날, 손놀림, 손도장, 손동작, 손때, 손마디, 손버릇, 손빨래, 손사래, 손세탁, 손수레, 손아래, 손안, 손위, 손자국, 손장난, 손재간, 손재주, 손전등, 손지갑, 손찌검, 손풍금

~+손
- (초급) : 오른손, 왼손
- (중급) : 일손
- (고급) : 맨손, 양손
- (등급 없음) : 바른손, 빈손, 약손, 잔손, 큰손

✳ 대중에게는 '일손'과 같은 복합어인가 '맨손'과 같은 파생어인가보다 '손+~' 구조인지 '~+손' 구조인지가 더 도움이 될 것이다.

---

145) 일본인을 위한 한국어 학습사전이다. 표제어 수가 18,000개 정도인 소사전이다.
146) 마지막의 '맨손'에 대해서는 직접 풀이하지 않고 접두사 '맨-'을 참고하라고 표시했다.
147) 이 단어들은 〈기〉에 표제어로 등재된 것들이다. 등급도 이 사전에 표시된 것이다.

7.8. 어원적 단어족

✱ 현대의 조어법으로는 설명할 수 없으나 어원적으로 관련된 단어들까지 포함한 단어족, 즉 **어원적**(語源的) **단어족**을 구성해 볼 수 있다.

어질(어근)/아질(어근)/어찔(어근)/아찔(부사)

- 어질병, 어질증
- 어질하다, 어질어질, 어찔하다, 어찔어찔, 어지럽다, 어지르다, 어지러뜨리다
- 아질하다, 아질아질, 아찔, 아찔하다, 아찔아찔
- 어지럼, 어지럼병, 어지럼증

굽다(동사)/곱다(형용사)/꼽다(동사)[148]

- 굽다, 굽히다, 구불구불, 구불거리다, 구부리다, 구부러지다, 구부렁하다, 구부정하다, 구붓하다, 굽신굽신, 굽실굽실, 굽이, 굽이굽이
- 꾸불꾸불, 꾸불거리다, 꾸부리다, 꾸부러지다, 꾸부렁하다, 꾸부정하다, 꾸붓하다, 꾸벅, 꾸벅꾸벅, 꾸뻑, 꾸뻑꾸뻑
- 곱다, 고불거리다, 고분고분, 고비, 곱자, 곱사등이
- 꼽다, 꼬불꼬불, 꼬불거리다, 꼬부리다, 꼬부라지다, 꼬부랑, 꼬부랑하다, 꼬부장하다, 꼬붓하다, 꼽추, 꼽등이, 꼬박, 꼬박꼬박, 꼬빡, 꼬빡꼬빡

✱ 다음 단어들은 물기가 많이 섞여 있음을 뜻하는 형용사 '질다'와의 관계를 현대의 조어법으로 설명하기는 어렵지만 '질다'의 어원적 단어족에 속한다.

- 질척하다, 질컥하다, 질퍽하다, 질펀하다, 질커덕하다, 질퍼덕하다

✱ 한편 '진밥, 진창, 진흙'은 '진'이 '질-+-은'의 구조이므로 '질다'의 **공시적**(共時的) **단어족**에 속한다.

✱ 다음 단어들은 형용사 '달다'의 어원적 단어족을 이룬다.

- 달짝지근하다, 달착지근하다, 들쩍지근하다, 들척지근하다
- 달콤하다, 달큼하다, 들큼하다, 달곰하다, 달금하다
- 달콤새큼하다, 달곰새금하다, 새큼달콤하다, 새큼달큼하다
- 달달하다[149]

✱ 어원적 단어족에 대한 원어민의 직관은 일정치 않다. 어원적 관련성을 강하게 느낄수록 그 단어들을 더 정확히 이해하고 풍부하게 사용할 가능성이 높다.

---

148) 모두 구부러진다는 의미를 가진다. 형용사 '곱다'는 추워서 손가락이 놀리기가 어렵고 저절로 오그라드는 것을 뜻하므로 '굽다' 등과 어원이 같다고 할 수 있다.

149) 〈표〉는 '달달하다'를 방언으로 처리했지만 중앙어에서 널리 쓰인다.

7.9. 한자를 기준으로 한 단어족

✱ 같은 한자를 가진 단어들을 단어족으로 묶는다면 각 한자어의 의미, 한자어들의
상호관계를 이해하는 데 도움이 된다.

信 : 믿을신

① 믿다

- 신뢰(信賴), 신념(信念), 신용(信用), 신의(信義), 신임(信任), 신조(信條), 신망(信望),
  신빙성(信憑性), 신탁(信託), 신앙(信仰), 신자(信者), 신도(信徒), 신봉(信奉)
- 자신(自信), 자신감(自信感), 확신(確信), 불신(不信), 위신(威信), 배신(背信), 소신
  (所信), 미신(迷信), 맹신(盲信), 과신(過信), 광신도(狂信徒), 공신력(公信力)
- 반신반의(半信半疑), 붕우유신(朋友有信)

② 신호, 소식, 통신

- 신호(信號), 적신호(赤信號), 청신호(靑信號)
- 통신(通信), 교신(交信), 서신(書信), 회신(回信), 답신(答信), 단신(短信), 외신(外信),
  발신자(發信者), 수신자(受信者), 송신탑(送信塔), 전신주(電信柱)

自 : 스스로자

① 자기, 자신, 스스로, 저절로

- 자기(自己), 자신(自身), 자신(自信), 자체(自體), 자아(自我), 자국(自國), 자사(自
  社), 자연(自然), 자유(自由), 자동(自動), 자치(自治), 자율(自律), 자제(自制), 자
  중(自重), 자각(自覺), 자생(自生), 자립(自立), 자주(自主), 자원(自願), 자습(自習),
  자취(自炊), 자칭(自稱), 자정(自淨), 자만(自慢), 자퇴(自退), 자전(自轉), 자청(自
  請), 자임(自任), 자부(自責), 자해(自害), 자학(自虐), 자살(自殺), 자멸(自滅), 자
  비(自費), 자필(自筆)
- 자명(自明)하다, 자초(自招)하다, 자처(自處)하다, 자수(自首)하다
- 자존심(自尊心), 자부심(自負心), 자긍심(自矜心), 자괴감(自愧感), 자폐증(自閉症),
  자의식(自意識), 자동차(自動車), 자전거(自轉車), 자동사(自動詞), 자가용(自家用),
  자판기(自販機), 자화상(自畵像), 자명종(自鳴鐘), 자술서(自述書), 자서전(自敍傳)
- 자전적(自傳的), 자발적(自發的), 자조적(自嘲的)
- 자가당착(自家撞着), 자격지심(自激之心), 자급자족(自給自足), 자포자기(自暴自
  棄), 자유자재(自由自在), 자문자답(自問自答), 자수성가(自手成家), 자승자박(自繩
  自縛), 자업자득(自業自得), 자화자찬(自畵自讚)
- 각자(各自), 독자적(獨自的), 망연자실(茫然自失), 유유자적(悠悠自適)

② 부터

- 자고(自古)로, 자초지종(自初至終)

7.10. 의미장과 어휘장

✱ 같은 의미적 속성을 공유하는 단어들의 집합은 **어휘장**(語彙場)이다. 예를 들어 가족이나 친척을 가리키는 명사 '아버지, 어머니, 아들, 딸, 이모, 사촌, 당숙' 등은 **친족어**(親族語) 어휘장을 형성한다. 또 **음식명**(飮食名) 어휘장에는 '밥, 국, 국수, 빵, 김치, 불고기, 술, 우유, 커피, 주스, 치즈, 피자' 등이 포함된다. 그리고 '길다, 짧다, 높다, 낮다, 두껍다, 얇다, 무겁다, 가볍다' 등 도량형에 관한 형용사들은 **척도형용사**(尺度形容詞) 어휘장을 형성한다.

✱ 다음은 상거래에서 돈을 주고받는 일과 관련된 단어들이다. 이들도 하나의 어휘장을 형성한다.

- 결제, 선불, 후불, 직불, 착불, 빚, 부채, 채무, 채권, 할부, 외상, 갚다, 변제하다 …

✱ 각 어휘장은 일정한 의미공간을 점유하고 있는 것으로 생각할 수 있다. 그러한 의미공간을 '**의미장**(意味場)'이라 한다.

✱ 〈기〉의 '의미 범주별 찾기'에서 어휘장들을 볼 수 있다.

✱ 〈기〉의 의미장은 대범주 14개(개념, 경제생활, 교육, 동식물, 문화, 사회생활, 삶, 식생활, 의생활, 인간, 자연, 정치와 행정, 종교, 주생활)와 각 대범주 아래의 소범주들로 나누어져 있다.

✱ 예를 들어 대범주 '삶' 아래의 소범주 '병과 증상'을 검색하면 106단어가 가나다순으로 나온다. 이것을 등급별로 나누어 나열하면 다음과 같다.

- (초급) 9단어 : 감기, 걸리다, 낫다1, 다치다, 두통, 배탈, 병1, 상처2, 열4
- (중급) 35단어 : 기운1, 눈병, 데다, 독감, 들리다1, 멍, 몸살, 반창고, 변비, 병들다, 복용, 복통, 볼거리, 부상, 붓다, 비만, 삐다, 상하다, 설사1, 쉬다2, 식중독, 쑤시다1, 아픔, 알레르기, 앓다, 암2, 여드름, 중독, 증상, 증세1, 질병, 체하다1, 콜록콜록, 토하다, 통증
- (고급) 62단어 : 가쁘다, 감염, 건망증, 경련, 고혈압, 곪다, 구토, 기절, 까무러치다, 난청, 난치병, 뇌사, 뇌졸중, 당뇨병, 더부룩하다2, 덧나다, 마비, 멍들다, 면역, 발병2(發病), 백혈병, 병명, 병상, 병세, 불면증, 불치병, 불쾌지수, 비염, 빈혈, 성인병, 성형, 시리다, 신경통, 쓰리다, 염증, 우울증, 위독하다, 위암, 위염, 유전병, 저혈압, 전염, 전염병, 중병, 중증, -증1, 질환, 체증, 출혈, 충치, 충혈, 치매, 치통, 탈2, 퉁퉁1, 편두통, 폐렴, 현기증, 혈압, 호전, 화상1, 후유증

7.11. '사람' 어휘장

✴ 『한국어 기초어휘집』은 기초어휘 2,700단어를 의미에 따라 15개의 대부류로 나누었다. 대부류와 그 하위부류들이 각각 어휘장이다.

✴ '사람' 어휘장의 분류와 '몸' 어휘장의 단어 161개는 다음과 같다.

'사람' 어휘장의 분류

부류			단어 수		
몸	부분	일반	9	57	161
		머리	19		
		몸통	5		
		팔다리	24		
	생리	생사와 나이	21	83	
		보건	8		
		의료	28		
		현상	26		
	모양		9	9	
	미용		12	12	
마음	감정	일반	5	91	179
		좋음	41		
		나쁨	45		
	생각		45	45	
	지능		11	11	
	태도		25	25	
	현상		7	7	
생물학적 인간			26	26	26
친족			49	49	49
사회적 인간	일반		18	18	82
	역할		13	13	
	조직		20	20	
	직업		31	31	
능력			5	5	5
수량			2	2	2
지시			19	19	19
계					523

'몸' 어휘장의 단어

부류		단어
부분	일반	몸, 뼈, 살(몸), 신경, 신체, 온몸, 털, 피, 피부
	머리	고개(목), 귀, 눈(몸), 눈물, 눈썹, 머리, 머리카락, 목, 뺨, 수염, 얼굴, 이(이빨), 이마, 이빨, 입, 입술, 코, 턱, 혀
	몸통	가슴, 등(몸), 배(몸), 어깨, 허리
	팔다리	다리(몸), 무릎, 발, 발가락, 발등, 발목, 발바닥, 발자국, 발톱, 손, 손가락, 손목, 손바닥, 손발, 손톱, 엉덩이, 오른발, 오른손, 오른팔, 왼발, 왼손, 왼팔, 주먹, 팔(몸)
생리	생사와 나이	나이, 낳다, 늙다, 목숨, 사망, 사망하다, 살(나이), 살다, 살리다, 생명, 세(나이), 어리다, 연세, 인생, 자살, 자살하다, 젊다, 죽다, 죽음, 죽이다, 태어나다
	보건	금연, 다이어트, 안경, 운동, 운동하다, 체육, 치약, 칫솔
	의료	감기, 건강, 건강하다, 고통, 기침, 낫다(병이), 다치다, 두통, 병(병원), 병들다, 병원, 상처, 수술, 수술하다, 아프다, 아픔, 앓다, 암, 약(약국), 약국, 약방, 입원, 입원하다, 치과, 치료, 치료하다, 퇴원, 퇴원하다
	현상	고프다, 기운, 깨다(잠이), 깨우다, 꾸다(꿈을), 꿈, 땀, 목소리, 배고프다, 배부르다, 부르다(배가), 숨, 쉬다(숨을), 자다, 잠, 잠들다, 잠자다, 졸다, 졸리다, 졸음, 주무시다, 지치다, 취하다, 피곤하다, 피로, 힘
모양		뚱뚱하다, 몸무게, 인상, 자세, 잘생기다, 찌다(살이), 체중, 키, 표정
미용		목욕, 목욕하다, 미용실, 미장원, 비누, 샤워, 샤워하다, 세수, 수건, 화장, 화장품, 화장하다

7.12. 친족어

✱ 친족을 가리키는 단어들은 **친족어**(親族語) 어휘장을 형성한다. 법률상으로 친족
은 다음 세 부류의 사람들이다.
- 배우자 / 8촌 이내의 혈족 / 4촌 이내의 인척[150]

✱ 친족어는 '나'와의 친족관계를 나타내는 명사이다.

✱ 한국어의 친족어 체계는 다른 언어에 비해 매우 복잡하다.

✱ 친족어의 체계에 관여하는 요인은 다음과 같다.
- 나의 성별, 친족의 성별
- 나와 친족의 상하관계, 친족끼리의 상하관계
- 청자와 친족의 친족관계

✱ 나와 친족의 성별에 따라 배우자가 '남편'과 '아내'로 나누어진다.

✱ 친족의 성별에 따라 '아버지, 아들, 할아버지, 손자' 등과 '어머니, 딸, 할머니, 손녀'
등이 나누어진다.

✱ 형제자매는 나와 친족의 성별, 나와 친족의 상하관계에 따라 세분된다.
- 형, 누나, 오빠, 언니, 남동생, 여동생

✱ 친족끼리의 상하관계에 따라 '큰아버지'와 '작은아버지', '큰언니'와 '작은언니' 등
이 나누어진다. '나'의 아버지를 기준으로 손위인 형제가 '큰아버지', 손아래인 형
제가 '작은아버지'이다. 또 '큰언니'는 '작은언니'의 손위이고 '작은언니'는 '큰언니'
의 손아래이다.

✱ 청자와 친족의 친족관계에 따라 동일한 친족을 가리키는 단어가 다를 수 있다.

'나의 남편'을 가리키는 단어
- 청자가 남편의 자녀인 경우 : (너희) 아버지, (너희) 아빠
- 청자가 남편의 부모인 경우 : 그이
- 청자가 남편의 장인, 장모인 경우 : ○ 서방　✱ '○'는 성씨
- 청자가 남편의 친족이 아닌 경우 : (우리, 저희) 남편

✱ 이상의 친족어들은 **지칭어**(指稱語)이다. 친족에 대한 **호칭어**(呼稱語)는 지칭어
와 다른 경우가 있다. 호칭어는 청자를 부르는 데 사용하는 말이다. 예를 들어 '나
의 남편'을 부르는 일반적인 호칭어는 '여보'이다.

---

150) 혈족(血族)은 혈연관계를 가진 사람, 즉 출산과 출생으로 관련을 가지게 된 사람이다. 인척(姻戚)
은 혼인으로 관련을 가지게 된 사람이다.

7.13. 일반어, 전문어, 직업어

✱ **전문어**(專門語)는 전문가들이 학문과 기술 분야의 전문지식에 관한 소통의 편의를 위해 만들어낸 말이다. 전문어를 일상적으로 '**전문용어**(專門用語)'라 부르기도 한다.

✱ 전문어는 단어나 구 형태이다. 전문어 이외의 단어나 구는 **일반어**(一般語)이다.

✱ 전문지식의 연구와 유통에서 전문어가 큰 역할을 한다. 전문가는 전문지식을 연구해 개념을 만들고 그 개념에 맞는 용어를 정한다. 잘 개발된 전문어의 체계 위에서 전문지식의 연구와 유통이 더 원활해진다.

✱ 전문지식의 발달 속도에 맞추어 전문어를 바로 만드는 것은 쉽지 않다. 같은 개념에 대해 전문가들이 서로 다른 전문어를 만들어 쓰다가 차츰 하나로 통일되어 가는 것이 보통이다.

✱ 대중은 어려운 전문어 때문에 전문지식에 접근하는 데 곤란을 겪는다. 전문가들은 전문지식의 연구를 위해 전문어를 만드는 데 관심을 쏟을 뿐 대중이 전문어를 쉽게 이해할 수 있게 도울 여력이 없는 것이 보통이다. 대중은 전문어와 전문지식을 풀어서 설명해 주는 해설가에게 의지해야 한다.

✱ 특정 직업의 업무상 필요한 개념을 표현하기 위해 만들어 쓰는 단어나 구를 '**직업어**(職業語)'라 한다. 전문어 가운데 특정 직업과의 관련성이 높은 것은 직업어가 된다. 또 직업어 가운데 학문과 기술 분야의 전문지식에 관한 의미가 분명한 것은 전문어가 된다. 예를 들어 폐수처리시설을 관리하는 환경설비기사의 직업어인 '일급수(一級水)'는 환경 영역의 전문어이기도 하다.

✱ 사무직 직장인의 직업어라 할 수 있는 다음 단어들은 전문어로 보기 어렵다.
  • 폐사, 귀사, 팀장, 기안, 결재, 월차, 연차, 상여금

✱ 대학생 집단은 동질성과 유대의식이 강해서 그들끼리 통하는 단어를 많이 만들어 쓴다. 그러한 단어를 '**대학생어**(大學生語)'라 부를 수 있다. 대학생어도 직업어의 일종이지만 전문어는 아니다.
  • 준말 : 학관(학생회관), 동방(동아리방), 총학(총학생회), 복전(복수전공), 전필(전공필수), 학고(학사경고), 출첵(출석체크), 새터(새내기 배움터＝신입생 오리엔테이션)
  • 기타 : 공강(두 강의 사이에 강의가 없는 공백), 족보(특정 강의의 과거 시험문제 모음), 과팅(학과 대 학과의 미팅), 새내기(신입생)

7.14. 전문어의 영역과 예

✱ 〈표〉의 전문어 표제어와 일반어 표제어의 통계는 다음과 같다.

형태	전문어	일반어	합계
단어	138,354	223,241	361,595
구	62,929	0	62,929
합계	201,283	223,241	424,524

✱ 전문어와 일반어의 합계는 424,054개이다. 단어 형태의 전문어와 일반어의 합계는 361,125개이다.[151]

✱ 〈표〉는 전문어의 뜻풀이 앞에 **전문영역**(專門領域)을 표시하고 있다.

- 가톨릭, 건설, 경영, 경제, 고유명 일반, 일반, 공업, 공예, 공학 일반, 광업, 교육, 교통, 군사, 기계, 기독교, 농업, 동물, 매체, 무용, 문학, 물리, 미술, 민속, 법률, 보건 일반, 복식, 복지, 불교, 사회 일반, 산업 일반, 생명, 서비스업, 수산업, 수의, 수학, 식물, 식품, 심리, 약학, 언어, 역사, 연기, 영상, 예체능 일반, 음악, 의학, 인명, 인문 일반, 임업, 자연 일반, 재료, 전기·전자, 정보·통신, 정치, 종교 일반, 지구, 지리, 지명, 책명, 천문, 천연자원, 철학, 체육, 한의, 해양, 행정, 화학, 환경 (68개)

✱ 이 가운데 고유명 일반, 인명, 지명, 책명은 고유명에 속하므로 전문어가 아닌 일반어라 할 수 있다. 고유명에 대해서는 §5.7 참조.

✱ 전문어에서는 한자어와 외래어의 비중이 매우 크다. 특히 외국으로부터 전문지식을 서둘러 받아들인 분야에서는 외래어의 비중이 절대적으로 크다. 외국어 용어를 한국어로 번역하거나 한국어 대응어를 찾기도 전에 외국어가 외래어로 정착하기 때문이다. 다음은 컴퓨터 분야의 외래어 전문어들이다.

- 마우스, 파일, 폴더, 서버, 데스크톱, 노트북, 램, 하드디스크, 에스에스디(SSD), 유에스비(USB), 인터넷, 이메일, 소프트웨어, 자바(Java), 프로토콜(protocol)

✱ **동물명**(動物名), **식물명**(植物名), **원소명**(元素名)도 전문어이다.

- 동물명 : 닭, 표범, 공룡, 파리, 멸치, 거북손, 폭탄먼지방귀벌레
- 식물명 : 소나무, 배추, 이끼, 꽃기린, 노루귀, 앉은부채, 너도바람꽃
- 원소명 : 금(金), 철(鐵), 납, 구리, 산소(酸素), 나트륨, 크롬

---

151) 한 표제어가 전문어와 일반어의 용법을 동시에 가진 것들이 포함되어 있으므로 전문어 수와 일반어 수를 더한 위 표의 합계와 일치하지 않는다.

7.15. 전문어의 의미

✽ 전문어는 의도적으로 만든 말이기 때문에 개념이 정확히 정의되어 있다.

✽ '독감(毒感)'의 두 의미소 중 일반어 의미소인 ①과 달리 전문어 의미소인 ②는 의학적으로 규정된다.

〈표〉의 '독감'의 뜻풀이

① 지독한 감기.

② [의학] 인플루엔자 바이러스에 의하여 일어나는 감기. 고열이 나며 폐렴, 가운데귀염, 뇌염 따위의 합병증을 일으킨다.

✽ 감기가 얼마나 지독해야 독감①인지에 대한 분명한 기준은 없다. 환자나 주변 사람의 느낌에 따라 판단할 수밖에 없다. 그러나 독감②는 의사의 진단으로 더 정확히 판단할 수 있다.

✽ 전문어에는 전문지식이 압축되어 들어 있다. 그래서 어려운 전문어가 많이 포함된 문장은 비전문가에게 암호나 외국어 같은 느낌을 줄 수 있다. 다음이 그러한 예이다. (전문어를 진한 글씨로 표시한다.)

백과사전에 실린 수학 분야의 글

- 모든 **군**(群)은 **이산 위상**을 주거나 **비이산 위상**을 주어 **위상군**으로 만들 수 있다. 모든 **리**(Lie) **군**은 표준적인 **위상**에 따라 **위상군**을 이룬다. 모든 **사유한군**(射有限群) 역시 표준적인 **위상**에 따라 **위상군**을 이룬다.

컴퓨터게임 분야의 인터넷게시판 글

- **트포** 알림을 4**렙** 이상으로 하신다면, 4**렙** 이상 **아뮤렛**은 등급 상관없이 **소지품**에 **킵**됩니다. **유물 아뮤렛**은 **트포** 알림 관계없이 **소지품**에 남습니다. **분해** 설정이 **전설** 이하이기 때문이죠.

✽ 전문어 가운데 일부는 비유를 통해 의미가 확장되기도 한다. 다음 단어들의 전문어 의미소 ①로부터 비유에 의해 일반어 의미소 ②가 생겼다.

- 구심점(求心點) : ① [물리] 회전운동의 중심이 되는 점. ② 중심적인 역할을 하는 사람이나 단체 따위를 비유적으로 이르는 말.
- 정석(定石) : ① [바둑] 공격가 수비에 최선이라고 인정된 방식으로 돌을 놓는 법. ② 일 처리에서 일정하게 정해진 방식.
- 미지수(未知數) : ① [수학] 방정식에서 구하려고 하는 수. 또는 그것을 나타내는 글자. ② 예측할 수 없는 앞일.

7.16. 논리어

✱ 일반적인 담화와 비교할 때 **학술담화**(學術談話)에서 특별히 많이 쓰이는 단어들이 있다. 그 가운데 한 유형은 전문어이고 또 한 유형은 논리어이다.[152]

✱ **논리어**(論理語)는 논의를 전개하기 위해 여러 전문영역에서 두루 쓰는 단어이다.[153]

✱ 전문어와 논리어는 이성적이고 추상적이며 격식적이라는 점에서 비슷하다. 그러나 전문어가 특정 영역의 전문지식을 표현하는 데 반해 논리어는 정보의 수집, 분석, 분류, 해석, 평가 등에 관련된 개념을 표현하는 점이 다르다.

✱ 논리어는 대부분 2음절 한자어와 그것을 어기로 한 복합어이다. 예를 들어 '명시(明示)'와 '분류(分類)'의 단어족에 속한 다음 단어들이 모두 논리어이다.

- 명시, 명시하다, 명시되다, 명시적, 명시성
- 분류, 분류하다, 분류되다, 재분류, 재분류하다, 재분류되다

✱ 논리어 목록의 한 예는 1,404단어로 이루어져 있다. 이들은 926개의 단어족에 속한다.[154] 이 가운데 단어족의 어기가 '시'로 시작하는 단어들은 다음과 같다.

- 시각(視覺)
- 시기(時期), 시기상, 시기적
- 시대(時代), 시대상(時代相), 시대적
- 시도(試圖), 시도하다, 시도되다
- 시사(示唆), 시사하다, 시사되다, 시사적, 시사점
- 시스템(system)
- 시점(時點)
- 시행(施行), 시행하다, 시행되다

✱ 이들은 중요도 면에서 다양하나 대부분 중급어, 고급어, 준기초어휘에 속한다.

---

152) '논리어(academic word)'는 '사고도구어(思考道具語)'에 대한 새 용어이다. 다음 논문에서는 사고도구어의 개념과 목록 작성, 국어교육에의 응용 등을 연구했다.
　　신명선(2004)「국어 사고도구어 교육 연구」, 서울대 박사학위논문.

153) 〈표〉, 〈고〉에서는 '논리어'라는 표제어에 대해 "P 또는 Q", "P이면 Q이다." 같은 표현에서 명제에 대한 논리적 판단을 표시하기 위해 사용하는 '그리고, 또는, 이면, 무슨, 어떤' 등을 가리키는, 철학 또는 논리학 영역의 전문어로 풀이하고 있다. 그러나 이들을 가리키는 용어로 '논리연산자' 또는 '명제연산자'가 더 적절해 보인다.

154) 위의 신명선(2004)의 목록이다.

7.17. 어휘체계의 모습

✱ 어휘는 단어들의 집합이고 **어휘체계**(語彙體系)는 단어 간의 관계들의 집합이다.

✱ 한 어휘체계를 구성하는 단어 간의 관계는 그 어휘를 구성하는 단어보다 수가 많다. 예를 들어 단어 100개가 모인 어휘에서는 임의의 두 단어 간의 관계가 모두 4,950개이다($_{100}C_2 = 4950$). 세 단어 이상이 맺고 있는 관계까지 더한다면 이 수는 더 커질 것이다.

✱ 또한 단어 간의 관계는 그 성격이 매우 다양하다. 한 단어는 여러 속성의 집합체이며(§1.6 참조) 각 속성을 매개로 많은 단어들과 관계를 맺고 있다.

✱ 예를 들어 단어 '생각'이 가진 여러 속성 가운데 2음절어라는 속성, 명사라는 속성, 뒤에 '하다'가 붙어 동사가 될 수 있다는 속성을 공유하는 단어들 일부를 모아 그림으로 나타내 보면 다음과 같다.

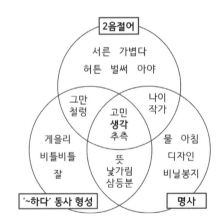

✱ 만약 모든 단어를 이 그림에 넣거나 네 가지 이상의 속성에 따라 분류한 내용을 그림으로 나타낸다면 그림은 이보다 훨씬 더 복잡해질 것이다.

✱ 공유하는 속성이 많으면 단어 간의 관계가 깊고 적으면 얕다. 예를 들어 위 그림에서 '생각'과 '추측'의 관계는 '생각'과 '삼등분'의 관계나 '생각'과 '비틀비틀'의 관계보다 깊다.

✱ 다른 단어들과 맺고 있는 관계를 한 단어에 대해서만 살펴보아도 매우 복잡한 모습을 보게 된다. 수많은 단어가 서로서로 맺고 있는 관계를 한꺼번에 파악하는 것은 엄청난 작업이 될 것이다.

7.18. 어휘체계의 불규칙성과 어휘빈칸

✱ 어휘체계는 음운체계나 문법체계만큼 반듯하게 짜인 체계가 아니어서 느슨하거
나 불규칙한 모습도 보인다. 다음이 그 대표적인 예이다.
- 어휘빈칸
- 합성과 파생에서의 불규칙성
- 연어와 숙어에서의 불규칙성

✱ **어휘빈칸**은 어휘체계가 규칙적이라면 단어가 있어야 하지만 실제로는 단어가
없는 자리를 말한다.

✱ '어제, 오늘, 내일' 같은 단어는 날짜 대신 현재와의 시간적 거리를 이용해 특정한
날을 가리킨다. 그런데 현재와 가까운 며칠에 대해서만 이러한 단어가 존재하고
조금 더 멀어지면 단어가 존재하지 않아 어휘빈칸이 많다. 사실 더 많은 날에 대
해 단어가 존재하는 것은 어휘자원의 낭비가 될 가능성이 크다.

4일 전	3일 전	2일 전	1일 전	현재가 속한 날	1일 후	2일 후	3일 후	4일 후	5일 후
×	그끄제	그제	어제	오늘	내일	모레	글피	그글피	×

✱ 수많은 동물 가운데 일부에 대해서만 새끼를 가리키는 단어가 따로 있다.
- 가축 : 강아지(개), 송아지(소), 망아지(말), 병아리(닭)
- 야생동물 : 꺼병이(꿩), 꿩병아리(꿩), 능소니(곰), 개호주(호랑이), 풀치(갈치), 고도
리(고등어), 노가리(명태), 실뱀장어(뱀장어), 올챙이(개구리), 장구벌레(모기) …

✱ 따라서 대부분의 동물에 대해서는 새끼를 가리키는 단어 자리가 빈칸이다.[155]
- ×(고양이), ×(돼지), ×(염소), ×(오리), ×(여우), ×(코끼리), ×(사슴), ×(개미)

✱ 이러한 빈칸을 채우기 위해 흔히 '동물명+새끼', '새끼+동물명', '아기+동물명', '꼬
마+동물명'을 사용한다.[156]
- 여우의 새끼를 가리키는 말 : 여우새끼, 새끼여우, 아기여우, 꼬마여우

✱ 그러나 명사 뒤에 '새끼'를 붙인 단어는 남자나 동물을 욕하는 말로도 쓰이기 때문
에 '여우새끼' 같은 형태를 꺼리는 경향이 있다.[157]

---

155) 옛말에서 고양이, 돼지를 포괄적으로 가리키는 단어는 각각 '괴, 돝'이었고 '고양이, 돼지'는 그 새
끼를 가리키는 단어였다가 변화했다. §4.2 참조.
156) 이러한 단어들을 〈표〉에서는 구로 처리하고 중간을 띄어 쓴다.
157) 그래서 안데르센의 동화《미운 오리새끼》를 최근에는 '미운 아기오리'나 '미운 꼬마오리'로 번역
한다.

7.19. 합성과 파생에서의 불규칙성

✱ 어기나 접사에 따라 합성이나 파생이 이루어지지 않는 경우가 있다. 이때 합성어나 파생어가 있을 만한 자리가 비어 있으면 그 자리는 어휘빈칸이 된다. 각 어휘빈칸이 생기는 이유를 설명하는 것은 쉽지 않다.

✱ 형용사에 따라 '-이' 파생부사가 있기도 하고 없기도 하다.

부사 파생에서의 불규칙성

형용사	같다	다르다	빠르다	느리다	슬프다	기쁘다	급하다	강하다
파생부사	같이	달리	빨리	×	슬피	×	급히	×

✱ 다음 표는 2음절 어기들이 조어법에 참여하는 양상을 보여준다. 어기의 의미가 합성어나 파생어의 존재 여부에 영향을 주는 듯 보이나 절대적인 것은 아니다.

2음절 어기들의 조어법 참여 양상

어기	+하다 [동사]	+하다 [형용사]	-스럽다 [형용사]	-롭다 [형용사]	-적 [명사/관형사]
수고	수고하다	×	수고스럽다	수고롭다	×
사랑	사랑하다	×	사랑스럽다	×	×
성공	성공하다	×	×	×	성공적
실패	실패하다	×	×	×	×
축하	축하하다	×	×	×	×
신비	×	신비하다	신비스럽다	신비롭다	×
죄송	×	죄송하다	죄송스럽다	×	×
한가	×	한가하다	×	한가롭다	×
성실	×	성실하다	×	×	×
평화	×	×	평화스럽다	평화롭다	평화적
애교	×	×	애교스럽다	×	×
지혜	×	×	×	지혜롭다	×
환상	×	×	×	×	환상적

✱ '일출'과 '일몰'이 반의어이듯이 '해돋이'와 '해넘이'가 반의어이다. '해돋이'는 '해가 돋다'라는 표현에서 나왔다. 그러나 '해넘이'를 만들 만한 '해가 넘다'는 안 쓰는 말이다. 그 대신 '해가 지다'를 쓴다. 그렇다면 '해지기'가 자연스러운 조어이다. 그러나 '해지기'를 쓰지 않는다.[158] '해돋이'처럼 접미사 '-이'가 붙은 형태를 쓰기 위해 '해넘이'를 쓰는 것으로 보인다.

---

158) 북한 사전에는 '일몰'을 뜻하는 '해지기'가 실려 있다.

7.20. 연어와 숙어에서의 불규칙성

＊ 형용사 '짧다'와 '길다'는 반의어이지만 이들이 참여한 다음 **연어**들에서는 그러한 반의관계가 유지되지 않는다. 연어에 대해서는 §8.2 참조.
- 연어 : 생각이 짧다 ↔ ?   ＊'생각이 길다'는 없는 표현임.
- 연어 : 영어가 짧다 ↔ ?   ＊'영어가 길다'는 없는 표현임.

＊ 동사 '나다'와 '들다'는 반의어이지만 이들이 참여한 다음 연어들에서는 그러한 반의관계가 유지되지 않는다.
- 연어 : 정신/생각/철/병이 나다 ≒ 정신/생각/철/병이 들다
- 연어 : 힘이 나다 ↮ 힘이 들다
- 연어 : 해/볕이 나다 ↮ 해/볕이 들다
- 연어 : 정이 들다 ↔ 정이 떨어지다   ＊'정이 나다'는 없는 표현임.

＊ 단어 간의 반의관계가 **숙어**에서 유지되지 않는 것은 이상한 일이 아니다. 숙어에서는 의미의 불규칙성이 흔하기 때문이다.

＊ '떼다'와 '붙이다'의 반의관계, '사다'와 '팔다'의 반의관계가 다음 숙어들에서는 성립하지 않는다.
- 숙어 : 눈을 떼다 (시선을 떼다) ↮ 눈을 붙이다 (눈을 감고 잠을 자다)
- 숙어 : 웃음을 사다 (남들에게 비웃음과 놀림을 받다) ↮ 웃음을 팔다 (여자가 화류계 생활을 하다)

＊ 연어와 숙어에서 능동과 피동의 대응, 주동과 사동의 대응 여부를 예측할 수 없는 경우가 있다.
- 연어 : 힘이 들다 (주동) — 힘을 들이다 (사동)
- 연어 : 발이 들다 (주동) (×) — 발을 들이다 (사동)
- 연어 : 몸이 기울다 (주동) — 몸을 기울이다 (사동)
- 연어 : 정성이 기울다 (주동) (×) — 정성을 기울이다 (사동)
- 연어 : 연락을 끊다 (능동) — 연락이 끊기다 (피동)
- 연어 : 커피를 끊다 (능동) — 커피가 끊기다 (피동) (×)
- 숙어 : 필름을 끊다 (능동) (×) — 필름이 끊기다 (피동)
- 연어 : 생기가 돌다 (주동) — 생기를 돌리다 (사동) (×)
- 숙어 : 한숨이 돌다 (주동) (×) — 한숨을 돌리다 (사동)
- 숙어 : 약이 오르다 (주동) — 약을 올리다 (사동)
- 숙어 : 독이 오르다 (주동) — 독을 올리다 (사동) (×)

7.21. 담화자료의 어휘통계

✱ 담화자료에 쓰인 단어들의 통계를 낼 수 있다. 다음은 소설의 일부이다.[159]

> 마주앉은 순간부터 나는 아버지 등뒤의 벽에서 희미하게 부분조명을 받고 있는 커다란 그림에만 눈길을 주었다. 아버지 얼굴을 똑바로 바라볼 수가 없었다. 실내 공기가 훈훈하여 나의 접힌 목주름 사이에 곧 땀이 배기 시작했다. 중학생이 되었으니 엄마한테 더 잘해야 한다. 아버지의 말에 나는 보일 듯 말 듯 고개를 끄덕였다. 아버지한테 전화하고 싶으면 언제든지 하고. 그 말은 약간 거짓말처럼 들렸다.

✱ 이 자료에 쓰인 각 단어의 품사, 어종, 등급을 표시하면 다음과 같다.[160] 굵은 글자는 두 번 이상 쓰인 단어를 표시한다.

번호	어절	단어	품사	어종	등급	번호	어절	단어	품사	어종	등급
1	마주앉은	마주앉다	동	고	X	29	땀이	땀	명	고	4
2	순간부터	순간	명	한	3	30	배기	배다	동	고	X
3	나는	**나**	대	고	2	31	시작했다.	시작하다	동	혼	1
4	아버지	**아버지**	명	고	1	32	중학생이	중학생	명	한	2
5	등뒤의	등뒤	명	고	X	33	되었으니	되다	동	고	1
6	벽에서	벽	명	한	2	34	엄마한테	엄마	명	고	1
7	희미하게	희미하다	형	혼	X	35	더	더	부	고	1
8	부분조명을	부분조명	명	한	X	36	잘해야	잘하다	동	고	1
9	받고	받다	동	고	1	37	한다.	**하다**	동	고	1
10	있는	있다	형	고	1	38	아버지의	**아버지**	명	고	1
11	커다란	커다랗다	형	고	4	39	말에	**말**	명	고	1
12	그림에만	그림	명	고	1	40	나는	**나**	대	고	2
13	눈길을	눈길	명	고	X	41	보일	보이다	동	고	2
14	주었다.	주다	동	고	1	42	듯	**듯**	명	고	4
15	아버지	**아버지**	명	고	1	43	말	말다	동	고	1
16	얼굴을	얼굴	명	고	1	44	듯	**듯**	명	고	4
17	똑바로	똑바로	부	고	3	45	고개를	고개	명	고	3
18	바라볼	바라보다	동	고	3	46	끄덕였다.	끄덕이다	동	고	4
19	수가	수	명	고	1	47	아버지한테	**아버지**	명	고	1
20	없었다.	없다	형	고	1	48	전화하고	전화하다	동	혼	2
21	실내	실내	명	한	3	49	싶으면	싶다	형	고	1
22	공기가	공기	명	한	2	50	언제든지	언제	대	고	1
23	훈훈하여	훈훈하다	형	혼	X	51	하고.	**하다**	동	고	1
24	나의	**나**	대	고	2	52	그	그	관	고	1
25	접힌	접히다	동	고	X	53	말은	**말**	명	고	1
26	목주름	목주름	명	고	X	54	약간	약간	부	한	2
27	사이에	사이	명	고	2	55	거짓말처럼	거짓말	명	고	2
28	곧	곧	부	고	2	56	들렸다.	들리다	동	고	3

---

159) 은희경, 〈아름다움이 나를 멸시한다〉, 2006.
160) 등급은 『한국어 기초어휘집』의 것이다. 1급(300)+2급(600)+3급(800)+4급(1000)＝2700. 여기에 수록되지 않은 단어의 등급은 'X'로 표시한다.

✽ 이 자료에는 48종의 단어가 56번 쓰였다. 즉 단어의 **종형**(種形)이 48개이고 **개형** (個形)이 56개이다. 48단어 중 두 번 이상 쓰인 단어는 5개이다. 아버지(4번), 나(3 번), 말(2번), 듯(2번), 하다(2번).[161]

✽ 각 단어의 등급을 시각적으로 표현하면 다음과 같다. (조사와 어미는 단어가 아니 다. 조사는 ( )로 표시하고, 어미는 용언과 분리하지 않고 둔다.)

- 1등급(진한 큰 글자), 2등급(연한 큰 글자), 3등급(밑줄 친 중간 글자), 4등급(진 한 작은 글자), 기타(연한 작은 글자)

마주앉은 순간(부터) 나는 **아버지** 등뒤(의) (에서) 희미하게 부분조명(을)

받고 있는 커다란 **그림**(에만) 눈길(을) **주었다. 아버지** 얼굴(을)

똑바로 바라볼 **수**(가) **없었다.** 실내 공기(가) 훈훈하여 **나**(의) 접힌

목주름 사이(에) 곧 땀(이) 배기 **시작했다.** 중학생(이) **되었으니**

엄마(한테) **더 잘해야 한다. 아버지**(의) **말**(에) 나(는) 보일 듯

말 듯 고개(를) 끄덕였다. **아버지**(한테) 전화하고 **싶으면 언제**(든

지) **하고.** 그 **말**(은) 약간 거짓말(처럼) 들렸다.

✽ 이 자료에 쓰인 단어들의 품사, 어종, 등급의 통계는 다음과 같다.

품사	명사	대명사	수사	동사	형용사	관형사	부사	감탄사	합계
종형 수	21	1	0	15	6	1	4	0	48

어종	고유어	한자어	외래어	혼종어	합계
종형 수	37	7	0	4	48

등급		1급	2급	3급	4급	기타	합계
종형	개수	19	10	6	4	9	48
	비율	39.58	20.83	12.50	8.34	18.75	100.00
개형	개수	24	12	6	5	9	56
	비율	42.86	21.43	10.71	8.93	16.07	100.00

---

161) '종형', '개형'은 각각 'type', 'token'의 번역어이다.

7.22. 말뭉치와 어휘통계

* §7.21의 담화자료처럼 언어분석을 위한 언어자료가 **말뭉치**이다.

* 말뭉치의 크기는 어절 수로 표현한다. 한 어절에 한 단어가 들어 있기 때문에 어절 수는 단어의 개형 수와 같다. 다만, '이다'는 단어이면서도 항상 앞말과 붙어 어절을 형성하므로 이에 대한 예외이다.

* 언어 전체에 일반화할 만큼 대표성이 있는 결론을 얻기 위해서는 말뭉치가 커야 하기 때문에 가능한 한 최대한 큰 말뭉치를 구성하는 것이 일반적이다. 예를 들어 1998년부터 2007년까지 21세기 세종계획의 사업에서 구축한 말뭉치는 1억 어절이 넘는 규모이다.

* 다음은 1990년대의 언어자료 1,531,966어절 말뭉치를 분석한 『현대 국어 사용 빈도 조사』(2002)의 상위 빈도 11단어의 통계이다.

순위	단어	품사	빈도	점유율	누적 점유율
1	것01	의존명사	25,567	1.6689	1.6689
2	하다01	동사	22,064	1.4402	3.1091
3	있다01	보조용언	18,553	1.2111	4.3202
4	있다01	형용사	18,202	1.1881	5.5083
5	되다01	동사	11,506	0.7511	6.2594
6	수02	의존명사	10,915	0.7125	6.9719
7	하다01	보조용언	10,758	0.7022	7.6742
8	나03	대명사	10,564	0.6896	8.3637
9	그01	관형사	9,413	0.6144	8.9781
10	없다01	형용사	8,969	0.5855	9.5636
11	않다	보조용언	8,852	0.5778	10.1414

* **빈도**(頻度)는 이 말뭉치에 쓰인 개형 수이다. 1위 '것'은 25,567번 쓰였다. '빈도'를 '사용빈도' 또는 '출현빈도'라 부르기도 한다.

* **점유율**(占有率)은 이 말뭉치에서 개형들이 차지하는 비율이다. 의존명사 '것'의 개형 수 25,567개는 1,531,966어절 가운데 1.6689%를 차지한다.

* **누적 점유율**(累積占有率)은 그 순위까지의 개형들이 차지하는 비율의 합계이다. 1위 '것'부터 11위 '않다'까지의 개형들은 1,531,966어절 가운데 10.1414%를 차지한다. 바꿔 말하면 빈도 상위 11단어를 알면 이 말뭉치에 쓰인 단어의 약 10%를 이해한다는 뜻이다.

7.23. 단어의 빈도

✱ 말뭉치에 나타난 단어를 빈도에 따라 **고빈도어**(高頻度語), **중빈도어**(中頻度語), **저빈도어**(低頻度語) 등으로 분류할 수 있다.

✱ 『한국어 사용 빈도』(2009)에 수록된 빈도 13 이상인 단어는 50,053개이다. 이 목록의 빈도별 단어를 예시하면 다음과 같다. (괄호 안의 숫자는 빈도)

1위~10위의 고빈도어 10개

- 이다(형용사, 638,362), 것(의존명사, 305,897), 하다(본동사, 198,197), 있다(보조용언, 189,943), 있다(본동사, 180,821), 하다(보조용언, 120,462), 수(의존명사, 117,579), 되다(본동사, 111,653), 그(관형사, 109,987), 않다(보조용언, 103,362)

공동 20,024위(빈도 60)의 중빈도어-보통명사 138단어 중 가나다순 10개

- 간헐적, 결투, 결판, 경감(輕減), 경직성, 계속, 고릴라, 고막, 고물(古物), 고품질

공동 40,009위(빈도 13)의 저빈도어-보통명사 1,218단어 중 가나다순 10개

- 가름(쪼갬), 가맹(加盟), 가변선(可變線), 가스실(gas室), 가족원(家族員), 가족주의적(家族主義的), 가죽신, 가지급금(假支給金), 가향(佳香), 간판스타(看板star)

✱ 어느 말뭉치에나 빈도가 1인 단어, 즉 **단발어**(單發語)가 가장 많다. 『현대 국어 사용 빈도 조사』(2002)에서의 단어 전체는 58,437개이고 단발어는 20,231개(공동 38,207위)이다. '가'로 시작하는 단발어를 몇 개 보면 다음과 같다.

- 가로줄, 가마우지, 가뭇없이, 가산점, 가석방, 가소롭다, 가솔린, 가스통

✱ 『현대 국어 사용 빈도 조사』(2002)의 단발어들의 순위 38,207위가 『한국어 사용 빈도』(2009)의 빈도 13인 단어들의 순위 40,009위와 서로 비슷하다. 후자가 전자보다 훨씬 큰 말뭉치를 조사했기 때문에 그렇게 나타난 것이다.

✱ 복합어와 거기에 들어 있는 단순어의 빈도를 비교하면 대체로 단순어의 빈도가 높다. 『한국어 사용 빈도』(2009)에서의 빈도는 다음과 같다.

- 종이(1420), 컵(524) / 종이컵(76) ✱합성어 '종이컵'
- 옷(4548), 값(2542) / 옷값(13) ✱합성어 '옷값'
- 말(44227) / 군말(37) ✱접두사 '군-'
- 평균(1857) / 평균적(76) ✱접미사 '-적'

✱ 예외적으로 단순어 빈도보다 복합어 빈도가 높은 경우도 있다.

- 낯(269), 설다(41) / 낯설다(1483) ✱합성어 '낯설다'
- 구체(71) / 구체적(3378) ✱접미사 '-적'

168

7.24. 문어와 구어에서의 빈도

✽ 말뭉치를 분석한 연구에서의 고빈도어 1위~20위는 다음과 같다.[162)]

고빈도어 (문어)			고빈도어 (구어)		
순위	단어	품사	순위	단어	품사
1	이다	형용사	1	것	의존명사
2	것	의존명사	2	하다	동사
3	하다	본동사	3	나	대명사
4	있다	보조용언	4	어	감탄사
5	있다	본동사	5	있다	형용사
6	하다	보조용언	6	되다	동사
7	수	의존명사	7	그	관형사
8	되다	동사	8	안	일반부사
9	그	관형사	9	음	감탄사
10	않다	보조용언	10	아	감탄사
11	없다	형용사	11	뭐	감탄사
12	나	대명사	12	그것	대명사
13	그	대명사	13	그러다	동사
14	사람	자립명사	14	가다	동사
15	이	관형사	15	그런데	접속부사
16	아니다	형용사	16	보다	동사
17	등(等)	의존명사	17	막	일반부사
18	우리	대명사	18	무엇	대명사
19	지다	보조용언	19	그런	관형사
20	보다	동사	20	같다	형용사

✽ 위의 두 목록의 비교에서 드러나는 주요 특징은 다음과 같다.

• 의존명사 '것'의 순위가 매우 높다.

• 용언 '하다, 있다, 되다, 보다'가 양쪽 모두에 포함되어 있다.[163)]

• 부사와 감탄사가 문어에는 없으나 구어에는 많다.

✽ 말뭉치를 분석한 다른 한 연구에서 부사 가운데 빈도 상위 10개를 살펴보면 '또, 안, 다' 셋만 문어와 구어에 공통이다.[164)]

• 문어 : 그러나, 더, 또, 그리고, 안, 잘, 다시, 다, 함께, 가장

• 구어 : 안, 근데, 이렇게, 막, 그래서, 좀, 다, 또, 많이, 지금

---

162) 문어 목록은 『한국어 사용 빈도』(2009)의 것이다. 여기에 구어자료도 일부 포함되어 있으나 대부분이 문어자료이므로 문어를 대표하는 것으로 간주한 것이다. 구어 목록은 다음 논문의 부록에서 조사(助詞)를 제외하고 변이형들을 통합한 것이다.
윤혜경(2017) 「구어말뭉치를 기반으로 한 한국어 교육용 어휘 선정 연구」, 가톨릭관동대 박사학위논문.

163) 윤혜경(2017)의 조사 결과에는 '이다'가 제외되어 있다.

164) 정성훈(2014) 「한국어 부사의 빈도와 분포 고찰」, 《언어와언어학》 65, 한국외국어대 언어연구소. '이렇게'는 〈표〉에 따르면 부사가 아니라 형용사 '이렇다'의 부사형이고 〈고〉에 따르면 부사이다.

관용표현

8.1. 관용표현의 개념

✱ 단어보다 큰 언어표현, 즉 **구**(句)나 **문장** 가운데 일부는 단어처럼 고정된 형태와 일정한 의미를 가지고 있어서 어휘부문에 저장되어 있는 듯 보인다. 이들을 '**고정표현**(固定表現)'이라 하기도 하지만 관습적 사용이라는 특징에 주목하여 '**관용표현**(慣用表現)'으로 부르는 일이 더 많다.

✱ 관용표현의 주요 유형은 다음과 같다.
- 연어 : 구 가운데 고정성과 관용성이 크면서 축자적 의미를 가진 것.
- 숙어 : 구 가운데 고정성과 관용성이 크면서 축자적 의미와 다른 특별한 의미를 가진 것.
- 속담 : 구나 문장 가운데 고정성과 관용성이 크면서 보편적 사실을 표현하는 것.

✱ **투식어**(套式語)도 고정성과 관용성이 큰 특징을 가지고 있으므로 관용표현에 포함할 수 있다.[165]
- 투식어 : 형태와 의미가 고정되어 있으면서 특정한 상황에 한정해 쓰이는 말.

✱ 연어, 숙어, 속담과 달리 투식어는 한 단어인 경우도 있다. 다음의 '경례, 올림, 여보세요'는 한 단어로 이루어진 투식어이다.
- 경례. ✱공식적인 행사에서 두 사람 이상이 동시에 인사를 시작하도록 알릴 때
- 올림. ✱윗사람에게 쓰는 편지 끝에 보내는 사람의 이름을 적고 편지를 마칠 때
- 여보세요. ✱전화 통화에서 상대방을 부를 때
- 어서 오세요. / 어서 오십시오. ✱방문자를 환영할 때
- 금213,560원(금이십일만삼천오백육십원) ✱금액을 정확히 적을 때

✱ 상대방에게 해라체를 쓰면서 통화를 하다가도 통화가 끊긴 것 같아서 상대방을 부를 때면 "여봐라." 하지 않고 "여보세요." 한다. '여보세요'가 이러한 상황에 한정해 쓰이는 관용표현, 즉 투식어인 것이다.

✱ 부사 '어서'는 행동을 빨리 하도록 재촉하는 뜻을 가진다. 그러나 투식어 '어서 오세요.'의 '어서'는 방문자를 환영하는 상황에서 습관적으로 넣는 단어이지 오는 행동을 빨리 하도록 재촉하는 뜻은 없다.

✱ 금액을 정확히 적고자 하는 상황에서, '금'과 '원' 사이에 아라비아숫자로 액수를 적고 그 뒤에 소괄호 안에 액수를 다시 한글로 적는다. 띄어 쓰지 않는다.

✱ §8.2 이하에서 연어, 숙어, 속담을 차례로 살핀다.

---

165) 투식어는 '화용론적 관용표현'이라 부르던 것이다.

8.2. 관용표현으로서의 연어

❋ **연어**(連語)는 고정성과 관용성이 크면서 축자적 의미를 가진 구이다.

❋ 연어는 **의미합성**으로 형성된 의미, 즉 **축자적 의미**를 가지므로 의미의 관점에
서는 전혀 특별하지 않다. 단어들의 연결이 고정적이라는 점이 특별하다.

❋ 시간과 장소에 구애받지 않는다는 뜻의 다음 두 구 가운데 '언제 어디서나'만 쓰인
다. '언제 어디서나'는 연어이다.

• 언제 어디서나 (○)

• 어디서 언제나 (✕)

❋ 눈과 입을 소유자 자신이 주변 근육을 이용해 스스로 개방하고 폐쇄하는 것을 뜻
하는 동사가 목적어 '눈', '입'과 연결되는 양상은 다음과 같다.

목적어＼동사	'개방'의 의미			'폐쇄'의 의미		
	뜨다	벌리다	열다	감다	다물다	닫다
눈을	○	✕	✕	○	✕	✕
입을	✕	○	○	✕	○	○

❋ 개방을 표현할 때 눈은 '뜨다'라고만 하고 입은 '벌리다, 열다'라고만 하는 것은 규
칙이라기보다 각 단어의 습관이다. 여기서 '○'로 표시한 '눈을 뜨다', '입을 벌리
다' 등은 연어이다.

❋ '결(決)'로 시작하는 명사 '결심, 결정, 결단, 결의, 결행, 결판, 결론'이 주어나 목적
어가 되어 동사 서술어와 어울리는 양상은 다음과 같다.

명사＼동사	~이 서다	~을 하다	~을 짓다	~을 내리다	~을 맺다	~을 보다
결심(決心)	○	○	✕	✕	✕	✕
결정(決定)	✕	○	○	○	✕	○
결단(決斷)	✕	○	✕	○	✕	✕
결의(決議)	✕	○	✕	✕	✕	✕
결행(決行)	✕	○	✕	✕	✕	✕
결판(決判)	✕	?	○	✕	✕	○
결론(結論)	○	✕	○	○	○	✕

❋ 이상과 같은 구들 가운데 어떤 것이 연어가 되고 연어가 되지 못하는지를 단어의
의미나 문법의 관점에서 설명하기는 어렵다. 어떤 구가 연어가 되느냐 안 되느냐
는 각 단어의 습관이라고 할 수밖에 없다.

8.3. 단어들의 공기 확률과 연어

✱ 연어를 구성하는 단어들은 서로 **공기**(共起)할 확률이 높다.

✱ 의태부사 '텅'은 서술어로서 동사 '비다'와만 어울린다. 즉 '텅'은 '비다'와 100%의 확률로 공기한다. 그러므로 '텅 비다'는 연어이다.

✱ '눈시울'은 '눈언저리의 속눈썹이 난 곳'을 가리킨다. 그 자체로는 정서적 의미와 관련이 없는 단어이다. 그런데 '눈시울'은 주로 슬픔이나 감동에 의한 격한 신체적 반응을 표현하기 위해 쓴다. 즉 다음과 같은 연어로 자주 사용한다.

- 눈시울이 뜨겁다 / 눈시울이 뜨거워지다 / 눈시울이 축축해지다 / 눈시울이 화끈 거리다 / 눈시울을 붉히다 / 눈시울을 적시다

✱ 물론 '눈시울'이 다른 단어와 공기할 수도 있다. 그러나 위와 같은 단어들과 공기할 확률이 훨씬 더 높다.[166]

✱ 공기할 확률이 덜 높은 단어들의 연결은 연어인 것과 아닌 것의 경계가 분명치 않다. 예를 들어 '눈을 만지다'는 자연스러운 구라는 점에서 연어의 후보이다. 그런데 '눈'을 기준으로 하든지 '만지다'를 기준으로 하든지 상대 단어를 요구하는 정도가 평범하다. 이 정도의 끈끈함을 가진 구는 관점에 따라 연어로 볼 수도 있고 연어가 아니라고 할 수도 있다.

✱ 사전에서 연어는 용례에 포함해 제시한다. 그런데 연어의 범위를 정확히 한정하기 어려우므로 용례 중 어느 것이 연어이고 어느 것이 연어가 아니라고 표시하기는 어렵다. 그렇지만 §8.2와 위에서 본 '눈을 뜨다, 결심이 서다, 텅 비다, 눈시울이 뜨겁다' 같은 전형적인 연어들에 대해서는 사전에서 특별하게 언급할 필요가 있다.

✱ 연어는 각 단어가 가진 특수성 때문에 생기는 것이므로 같은 종류의 단어들에 보편적으로 적용되는 규칙을 말할 수 없다. 한국어를 배우는 학습자는 단어를 배울 때 그 단어가 형성하는 연어를 함께 배우는 것이 유리하다. 문법이나 의미를 따져서는 연어의 쓰임을 예측하기 어렵기 때문이다.

✱ 한국어 원어민은 어떤 구가 연어가 되고 안 되는지를 직관적으로 알고 있다. 원어민은 연어를 활용함으로써 빠진 단어를 금방 알아낼 수 있으며, 빠른 속도로 문장을 이해하고 자연스러운 문장을 쉽게 만들어 낼 수 있다.

---

166) 〈표〉, 〈고〉, 〈기〉 모두 '눈시울'의 이러한 속성을 전혀 언급하지 않고 있다.

8.4. 주술연어와 목술연어

✽ 연어의 상당수는 주어와 서술어의 연결이거나 목적어와 서술어의 연결이다. 전자를 '**주술연어**(主述連語)', 후자를 '**목술연어**(目述連語)'로 부를 수 있다.

- 주술연어 : 주어와 서술어로 이루어진 연어
- 목술연어 : 목적어와 서술어로 이루어진 연어

✽ 주술연어와 목술연어는 문장의 뼈대이므로 말하기와 쓰기에 큰 도움이 된다.

✽ 명사 '값'이 형성한 주술연어와 목술연어의 예는 다음과 같다.

- 주술연어 : 값이 싸다 / 값이 비싸다 / 값이 오르다 / 값이 내리다 / 값이 치솟다
- 목술연어 : 값을 부르다 / 값을 묻다 / 값을 구하다 / 값을 측정하다

✽ 자동사 '나다'가 형성한 주술연어를 〈기〉의 의미소별로 보면 다음과 같다.[167]

- 나다① : 땀이 나다 / 이가 나다 / 수염이 나다 / 새싹이 나다
- 나다② : 길이 나다 / 창문이 나다
- 나다③ : 구멍이 나다 / 상처가 나다 / 조각이 나다
- 나다④ : 티가 나다 / 발자국이 나다
- 나다⑤ : 기사가 나다
- 나다⑥ : 지진이 나다 / 홍수가 나다
- 나다⑦ : 불이 나다 / 사건이 나다
- 나다⑧ : 농산물이 나다 / 기름이 나다
- 나다⑨ : 천재가 나다 / 인물이 나다
- 나다⑩ : 이름이 나다 / 소문이 나다 / 발표가 나다

✽ 타동사 '끊다'가 형성한 목술연어를 〈기〉의 의미소별로 보면 다음과 같다.[168]

- 끊다① : 실을 끊다 / 그물을 끊다 / 줄을 끊다
- 끊다② : 관계를 끊다 / 발걸음을 끊다
- 끊다③ : 거래를 끊다 / 지원을 끊다
- 끊다④ : 술을 끊다 / 담배를 끊다 / 약을 끊다
- 끊다⑤ : 가스를 끊다 / 전기를 끊다
- 끊다⑥ : 구독을 끊다 / 우유를 끊다
- 끊다⑦ : 다리를 끊다 / 도로를 끊다
- 끊다⑧ : 말을 끊다 / 이야기를 끊다

---

167) 〈기〉는 '나다'의 의미소를 32개로 설정했다. 그 가운데 처음 10개를 보인 것이다.
168) 〈기〉는 '끊다'의 의미소를 17개로 설정했다. 그 가운데 처음 8개를 보인 것이다.

8.5. 숙어

✱ **숙어**(熟語)는 고정성과 관용성이 크면서 축자적 의미와 다른 특별한 의미를 가진 구이다.[169] 연어와 달리 숙어는 각 단어의 의미로부터 도출할 수 없는 한 덩어리의 의미, 즉 **관용적**(慣用的) **의미**를 가진다.

✱ 숙어 '숨을 거두다'의 관용적 의미 '죽다'는 '숨'의 의미와 '거두다'의 의미만 가지고는 예측할 수 없는 한 덩어리의 의미이다.

- 숙어 '숨을 거두다'의 의미 = '죽다'의 의미

✱ 관용적 의미는 대개 축자적 의미로부터 비유를 통해 생겨난 **비유적 의미**이다.

✱ 다음의 '귀가 얇다'처럼 대부분의 숙어는 축자적 의미를 가진 연어로도 쓰인다.

- 귀가 얇다① : 귀의 양면 사이의 거리가 가깝다 (축자적 의미) ➔ 연어
- 귀가 얇다② : 남의 말을 잘 믿는 성향이다 (관용적 의미) ➔ 숙어
- 귀가 두껍다 : 귀의 양면 사이의 거리가 멀다 (축자적 의미) ➔ 연어

✱ 숙어는 형태가 고정되어 있어서 숙어에 들어 있는 단어를 유의어로 바꾸기 어렵다. 예를 들어 '쌍수＝양손', '숨＝호흡'은 다음 숙어들에서 통하지 않는다.

- 쌍수를 들다 (지지하거나 환영하다) ≠ 양손을 들다   ✱'양손을 들다'는 축자적 의미만 가짐.
- 숨을 거두다 (죽다) ≠ 호흡을 거두다   ✱'호흡을 거두다'는 심호흡을 가라앉힌다는 뜻이 될 듯하지만 분명하지 않음.

✱ 형태가 비슷한 숙어들이 공존하는 경우도 있다.

'시간적 여유가 조금도 없이 바쁘게'를 뜻하는 숙어들

- 숨 쉴 사이/새/틈(도) 없이
- 숨 돌릴 사이/새/틈(도) 없이

'몹시 가난하다'를 뜻하는 숙어들

- 똥구멍이 찢어지다/째지다
- 가랑이가 찢어지다/째지다
- 똥구멍이 찢어지게/째지게 가난하다
- 가랑이가 찢어지게/째지게 가난하다
- 밑구멍이 찢어지게/째지게 가난하다
- 찢어지게/째지게 가난하다

---

169) 〈표〉, 〈고〉, 〈기〉에서는 숙어를 **관용구**(慣用句)'라 한다.

8.6. 널리 쓰이는 숙어

✱ 〈표〉에는 숙어가 3,886개 등재되어 있다. 일상에서 널리 쓰이는 예를 몇 개 골라 보면 다음과 같다.

- 국물도 없다 : 돌아오는 몫이나 이득이 아무것도 없다
- 꿈도 못 꾸다 : 전혀 생각도 하지 못하다.
- 말도 안 되다 : 실현 가능성이 없거나 이치에 맞지 않다.
- 머리(를) 굴리다 : 머리를 써서 해결 방안을 생각해 내다.
- 사돈의 팔촌 : 남이나 다름없는 먼 친척.
- 사서 고생(을) 하다 : 고생하지 아니하여도 될 일을 제 스스로 만들어 고생하다.
- 성을 갈다 : 어떤 일을 다시는 하지 않겠다고 맹세하거나 어떤 것을 장담하다.
- 소식이 깡통 : 소식을 전혀 모름을 속되게 이르는 말.
- 싹이 노랗다 : 잘될 가능성이나 희망이 애초부터 보이지 아니하다. =싹수(가) 노랗다.
- 씨가 마르다 : 어떤 종류의 것이 모조리 없어지다.
- 아쉬운 대로 : 부족하나마 그냥 그대로.
- 올 것이 오다 : 좋지 않은 일이 예상대로 당연하게 일어나다.
- 우습지도 않다 : 너무 어이가 없는 일이어서 기가 막히다.
- 장래를 약속하다 : 결혼할 것을 언약하다.
- 죽기 아니면 까무러치기 : 온갖 위험을 무릅쓰고 모든 힘을 다함을 비유적으로 이르는 말.
- 죽고 못 살다 : 몹시 좋아하거나 아끼다
- 쥐도 새도 모르게 : 감쪽같이 행동하거나 처리하여 아무도 그 경위나 행방을 모르게.
- 쥐뿔도 모르다 : 아무것도 알지 못한다.
- 첫 단추를 잘못 끼우다 : 시작을 잘못하다.
- 파김치(가) 되다 : 몹시 지쳐서 기운이 아주 느른하게 되다.
- 파리(를) 날리다 : 영업이나 사업 따위가 잘 안되어 한가하다.
- 한 치 앞을 못 보다 : 지식이나 경험이 부족해서 앞으로 일어날 일을 예상하지 못하다.
- 해가 서쪽에서 뜨다 : 예상 밖의 일이나 있을 수 없는 희한한 일이 벌어지다. =서쪽에서 해가 뜨다.
- 호박씨(를) 까다 : 안 그런 척 내숭을 떨다.

8.7. 숙어에만 쓰이는 한자어

✱ 일부 한자어는 숙어에만 쓰인다. 다음의 '마각, 치, 입추'는 이 숙어들에만 쓰인다. (겹화살표 '⇒' 왼쪽은 한자어의 원래 의미, 오른쪽은 숙어의 의미이다.)

- 마각(馬脚)을 드러내다 : 말의 다리 ⇒ 숨기고 있던 속마음이나 정체를 보이다.
- 치(齒)를 떨다 : 이(치아) ⇒ 몹시 분하거나 지긋지긋하여 화를 내다.
- 입추(立錐)의 여지가 없다 : 송곳을 세움 ⇒ 발 들여놓을 데가 없을 정도로 많은 사람이 꽉 들어차 있다.

〈표〉, 〈고〉에서 숙어가 아닌 연어로 처리한 예들

- 각광(脚光)을 받다 : 무대의 앞쪽 아래에 장치하여 배우를 비추는 광선 ⇒ 사회적 관심을 끌고 좋은 평가를 받다.
- 기염(氣焰)을 토하다 : 타오르는 불꽃 ⇒ 세찬 기세를 드러내다.
- 박차(拍車)를 가하다 : 말을 탈 때에 신는 구두의 뒤축에 달려 있는 물건. 톱니바퀴 모양으로 쇠로 만들어 말의 배를 차서 빨리 달리게 한다. ⇒ 어떤 일을 재촉하여 잘되도록 힘을 더하다.
- 심혈(心血)을 기울이다 : 심장의 피 ⇒ 온 힘과 정신을 다해 노력하다.
- 장사진(長蛇陣)을 치다 : 예전의 병법(兵法)에서, 긴 뱀처럼 한 줄로 길게 벌인 군대의 진(陣) ⇒ 많은 사람이 줄을 지어 길게 늘어서다.
- 정곡(正鵠)을 찌르다 : 과녁의 한가운데를 표시하는 점 ⇒ 요점이나 핵심을 가리키다.

〈고〉는 숙어로, 〈표〉는 연어로 처리한 예들

- 심금(心琴)을 울리다 : 마음속의 거문고 ⇒ 마음에 감동을 일으키다.
- 전철(前轍)을 밟다 : 앞에 지나간 수레바퀴의 자국 ⇒ 이전 시대의 과오나 사람의 잘못을 되풀이하다.

✱ 위의 숙어들을 사전에서 연어로 처리한 것은 숙어에 나타난 비유적 의미를 해당 단어의 한 의미소로 제시했기 때문이다.

- '각광(脚光)'의 뜻풀이 가운데 비유적 의미 : 〈표〉 사회적 관심이나 흥미. / 〈고〉 어떤 대상에 대한 많은 사람들의 관심이나 흥미, 인기.

✱ 그러나 다음과 같이 '각광' 등의 뜻풀이에 원래의 의미만 제시하고 비유적 의미는 숙어의 뜻풀이로 돌리는 것이 합당하다.

- 각광(脚光) : 무대의 앞쪽 아래에 장치하여 배우를 비추는 광선.
- 각광(脚光)을 받다 : [숙어] 사회적 관심을 끌고 좋은 평가를 받다.

8.8. 숙어의 축자적 의미와 유래

✽ 숙어 가운데는 축자적 의미가 무엇인지를 이해하기 어려운 것들이 있다.

손에 장을 지지다

- 〈표〉 어떤 사실이나 사건 따위를 전혀 믿을 수가 없다. / 〈고〉 어떤 일을 확신할 때 그 정도를 이르는 말. 예 내 친구가 오지 않는다면 내 손에 장을 지지겠어.

✽ '손에 장을 지지다'는 '-으면 내 손에 장을 지지다'의 형태로 쓰이며, 그 의미는 '-으면'이 붙은 부사절의 내용을 강하게 부정하는 것이다.

✽ 그런데 '손에 장을 지지다'가 축자적으로 무엇을 뜻하는지 잘 알려져 있지 않다. 여기서 '장'은 '된장'을 가리키며 '지지다'는 끓인다는 뜻이다.

- 지지다 : 〈표〉 국물을 조금 붓고 끓여서 익히다. 예 된장을 지지다

✽ '손에 장을 지지다'는 뚝배기나 냄비 대신 손을 그릇으로 삼아서 된장찌개를 끓이는 극단적인 행위를 가리키며, 절대 그럴 리가 없다고 맹세하기 위한 예시인 것이다.

병신(이) 육갑(六甲)하다

- 〈표〉 되지못한 자가 엉뚱한 짓을 하다. 예 병신이 육갑하는 것도 분수가 있지.

✽ 〈고〉의 풀이도 〈표〉와 똑같다. 이 풀이만 보아서는 이 숙어의 축자적 의미가 무엇인지를 알기 어렵다. '병신'이 '病身'이라는 것을 추측한다 해도 '육갑하다'의 원래 의미가 무엇이고 이 숙어와 어떻게 관련되는지는 알기 어렵다.

✽ 〈표〉와 〈고〉는 다음과 같이 '육갑하다'를 비유적 의미로만 풀이하고 있고 '병신(이) 육갑하다'와 거의 같은 내용의 예문만 제시하고 있다.

- 〈표〉 (비속하게) 어떠한 말이나 행동을 하다. 예 이런 병신 같은 것이 육갑하고 있네.
- 〈고〉 {얕잡아 이르는 말로} (사람이) 경망스러운 말이나 행동을 하다. 예 저런 병신, 육갑하고 자빠졌네. / 이 등신아, 육갑하지 말고 밥이나 먹어.

✽ '육갑'은 '육십갑자(六十甲子)'의 준말이다. '육갑하다'는 손가락으로 육십갑자를 짚는다는 뜻이다. 점술가가 사주를 볼 때 둘째손가락부터 새끼손가락까지의 마디를 돌아가며 각 마디에 지지(地支)를 배정하고 엄지손가락으로 각 마디를 짚어가며 천간과 지지를 결합해 육십갑자를 확인한다. 지능이 모자라거나 해서 이 방법을 잘 익히지 못한 사람이 이 동작을 어설프게 흉내 내면 그걸 보는 주변 사람이 "병신! 육갑하네." 또는 "병신! 육갑하고 자빠졌네." 하고 비웃기 마련이다.

8.9. 현대에 생긴 숙어

✻ 숙어는 오래전부터 쓰여 온 것이 많지만 현대에 와서도 계속 생겨나고 있다.

- 명함도 못 내밀다/들이다 : 도저히 상대가 되지 않아 감히 나서지도 못하다.
- 못 먹어도 고 : 실패할 가능성이 있지만 강행하다.
- 번지수를 잘못 찾다/짚다 : 생각을 잘못 짚어 엉뚱한 방향으로 나가다.
- 비행기를 태우다 : 남을 지나치게 칭찬하다.
- 색안경을 끼고 보다 : 주관이나 선입관에 얽매여 좋지 않게 보다.
- 쇼크를 먹다 : 충격을 심하게 받다.
- 스타일을 구기다 : 품위에 손상을 입다.
- 필름이 끊기다 : 정신이나 기억을 잃다.

✻ 다음은 〈표〉, 〈고〉에 등재되어 있지 않고 〈우〉에 등재되어 있다.

- 기울어진 운동장 : 처음부터 공정한 경쟁을 할 수 없는 상황.
- 신의 한 수 : 어떤 일을 처리하거나 해결하는 데에 매우 뛰어나고 기묘한 수단.

✻ 다음은 〈표〉, 〈고〉, 〈우〉에 등재되어 있지 않다.

- 눈치가 백 단이다 : 눈치가 빠르다.
- 당이 떨어지다 : 당분 부족으로 기력이 떨어지다.
- 돈이 깨지다 : 아까운 느낌이 들 정도로 비용이 들다.
- 똥볼을 차다 : 나쁜 결과가 생기는 방향으로 일을 처리하다.[170]
- 신경을 끄다 : 신경 쓰는 것을 그만두다
- 입을 털다 : 하고 싶던 말을 마음껏 하다.
- 있어 보이다 : 돈, 품격, 실력 등 사람들이 선망하는 요소를 갖춘 것처럼 보이다.
- 좋은 게 좋은 거다 : 엄격하게 따지지 말고 두루뭉술 넘어가자는 뜻으로 하는 말.
- 취향을 저격하다 : 취향에 꼭 맞춘 것처럼 매우 마음에 들다.[171]
- 천국과 지옥을 오가다 : 매우 좋은 일과 매우 안 좋은 일을 번갈아 겪다.
- 필(feel)이 꽂히다 : 느낌이 강렬해서 마음을 빼기다.
- 한 템포(tempo) 느리다/늦다 : 생각이나 동작이 보통보다 조금 느리다.[172]

---

170) '똥볼'은 〈표〉, 〈고〉에 실려 있지 않다. 〈우〉는 구 '똥 볼'을 표제어로 싣고 "축구 경기에서, 골문을 크게 벗어난 슛을 이르는 말."로 풀이하고 있다.

171) 〈우〉는 '취향 저격'을 "어떤 사람이나 물건이 자신의 취향에 꼭 맞춘 것처럼 매우 마음에 든다는 뜻으로 쓰는 말."로 풀이하고 있다.

172) '한 템포 느리다'는 『능률 한영사전』에 등재되어 있다. 그 영어 풀이는 'be one beat behind/late'이다.

8.10. 속담

✻ **속담**(俗談)은 다음과 같은 특징을 가진 관용표현이다.
- 구나 문장의 형태이다.
- 표현이 매우 간결하다.
- 개별적인 사실들의 귀납으로 도출된 보편적인 사실을 표현한다.

구 형태의 속담
- 중의 빗 / 누워서 침 뱉기 / 티끌 모아 태산

문장 형태의 속담
- 뒷간에 갈 적 마음 다르고 올 적 마음 다르다.
- 팔이 들이굽지 내굽나.
- 누울 자리 봐 가며 발을 뻗어라.

✻ 특정한 사례를 제시하고 비유를 통해 보편적인 사실을 표현하는 속담이 많다.
- 장님 코끼리 만지기

✻ 이 속담은 장님이 코끼리의 일부를 만지고 그것이 코끼리의 전체 모습이라고 오해하는 사례로부터 비유를 통해 일부만 알면서 전체를 안다고 생각하는 어리석음을 표현하고 있다. 세 단어만으로 이루어져 있어서 표현이 매우 간결하다.

✻ 문장 형태의 속담에서는 보편적인 사실을 표현하기 위해 대부분 현재시제로 표현한다. 이때의 현재시제는 과거, 현재, 미래라는 시간적 구분과 관계없이 변하지 않는 동일한 사건을 표현한다. 다음과 같이 과거시제로 표현한 속담은 매우 드물다.
- 게도 구럭도 다 잃었다.

✻ 속담이 표현하는 보편적인 사실은 주로 ① 삶에서 자주 맞닥뜨리는 상황, ② 사람이 흔히 가지는 감정이나 의견, ③ 경험에서 얻게 되는 지혜 등에 관한 것이다.
- 꿩 대신 닭 (차선책이 필요한 상황)
- 배보다 배꼽이 더 크다. (주객전도의 상황)
- 남의 손의 떡은 커 보인다. (질투심)
- 팔은 안으로 굽는다. (이기심)
- 꼬리가 길면 밟힌다. (사건이 일어날 확률에 관한 지혜)
- 세 살 버릇 여든까지 간다. (습관의 중요성에 관한 지혜)

✻ 사전에서 속담은 그 속담의 맨 앞 단어의 부표제어로 싣는다. 예를 들어 〈표〉에서 속담 '언 발에 오줌 누기'는 맨 앞 단어 '얼다'의 부표제어로 싣고 있다.

8.11. 널리 쓰이는 속담

✱ 〈표〉에는 속담이 7,436개 등재되어 있다. 일상에서 널리 쓰이는 속담 55개를 골라 보면 다음과 같다.

- 가는 말이 고와야 오는 말이 곱다.
- 가재는 게 편
- 갈수록 태산이다.
- 같은 값이면 다홍치마
- 고래 싸움에 새우 등 터진다.
- 그림의 떡
- 금강산도 식후경
- 길고 짧은 것은 대 봐야 안다.
- 꼬리가 길면 밟힌다.
- 꿩 대신 닭
- 꿩 먹고 알 먹고
- 낫 놓고 기역 자도 모른다.
- 누워서 떡 먹기
- 누워서 침 뱉기
- 닭 잡아먹고 오리발 내민다.
- 도둑이 제 발 저린다.
- 도토리 키 재기
- 돌다리도 두드려 보고 건너라.
- 등잔 밑이 어둡다.
- 말 한 마디로 천 냥 빚을 갚는다.
- 말이 씨가 된다.
- 모르면 약이요 아는 게 병
- 무소식이 희소식
- 믿는 도끼에 발등 찍힌다.
- 밑 빠진 독에 물 붓기
- 밑져야 본전
- 배보다 배꼽이 더 크다.
- 병 주고 약 준다.
- 불난 집에 부채질한다.
- 사공이 많으면 배가 산으로 간다.
- 서당 개 삼 년이면 풍월을 읊는다.
- 세 살 버릇 여든까지 간다.
- 소 닭 보듯
- 소 잃고 외양간 고친다.
- 소문난 잔치에 먹을 것 없다.
- 쇠귀에 경 읽기
- 수박 겉 핥기
- 시작이 반이다.
- 식은 죽 먹기
- 싼 게 비지떡
- 아니 땐 굴뚝에 연기 나랴.
- 언 발에 오줌 누기
- 열 번 찍어 안 넘어가는 나무 없다.
- 우물 안 개구리
- 울며 겨자 먹기
- 원숭이도 나무에서 떨어진다.
- 윗물이 맑아야 아랫물이 맑다.
- 입이 열 개라도 할 말이 없다.
- 작은 고추가 더 맵다.
- 천 리 길도 한 걸음부터
- 티끌 모아 태산
- 팔은 안으로 굽는다.
- 하늘의 별 따기
- 하룻강아지 범 무서운 줄 모른다.
- 호랑이도 제 말 하면 온다.

8.12. 속담의 전통성

✳ 속담에서 한민족의 전통적인 사고방식을 볼 수 있다.

- 찬물도 위아래가 있다. (위계질서를 중시하는 사고방식)
- 어른 말을 잘 들으면 자다가도 떡이 생긴다. (연장자 중심의 사고방식)
- 암탉이 울면 집안이 망한다. (남존여비의 사고방식)
- 여자 셋이 모이면 새 접시를 뒤집어 놓는다. (여자들이 모여 떠드는 것을 못마땅하게 여기는 사고방식)[173]

✳ 이러한 사고방식은 현대에 와서 달라지고 있다. 특히 성차별을 함축하는 '암탉이 울면 집안이 망한다.' 같은 속담은 금기어에 가깝다.

✳ '개'로 시작하는 속담은 〈표〉에 74개, 〈기〉에 다음의 10개가 실려 있다.

- 개같이 벌어서 정승같이 쓴다.
- 개 고양이 보듯
- 개 눈에는 똥만 보인다.
- 개 닭 보듯
- 개 발에 편자
- 개도 주인을 알아본다.
- 개 팔자가 상팔자
- 개가 똥을 마다할까.
- 개가 웃을 일이다.
- 개 머루(약과) 먹듯[174]

✳ 이 가운데 '개같이 벌어서 정승같이 쓴다.', '개 눈에는 똥만 보인다.', '개도 주인을 알아본다.', '개가 똥을 마다할까.'는 개에 대한 부정적인 인식을 반영하고 있다. 개에 대한 요즘의 인식과 차이가 크다.

✳ 한편 최근에 반려동물로서의 개를 '강아지'라고 부르는 현상은 아직 속담에 반영되지 않고 있다. '강아지'로 시작하는 속담이 〈기〉에는 하나도 실려 있지 않고 〈표〉에 실린 4개도 개의 새끼를 뜻하는 '강아지'이지 '개'를 대신해 쓰이는 '강아지'는 아니다.[175]

✳ 또 '개'를 활용한 현대의 다음 속담들은 아직 사전에 실려 있지 않다.

- 개 풀 뜯어먹는 소리 : 말이나 이야기가 황당하다는 말.
- 지나가는 개가 웃겠다. : 어떤 일이 전혀 이치에 맞지 않아서 어이가 없다는 말.

---

173) 현실에서는 '여자 셋이 모이면 접시가 깨진다.'가 더 많이 쓰인다.
174) '개 고양이 보듯', '개 머루(약과) 먹듯'은 빈도가 매우 낮아 보인다. 〈기〉에 이런 속담을 실은 것은 중요도가 높은 단어만 싣고 풀이하는 〈기〉의 취지에 맞지 않다.
175) 강아지 깎아[갉아] 먹던 송곳 자루 같다. / 강아지도 닷새면 주인을 안다. / 강아지 똥은 똥이 아닌가. / 강아지에게 메주 멍석 맡긴 것 같다.

9.1. 언어변종의 어휘

✻ 한국어를 다른 언어와 비교했을 때는 단일한 언어이지만 자세히 들여다보면 생물의 다양한 품종처럼 다양한 **언어변종**(言語變種)이 존재한다.

✻ 언어변종을 결정하는 요인으로는 시간, 언어공동체, 사회적 기능이 대표적이다.
  • 시대어 : 시간에 따른 언어변종
  • 방언 : 언어공동체에 따른 언어변종
  • 위상어 : 특별한 사회적 기능을 가진 언어변종

✻ 중세한국어, 현대한국어는 **시대어**(時代語)의 예이다.

✻ 한국어 어휘 가운데 과거에 존재했던 단어는 **고어**(古語), 이제는 사라진 단어는 **사어**(死語) 또는 **폐어**(廢語)이다. 새로 생겨난 단어는 **신어**(新語)이다.

✻ **방언**(方言)은 지역적 언어공동체가 사용하는 **지역방언**(地域方言)과 사회적 언어공동체가 사용하는 **사회방언**(社會方言)으로 나누어진다.

✻ 사회방언보다 지역방언이 두드러지므로 '방언'이라는 용어를 지역방언의 뜻으로 사용하는 일이 많다.[176)]

✻ 한국어의 지역방언은 한반도 안에만 존재하는 것이 아니라 외국의 한인 거주지역에도 존재한다. 중국 조선족의 **조선어**(朝鮮語) 또는 **조선말**, 중앙아시아 고려인의 **고려어**(高麗語) 또는 **고려말**이 대표적인 예이다.

✻ 사회방언의 대표적인 예로는 **세대방언**(世代方言), **연령방언**(年齡方言), **성별방언**(性別方言), **은어**(隱語)가 있다.

✻ 세대방언은 특정 시기에 태어난 사람들이 공통적으로 사용하는 말이고, 연령방언은 특정 연령층에 도달한 사람들이 공통적으로 사용하는 말이다.

✻ 은어는 특정 집단의 구성원들끼리만 소통하기 위해 만든 비밀스러운 말이다.

✻ 개인은 기본적으로 자신이 속한 시대와 언어공동체의 언어를 사용하는 한편, 상황에 따라 특별한 사회적 기능을 가진 언어변종인 **위상어**(位相語)를 사용한다. 위상어의 예는 다음과 같다.
  • 표준어, 현실어, 비표준어, 속어, 경어, 놀림말, 경멸어, 비하어, 욕설, 순화어, 대체어, 직설어, 완곡어, 금기어, 차별어, 공정어

✻ 시대어, 방언, 위상어의 다양성은 어휘에 가장 뚜렷하게 나타난다.

---

176) '방언'과 비슷한 말로 '사투리'와 '지역어'가 있다. '사투리'는 지역방언 가운데 표준어와 다른 요소를 가리키고 '지역어'는 지역방언을 방언구획과 관련짓지 않고 가리킨다.

9.2. 지역방언의 어휘

✱ 지역방언 어휘만 따로 모은 다양한 방언사전들이 나와 있다. 〈우〉는 그것들을 종합해 '지역어(방언)'라는 이름으로 수록하고 있다.

✱ 〈우〉에 방언 표제어가 109,970개 실려 있다.[177] 〈우〉에서 방언 표제어로 수록한 말들은 표준어나 북한어와 형태가 다른 **지역방언형**(地域方言形)들이다.

✱ 지역방언형은 고유어 비중이 높다. 일부 지역에만 한정해서 쓰는 한자어나 외래어가 드물기 때문이다. 지역방언의 한자어와 외래어는 §9.4 참조.

✱ 〈우〉에 실린, 명사 '부추'와 부사 '빨리'에 해당하는 주요 **방언형**(方言形)을 사용 지역과 함께 나열하면 다음과 같다.

부추
- 덩구지(경북), 저고지(전라, 중국 길림성), 정고지(경북), 정구지(경상, 전북, 충청), 정구치(경남), 증구지(충남)
- 본추(강원), 볼기(함남), 부자(경북), 부초(강원, 경기, 전북, 충청, 평안, 함남, 중국 요령성), 부치(함남), 분초(강원, 경북, 충북), 분추(강원, 경북, 충북), 불구(강원), 불추(충남), 비자(경북), 푸초(평북), 푸추(강원, 경기), 푼추(평북)
- 세우리(제주), 쉐우리(제주), 소불(전남), 소푸(경북), 솔(경상, 전남), 졸(충청), 졸파(경기, 중국 길림성), 쪼리(충북), 쫄(충북)
- 염지(함경)

빨리
- 날래(강원, 경남, 함경), 낼래(함북)
- 댕궁(전남)
- 발리(전남), 벌럼(경남), 빨라당(강원), 빵지(황해), 뽈리(함북)
- 부저니(충남)
- 새기(경북), 싸게(강원, 경상, 전남, 충청), 싸구(경남), 싸기(경상, 전북), 싸키(경북), 쌔(전남), 쌔게(전북, 충북), 쌔기(경상), 쌔끼(경북), 어이쌔기(경북)
- 신질로(경남)
- 어펑(경북), 어풍(경남, 경북)
- 자게(제주), 자기(제주), 재게(제주), 재기(제주)
- 톰발리(황해)
- 패내끼(경남), 페네끼(경남), 페네끼(경남), 핑핑(전남)

---

177) 조사, 어미, 접미사도 포함한 결과이다.

9.3. 지역방언의 특징적인 단어

* 한반도의 지역방언은 크게 여섯 **대방언권**(大方言圈)의 방언들로 나누어진다.[178]
  • 함경방언, 평안방언, 중부방언, 전라방언, 경상방언, 제주방언[179]
* 중부방언 외의 방언들의 특징적인 명사들을 〈우〉에서 뽑아 보면 다음과 같다.

함경방언
  • 가시아바이(장인), 갱기(감자), 광차이(삽), 나조(저녁때), 너출(덩굴), 누비(누이), 느지(조짐), 다리올(다리미), 당쉬(옥수수), 대털이(재떨이), 돝(돼지), 둥굴쉐(황소), 따발(똬리), 사다(등), 소나기(우레), 수끼(숯), 식가슴(설거지), 안깐(아내), 지츰(기침), 치비(추위), 큰아매(할머니), 하불에미(홀어미), 해자부리(해바라기)

평안방언
  • 강애(가위), 고추(후추), 나줏손(저녁때), 넹기(남), 뉵디(육지), 댕추(고추), 뫼(산), 빨함(서랍), 삼춘엄매(작은어머니), 생(시동생), 흥년(흉년)

전라방언
  • 개왓짐(호주머니), 골칫가심(골칫거리), 공곳(부스럼), 군지(그네), 모냐(먼저), 비찌락(빗자루), 소매(오줌), 쇠양지(송아지), 시한(겨울), 씨엄씨(시어미), 오라부덕(손위올케), 적제금(제각기), 쪼각지(깍두기)

경상방언
  • 강새이(강아지), 고딩이(우렁이), 골미떡(가래떡), 그모레(글피), 까딱질(딸꾹질), 누부(누이), 데럼(도련님), 박상(튀밥), 얼라(어린아이), 이바구(이야기), 이붓(이웃), 재침(재채기), 조포(두부)

제주방언
  • 갓세(부부), 개철(열쇠), 겁비(소나기), 고장(꽃), 고지(숲), 곤밥(쌀밥), 곶질(산길), 궨당(친척), 기정(벼랑), 꽝(뼈), 끔(틈), 난어멍(친어머니), 낭섭(나뭇잎), 다슴어멍(의붓어머니), 도꿰이(회오리바람), 도로기(바퀴, 팽이), 동곳(고드름), 둑지(어깨), 독세기(달걀), 마농(마늘), ᄆᆞ슴(마음), 모물팟(메밀밭), 미리내(은하수), 바농(바늘), 배또롱(배꼽), 배아피(배앓이), 비바리(처녀), 숭키(채소), 쉐막(외양간), 아진지레(앉은키), 야개기(목), 우굼(주걱), 우념(울음), 장목(손목), 재열(매미), 지슬(감자), 튼사념(딴살림), 테역(잔디), 호미(낫)

---

178) '함경방언, 평안방언, 경상방언, 전라방언' 대신 방위를 이용한 '동북방언, 서북방언, 동남방언, 서남방언'이라는 용어도 사용한다.

179) '제주방언'을 '제주어'로 부르는 일도 있으나 제주방언이 한국어와 구별되는 독립된 언어가 아니므로 적절치 않다.

9.4. 지역방언의 한자어와 외래어

✽ 일부 지역에서만 사용하는 한자어가 소수 있다. 〈우〉에 방언 한자어가 306개 실려 있다. 대부분은 표준어에 대응어가 있지만 없는 것도 있다.

표준어에 대응어가 있는 단어

- 각화(角貨) : 잔돈 (전남)
- 관함(貫銜) : 성함 (경북)
- 도말(到末) : 종착지 (강원)
- 두탈(頭脫) : 대머리 (전남)
- 반종(半種) : 튀기 (경상)
- 빙거(氷車) : 썰매 (강원)
- 사장(査丈) : 사돈어른 (전남)
- 시금(時今) : 지금 (함북)
- 신방(神房) : 무당 (제주)
- 약송진(藥松津) : 껌 (함남)
- 처수(妻嫂) : 처남댁 (경남)
- 청기(靑氣) : 멍 (전남)
- 초두부(初豆腐) : 순두부 (강원)
- 초성(初星) : 샛별 (충북)
- 포원(抱願) : 소원 (경북)
- 해목(海沐) : 해수욕 (강원)

표준어에 대응어가 없는 단어

- 무거래(無去來) : 대차한 돈이나 주고받을 물건값 등 거래를 해야 할 돈이 없음. (제주)
- 문외배(門外拜) : 방문 밖에서 절하는 풍습. (경북)
- 상군(上軍) 잠수를 할 때에 숨을 오래 참을 수 있고 물질에 능숙한 해녀(제주).
- 약안주(藥按酒) : 약을 먹은 후 먹는 달콤한 음식. (경북)
- 일등호답(一等好畓) : 물을 대기가 좋아 농사짓기에 좋은 논. (경북)
- 포시망(捕柿網) : 홍시를 안전하게 수확하기 위해 삼베 따위로 만든 그물. 포충망과 비슷하게 생겼다. (제주)
- 홍탁(洪濁) : 홍어에 탁주를 곁들여 먹는 것을 이르는 말. (전남)

✽ 일부 지역에서만 사용하는 외래어가 소수 있다.

- 다비 : 양말 (강원, 경기, 경상, 전남, 함경, 황해) ←[일]tabi(たび)
- 오니 : 술래 (강원, 충남, 전라) ←[일]oni(鬼)
- 사분 : 비누 (경상, 제주) ←[일]syabon(シャボン) ←[포르투갈어]sabão
- 수굼포 : 삽 (경상, 전남) ←[일]sukoppu(スコップ) ←[네덜란드어]schop
- 마선 : 재봉틀 (함경) ←[러]mashina
- 비지깨 : 성냥 (함경, 중국 길림성) ←[러]spička
- 마우재 : 러시아인 (함경) ←[중]máozi(毛子)
- 촨 : 배 (함북) ←[중]chuán(船)

9.5. 남한어와 북한어

✱ 한반도의 언어를 대한민국(남한)에서는 '**한국어**(韓國語)'라 하고, 조선민주주의 인민공화국(북한)에서는 '**조선말**(朝鮮말)' 또는 '**조선어**(朝鮮語)'라 한다. 둘은 이름만 다를 뿐 언어학적으로 같은 언어이다. 영어로는 똑같이 'Korean'이다.

✱ 이 둘의 언어적 동일성을 강조하기 위해서는 위의 용어들보다 '**남한어, 북한어**'가 더 적절할 수 있다. 한편 '**남한방언**'은 남한의 지역방언을, '**북한방언**'은 북한의 지역방언을 가리키는 말로 쓰인다.

✱ 〈우〉에 북한어 단어 66,164개, 숙어 761개, 속담 2,340개가 실려 있다.[180] 이들은 남한어와 불일치하는 말들이다.

✱ 〈우〉의 북한어 가운데 '가'로 시작하는 단어 몇 개를 들면 다음과 같다.

남한어와 표기가 다른 말

- 가마군 : 가마꾼.
- 가지빛 : 가짓빛.

남한어에 대응어가 있는 말

- 가담가담 : 이따금.
- 가위주먹 : 가위바위보.
- 가락지빵 : 도넛.
- 가지 : ① 금방. ② 처음으로
- 가마치 : 누룽지.
- 가짜꽃(假짜꽃) : 조화(造花).
- 가슴띠 : 브래지어.
- 가짜벽(假짜壁) : 칸막이.
- 가시바퀴 : 톱니바퀴.
- 가파롭다 : 가파르다.

남한어에 대응어가 없는 말

- 가갸시절(가갸時節) : 글자를 처음 배우던 시절이라는 뜻으로, 아는 것이 없고 어린 때를 이르는 말.
- 가꿈새 : 가꾸는 데서 나타나는 모양새나 솜씨.
- 가로보다 : ① 아니꼽거나 밉게 여기어 눈을 옆으로 흘기다. ② 어떤 대상을 탐탁하지 않게 대하거나 생각하다.
- 가른머리 : 가르마를 타서 빗은 머리.
- 가오리자반 : 소금을 쳐서 꾸덕꾸덕하게 말린 가오리를 김에 살짝 쪄서 가늘게 찢어 갖은양념을 한 반찬.
- 가위다리 : 한쪽 다리의 정강이 위에 다른 쪽 다리를 어긋나게 걸쳐 얹고 앉은 모양.

---

180) 이 단어 수에 조사, 어미, 접미사도 포함되어 있다.

9.6. 북한 숙어와 북한 속담

✽ 〈우〉의 북한어 가운데 'ㄱ'으로 시작하는 숙어 몇 개를 들면 다음과 같다. 이들은 **북한 숙어**이다.

- 가리산이 들다 : [숙어] 일의 갈피를 잡지 못하는 상태에 놓이다.
- 가슴벽을 두드리다 : [숙어] 마음에 충격을 강하게 주다.
- 가슴이 한 줌만 하다[해지다] : [숙어] 가슴이 콩알만 하다[해지다].
- 간에 기별을 하다 : [숙어] 먹으나 마나 한 아주 적은 양의 음식을 먹다.
- 게사니소리를 지르다 : [숙어] 거위가 우는 소리와 같이 목청을 높여 갑자기 꽥꽥 소리를 지름을 비유적으로 이르는 말.
- 고개방아(를) 찧다 : [숙어] 긍정하는 뜻으로 고개를 끄덕끄덕하다.
- 곡기를 잃다 : [숙어] 아프거나 속상한 일이 있어 음식을 입에 대고 싶은 생각이 없어지다.
- 귀문이 넓다 : [숙어] 남의 말을 잘 곧이듣다.

✽ 〈우〉의 북한어 가운데 '가'로 시작하는 속담 몇 개를 들면 다음과 같다. 이들은 **북한 속담**이다.

- 가난도 암가난 수가난이 있다 : [속담] 가난한 살림에는 여자가 살림을 잘 못하는 탓으로 못살게 되는 암가난과, 남자가 똑똑하지 못하여 살림이 쪼들리는 수가난 이 있다는 말.
- 가난한 사람은 허리띠가 량식 : [속담] 가난한 사람은 배가 고파도 당장에 먹을 것이 없으니 자연히 허리띠만 자꾸 졸라매게 된다는 데서 가난한 사람들의 어려운 생활을 비유적으로 이르는 말.
- 가랑잎에 떨어진 좁쌀알 찾기 : [속담] 쌓이고 쌓인 가랑잎 속으로 떨어진 좁쌀알을 찾기란 매우 어려운 데서, 찾아내기가 몹시 어려움을 비유적으로 이르는 말.
- 가면이 천 리(다) : [속담] 탈을 쓰고 얼굴을 가리면 가까이 있어도 서로의 사이가 천 리나 떨어져 있는 것처럼 여겨진다는 뜻으로, 직접 얼굴을 대하게 되는 것이 아니면 낯간지러운 일도 서슴없이 하게 됨을 이르는 말.
- 가물치가 뛰면 옹달치도 뛴다 : [속담] '망둥이가 뛰면 꼴뚜기도 뛴다'의 북한 속담.
- 가시 찔리지 않고 밤 먹을 사람 : [속담] 밤송이의 그 숱한 가시에 단 한 번도 찔리지 않고 밤을 까먹을 사람이라는 뜻으로, 매우 약은 사람을 비유적으로 이르는 말.

9.7. 북한 한자어와 북한 전문어

✳ 〈우〉의 북한어 단어 가운데 한자어는 20,602개가 실려 있다. 이들은 **북한 한자어**이다.

✳ '가'로 시작하는 한자어 몇 개를 들면 다음과 같다.

- 가능사(可能事) : 가능한 일.
- 가두(街頭) : 주로 살림집이 많은 주택 지구를 기관, 직장 따위에 상대하여 이르는 말.
- 가수기목(佳樹奇木) : 아름답고 좋은 나무와 기묘하게 생긴 나무를 아울러 이르는 말.
- 가우(佳友) : 좋은 친구.
- 가유명사(家有名士) : 집안에 훌륭한 인재가 있는 것.
- 가족각(家族閣) : 가족 단위의 휴양객들이 쉬는 건물.
- 가책감(呵責感) : 자신의 잘못을 꾸짖어 책망하는 감정.
- 가호(歌豪) : 노래의 호걸이라는 뜻으로, 노래를 썩 잘 짓거나 부르는 사람을 이르는 말.
- 가환사(嘉歡事) : 기쁘고 경사로운 일.

✳ 〈우〉의 북한어 단어 가운데 전문어는 27,290개가 실려 있다. 이들은 **북한 전문어**이다.

✳ '가'로 시작하는 전문어 몇 개를 들면 다음과 같다.

- 가는귀먹기 : [의학] 난청.
- 가는밸 : [의학] 작은창자.
- 가두배추 : [식물] 양배추.
- 가름막(가름膜) : [의학] 가로막.
- 가무이야기(歌舞이야기) : [예체능 일반] 뮤지컬.
- 가슴헤염 : [체육] 평영.
- 가시껍질동물(가시껍질動物) : [동물] 극피동물.
- 가시련꽃 : [식물] 가시연꽃.
- 가쯔라타프트협정 : [역사] 가쓰라·태프트 협정.
- 가화(歌話) : [예체능 일반] 하나의 작은 이야깃거리를 노래와 대사로 표현하는 무대 예술 형식. 무용이 적절히 결합하기도 한다. 1960년대에 북한에서 근로자들에 의하여 새롭게 창조된 대중 예술 형식이다.

9.8. 특징적인 북한어의 예

✳ 북한어에서 국가명과 기타 지명이 남한어와 다른 예는 다음과 같다. (괄호 안은 남한어)

- 국가명 : 그루지야(조지아), 까자흐스딴(카자흐스탄), 단마르크(덴마크), 뛰르끼예(튀르키예), 로씨야(러시아), 메히꼬(멕시코), 벨지끄(벨기에), 뽀르뚜갈(포르투갈), 뽈스까(폴란드), 스웨리예(스웨덴), 아랍추장국(아랍에미리트), 에스빠냐(에스파니아), 에짚트(이집트), 오스트랄리아(오스트레일리아), 웽그리아(헝가리), 윁남(베트남), 이딸리아(이탈리아), 체스꼬(체코), 카나다(캐나다)
- 기타 지명 : 까스삐해(카스피해), 닐강(나일강), 도꾜(도쿄), 모스끄바(모스크바), 씨비리(시베리아), 아마조나스강(아마존강), 울라지보스또크(블라디보스토크), 할빈(하얼빈), 혹가이도(홋카이도), 히말라야산줄기(히말라야산맥)

✳ 겨레말큰사전 남북공동편찬사업회에서 남한의 대중에게 홍보하기 위해 소개한 북한어를 추려 분야별로 나열하면 다음과 같다.

- 물크림(스킨로션), 살결물(스킨, 토너), 입술연지(립스틱), 아이섀도(눈등분), 고뿌(음료용 컵), 컵(우승컵), 과일단물(주스)
- 화페(화폐), 건늠길(횡단보도/건널목), 표식판(표지판), 섯(표지판의 '정지'), 둠(표지판의 '주차'), 계단식승강기(에스컬레이터), 휴계실(휴게실)
- 벚꽃(벚꽃), 서우(코뿔소), 개미먹기(개미핥기), 번대수리(독수리), 로동벌(일벌), 7점벌레(칠성무당벌레), 참대곰/고양이곰(판다), 따옹(어흥, 호랑이 울음소리), 빡빡(꽥꽥, 오리 울음소리)
- 보임거리(가시거리), 해비침률(일조율), 붉은피알(적혈구), 피형(혈액형), 비루스(바이러스), 왁찐(백신)
- 콤퓨터(컴퓨터), 노트콤(노트북), 인터네트(인터넷), 프로그람(프로그램), 상사식(아날로그), 수자식(디지털), 오유(오류), 페지(페이지), 봉사기(서버), 찰칵(클릭), 망(네트워크), 입력건(엔터키), 공백건(스페이스바), 건반(자판/키보드)
- 고음표(높은음자리표), 4분소리표(4분음표), 도레미화쏠라씨도(도레미파솔라시도)
- 문지기(골키퍼), 방어수(수비수), 예술체조(리듬체조), 륜운동(후프체조), 댕기운동(리본체조)
- 알치기(구슬치기), 연띄우기(연날리기), 바줄당기기(줄다리기), 무릎싸움(닭싸움)
- 뜨락또르(트랙터), 식수절(식목일), 유희장(놀이공원), 관성렬차(롤러코스터), 배그네(바이킹)

9.9. 표준어, 현실어, 비표준어

✱ **표준어**(標準語)는 한 나라가 언어의 통일을 위해 규범으로 정한 언어이다. 언어 정책에 따라 현실어를 조금 가공해 만든 **인공언어**(人工言語)이다.

✱ **현실어**(現實語)는 사람들이 실제로 사용하는 언어이다. 현실어가 언어공동체, 개인, 상황에 따라 다양하고 다소 무질서해 보이는 반면, 표준어는 통일되고 정제된 모습이다.

✱ 여러 현실어 가운데 특히 수도권의 현실어를 '**중앙어**(中央語)'라 한다.

✱ 표준어는 현실어(특히 중앙어)를 기반으로 하고 있으므로 둘이 대부분 일치하지만 불일치하는 부분도 있다.

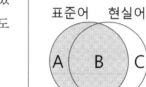

✱ A : 표준어이지만 현실어로 쓰이지 않는 말.
  • 동사 '비우다'의 과거형 '비우었다'

✱ B : 현실어로 쓰이는 표준어.
  • 표준어와 현실어는 대부분 일치한다.

✱ C : 현실어로 쓰이지만 표준어가 아닌 말. 즉 **비표준어**(非標準語)이다.
  • 간접인용의 표현 '한다라고'는 표준문법에 어긋난다.
  • '으스스하다'를 뜻하는 '으시시하다'는 표준어휘에 속하지 않는다.
  • '신문'의 발음 [심문]은 표준발음이 아니다.
  • '흔듦'의 표기 '흔듬'은 표준표기가 아니다.

✱ 일상적으로 표준어휘만을 '표준어'라 부르는 경향이 있으나 표준어, 현실어, 비표준어가 문법, 발음, 표기도 갖춘 것으로 보는 것이 옳다.

언어요소	표준어	현실어	비표준어
문법	표준문법	현실문법	비표준문법
어휘	표준어휘	현실어휘	비표준어휘
발음	표준발음	현실발음	비표준발음
표기	표준표기	현실표기	비표준표기

✱ 현대 표준어휘의 기반은 1936년 조선어학회에서 공표한 6,000여 개의 단어와 이를 바탕으로 낸 사전인 『큰사전』(1947~1957)이다.

✱ 북한의 언어규범은 남한과 조금 다르다. 평양방언을 기반으로 한 북한의 표준어는 **문화어**(文化語)이다.

9.10. 속어

✻ **속어**(俗語)는 사적인 상황에서 격의 없이 말할 때 원초적 감정을 노골적으로 드러내는 말이다. 예의를 갖추고 체면을 차려야 하는 공적인 상황에서는 사용하기 어렵다.

✻ 대중은 속어가 표준어가 아니라는 선입관을 가지고 있지만 〈표〉에 실린 속어는 표준어이다.

✻ 속어 여부는 의미소별로 다르다. 한 단어의 여러 의미소 가운데 일부만 속어로 쓰일 수 있다. 예를 들어 〈기〉는 동사 '돌다'의 의미소 22개 가운데 하나만 "(속된 말로) 정신에 이상이 생기다."로 뜻풀이했다.

✻ 〈표〉의 뜻풀이에 '속되게 이르는 말'을 포함한 표제어가 949개 실려 있다. 단어 891개, 숙어 55개, 속담 3개이다. 속어 표시가 빠진 경우도 있을 수 있다. 즉 '(재산을) 말아먹다'는 속어가 분명하지만 〈표〉, 〈고〉에 속어 표시가 없다.

✻ 〈기〉의 뜻풀이에 '속된 말로'를 포함한 단어가 285개 실려 있다. 그 가운데 초급 단어는 다음의 20개이다.[181] 속어 의미소의 뜻풀이는 다음과 같다.

- 고장 : 사람 몸이 아프거나 탈이 생긴 것.
- 날다 : 재빠르게 도망가다.
- 돌다 : 정신에 이상이 생기다.
- 뛰다 : 달아나다.
- 먹다 : 뇌물을 받다. / 여자와 성관계를 갖다.
- 미끄러지다 : 뽑히거나 골라진 대상 가운데에 들지 못하거나 시험에서 떨어지다. / 차지하고 있던 자리에서 밀려나다.
- 밑 : 항문이나 여자의 음부.
- 바람 : 현기증, 졸도, 경련 등이 나타난 이후 몸에 마비가 오는 병.
- 볶다 : 곱슬곱슬하게 파마하다.
- 불다 : 숨겼던 사실을 털어놓다.
- 붙다 : 남녀가 가까이 지내거나 육체적인 관계를 갖다. / 이성이 매력을 느껴 따르다.
- 스타 : 장군이나 그 계급.
- 씹다 : 다른 사람의 행동이나 말을 비난하거나 헐뜯다.
- 어깨 : 힘이나 폭력을 쓰는 불량배.
- 요리 : 어떤 일이나 사람을 자신이 원하는 대로 능숙하게 처리함.
- 자르다 : 단체나 직장에서 내쫓거나 해고하다.
- 짜다 : 재물을 아끼는 태도가 몹시 심하다.
- 짝 : 배필.
- 차다2 : 연인 사이인 남녀 중 한쪽이 일방적으로 관계를 끊다.
- 차다3 : 애인을 만들어 데리고 다니다.

---

181) 〈기〉의 중요도 등급은 의미소가 아닌 단어에 부여된 것이다. 그러므로 여기에 제시된 속어 의미소가 모두 다 초급 수준이라고 이해할 수는 없다.

9.11. 중고급 속어

＊ 〈기〉의 뜻풀이에 '속된 말로'를 포함한 단어 가운데 중급 단어는 25개, 고급 단어
는 14개이다. 속어 의미소의 뜻풀이는 다음과 같다.

- 간판 (중) : 겉으로 내세우는 외모, 학벌, 경력, 자격 등.
- 골머리 (고) : 머리.
- 골치 (고) : 머리.
- 구기다 (고) : 눈살이나 얼굴을 보기 싫게 찡그리다.
- 국물 (중) : 어떤 일의 대가로 다소나마 생기는 이득이나 부수입.
- 기다 (중) : 남에게 꼼짝하지 못하거나 비굴하게 굴다.
- 기어오르다 (고) : 윗사람에게 예의를 지키지 않고 버릇없이 굴다.
- 까다 (중) : 옷을 벗거나 내려 속살을 드러내다. / 몸의 일부분을 치거나 때리다. / 남의 단점이나 약점을 들추어 비난하다. / 술을 마시다. / 뒤집어 보여 주다.
- 까먹다 (중) : 어떤 사실이나 내용 등을 잊어버리다.
- 깡통 (고) : 아는 것이 없이 머리가 텅 빈 사람.
- 깨지다 (중) : 경기 등에서 지다.
- 꺼지다 (중) : 눈앞에서 안 보이게 다른 곳으로 가다.
- 꺾다 (중) : 술을 마시다.
- 꼭대기 (중) : 단체나 기관 등의 가장 높은 지위. 또는 그런 지위에 있는 사람.
- 끝장 (고) : 일을 잘못하거나 져서 완전히 그르침.
- 낚다 (고) : 이성을 유혹하다.
- 두드리다 (중) : 때리거나 치다.
- 뜨다 (중) : 두렵거나 무서운 사람이 어떤 장소에 모습을 나타내다. / 인기를 얻어 유명해지다.
- 마누라 (고) : 중년이 넘은 여자.
- 먹이다 (중) : 뇌물을 주다.
- 물다 (중) : 이익이 되는 것이나 사람을 차지하다.
- 물리다 (중) : 이익이 되는 것이나 사람이 누구의 차지가 되다.
- 밥그릇 (중) : 밥벌이를 위한 일자리.
- 뱃속 (중) : 마음.
- 붓다 (중) : 불만으로 가득 차 있거나 화가 나 있다.
- 뺨치다 (고) : 어떤 것을 능가하다.
- 뻗다 (중) : 죽거나, 힘이 다 빠져서 쓰러지다.
- 썩다 (중) : 자기 뜻과 관계없이 어떤 곳에 묶여 있다.
- 쏘다 (중) : 주로 음식 같은 것을 남에게 대접하다.
- 욕 (중) : 수고.
- 증발 (고) : 사람이나 물건이 갑자기 사라져서 어디에 있는지 모르게 됨.
- 쪼개다 (고) : 소리 없이 입을 벌리고 웃다.
- 찍히다 (중) : 어떤 사람이 다른 사람들에게 부정적으로 생각되다.
- 찜질 (중) : 몹시 매를 때리는 일.
- 치우다 (중) : 딸을 시집보내다.
- 터지다 (중) : 얻어맞거나 매를 맞다.
- 튀다 (고) : 달아나다.
- 한탕 (고) : 한 번의 일거리.
- 형광등 (고) : 둔하고 반응이 느린 사람.

9.12. 경어

* 사회적 관계에 따라 남을 예우(禮遇)하는 말이 **경어**(敬語)이다.
* 조사나 어미로 표현하는 경어는 **'경어법**(敬語法)'이라 하고 단어로 표현하는 것만 '경어'라 하는 일이 많다. 예를 들어 다음 문장에서 조사 '께' 어미 '-으시-, -지요'는 경어법 요소들이고 '할머님, 성함, 여쭈다'는 단어로서의 경어이다.
  * 할머님께 성함을 여쭤 보시지요.
* 경어 가운데 남을 높이는 말이 **존대어**(尊待語)=**존댓말**=**높임말**이고 자신을 낮추는 말이 **겸양어**(謙讓語)이다. 한편 '아비, 어미, 할아비, 할미, 시아비, 시어미, 오라비' 등은 대상을 낮추는 말인 **하대어**(下待語)=**낮춤말**이다.
* 존대어 가운데 **직접존대어**(直接尊待語)는 인물을 직접 높인다. **간접존대어**(間接 尊待語)는 인물과 관련된 대상을 높임으로써 인물을 간접적으로 존대한다. 예를 들어 '사장님'은 사장에 대한 직접존대어이고, 사장의 이름을 가리키는 '성함', 사장의 아들을 가리키는 '아드님'은 사장에 대한 간접존대어이다.

직접존대어
  * 경칭=존칭 : 어르신, 이분, 그분, 저분, 귀하, 그대, 당신, 귀사(貴社), '-님' 파생어
  * 객체존대어=객체경어 : 드리다, 뵙다, 여쭙다

간접존대어
  * 존대할 인물과 관련된 인물을 가리킴 : 아드님, 따님, 자제(子弟), 부인(夫人), 부군(夫君)
  * 존대할 인물과 관련된 비인물을 가리킴 : 댁, 말씀, 성함, 진지, 약주(藥酒)
* 사람을 가리키는 다양한 명사에 접미사 '-님'을 붙여 직접존대어로 쓴다. 21세기에 들어서는 의존명사 '분'을 이용한 표현도 많이 사용한다.
  * 부모님, 형님, 선생님, 사장님, 선배님, 주인님, 기사님, 매니저님
  * 남자 분, 아내 분, 자제 분, 친구 분, 고객 분, 주인 분, 기사 분, 외국 분
* 〈표〉의 뜻풀이에 '높여 이르는 말'을 포함한 단어가 789개, 〈기〉의 뜻풀이에 '높이는 말로'를 포함한 단어가 94개 실려 있는데 이들이 모두 존대어이다.
* 겸양어도 **직접겸양어**(直接謙讓語)와 **간접겸양어**(間接謙讓語)로 나누어진다.
  * 직접겸양어 : 저(1인칭 대명사), 저희(1인칭 대명사), 소인, 폐사(弊社), 폐교(弊校)
  * 간접겸양어 : 말씀,[182] 졸저(拙著)

---

182) '남의 말'을 뜻하는 '말씀①'은 존대어, '자신의 말'을 뜻하는 '말씀②'는 겸양어이다.

9.13. 놀림말, 경멸어, 비하어, 욕설

＊ 〈표〉의 뜻풀이에 '놀림조로 이르는 말'을 포함한 단어가 327개 실려 있다. 〈기〉의 뜻풀이에 '놀리는 말로'를 포함한 단어가 47개 실려 있다. 이들 대부분이 사람에 대한 **놀림말**이다. 〈기〉의 47단어는 다음과 같다.

- 가분수, 갈비, 갈비씨, 골초, 곰, 까불이, 꺽다리, 꼬마, 꽁생원, 대갈장군, 대장, 돼지, 드럼통, 땅딸보, 땅딸이, 뚱뚱보, 뚱뚱이, 뚱보, 말상, 맹꽁이, 먹보, 먹통, 멍청이, 멍텅구리, 바지저고리, 방귀쟁이, 새대가리, 샌님, 술독, 애늙은이, 오줌싸개, 올챙이, 왕눈이, 좀생원, 주책바가지, 책벌레, 코주부, 코흘리개, 키다리, 텁석부리, 푼수, 하룻강아지, 호박, 혹부리

＊ 대상을 깔보고 업신여기는 말을 '**경멸어**(輕蔑語)' 또는 '**멸칭**(蔑稱)'이라 한다. 대상을 비하하는 말인 '**비하어**(卑下語)' 또는 '**비칭**(卑稱)'도 그와 비슷하다.

＊ 〈표〉의 뜻풀이에 '낮잡아 이르는 말'을 포함한 단어가 1,059개, 〈기〉의 뜻풀이에 '낮잡아 이르는 말로'를 포함한 단어가 217개 실려 있다. 이들은 경멸어 또는 비하어이다. 〈기〉의 초급~중급에 속하는 몇 개를 보면 다음과 같다.

- 것(사람 또는 동물), 당신(듣는 사람을 가리키는 말), 돌(둔하거나 나쁜 머리. 또는 둔하거나 머리가 나쁜 사람), 바보(지능이 모자라서 정상적으로 판단하지 못하는 사람), 쓰레기(도덕적으로 타락한 사람), 인간(마음에 들지 않는 사람), 짓(어떠한 행위나 행동), 짖다(큰 소리로 떠들썩하게 이야기하다)

＊ 경멸어 또는 비하어보다 대상을 더 낮추어 표현하는 말은 **욕설**(辱說)이다. 욕설은 대상을 모욕하는 말이므로 욕설을 사용하면 싸움으로 이어지기 쉽다.

＊ 〈표〉의 뜻풀이에 '욕하여 이르는 말'을 포함한 단어가 21개 실려 있다. 〈기〉의 뜻풀이에 '욕하는 말로'을 포함한 단어가 다음과 같이 8개 실려 있다.

- 같다, 개, 거지,[183] 네놈, 미친놈, 바보, 백여우, 새끼

＊ 놀림말, 경멸어, 비하어, 욕설은 각 의미소가 가진 성질이다. 다의어 '새끼'는 의미소에 따라 위상이 다르다.

- 새끼①: 태어난 지 얼마 안 되는 어린 짐승. ＊비하어나 욕설이 아님.
- 새끼②: (낮잡아 이르는 말로) 자식. ＊비하어.
- 새끼③: (욕하는 말로) 어떤 사람. ＊욕설.

---

183) 〈기〉에서 "(욕하는 말로) 몹시 더럽고 추하며 보잘것없는 사람. 또는 그런 사람을 봤을 때의 기분."으로 풀이한 '거지'의 용례 4개는 모두 '거지 같다' 형태이다. 그러므로 단어 '거지' 대신 숙어 '거지 같다'가 욕설이라고 기술해야 할 것이다.

9.14. 순화어와 대체어

✻ **순화어**(醇化語)는 다음과 같은 말을 완전히 버리기 위해 쓴다.

- 어문규범에 어긋나는 말
- 외국어와 불필요한 외래어
- 소통에 장애를 일으키는 어려운 말

✻ 〈표〉가 외국어, 외래어에 대해 제시한 순화어 예는 다음과 같다.

- 갭→ 간격, 차이, 틈.
- 내레이션→ 해설
- 노하우→ 기술, 비결, 비법
- 디저트→ 후식
- 리더십→ 지도력, 통솔력
- 매너리즘→ 타성
- 엘리베이터→ 승강기
- 오리엔테이션→ 안내, 예비교육
- 웨딩드레스→ 혼례복
- 자몽→ 그레이프프루트
- 카페→ 찻집, 술집
- 텐트→ 천막
- 페스티벌→ 잔치, 축전
- 프라이버시→ 사생활, 사삿일

✻ 위의 예 중에서 '자몽'에 대한 순화어 '그레이프프루트'는 어형이 너무 길고 이미 보편화되어 있는 '자몽'보다 낯설어서 대중의 호응을 얻지 못하고 있다.[184]

✻ **대체어**(代替語)는 다음과 같은 말을 피하기 위해 쓴다.[185]

- 어형이 어의에 정확히 들어맞지 않아 오해를 불러일으키는 말.
- 지시물을 바로 가리켜 지나치게 노골적이라고 느껴지는 말.
- 윤리적으로 부적절한 말.

✻ 〈우〉에 실린 '해혼, 비혼모'는 정확성을 높이기 위한 대체어 예이다.

- 해혼(解婚) : 부부가 합의 또는 재판에 의하여 혼인 관계를 인위적으로 소멸시키는 일. 결혼에 실패하였다는 어감을 지닌 '이혼'의 대체어로 사용하는 말이다.
- 비혼모(非婚母) : 결혼 의사가 없어서 결혼은 하지 않고 아이만 낳아 기르는 여자.

✻ '미혼모(未婚母)'는 결혼을 해야 아이를 낳을 수 있다는 전통적 관념을 반영한 단어이므로 이 관념을 함축하지 않은 어형 '비혼모'를 쓰자는 주장이 등장했다.

✻ 지시물을 바로 가리켜 지나치게 노골적이라고 느껴지는 말이나 윤리적으로 부적절한 말에 대한 대체어로는 다음과 같은 것들이 있다.

- 완곡어, 격식어, 미화어, 공정어

---

184) '자몽'은 포르투갈어 'zamboa'에서 유래한 일본어 'zabon(ザボン)'을 받아들인 것이고 '그레이프프루트'는 영어 'grapefruit'를 받아들인 것이다.

185) '대체어' 대신 '대안어(代案語)'라 부르기도 한다.

9.15. 직설어와 완곡어

✱ 지시물을 바로 가리키는 말은 **직설어**(直說語), 간접적으로 가리키는 말은 **완곡어**(婉曲語)이다.

✱ 직설어가 지나치게 노골적이라고 느껴져 상황에 맞지 않다고 생각될 때 완곡어를 사용한다.

✱ 완곡어의 대부분은 격식을 차려 품위 있게 표현하기 위해 사용하는 **격식어**(格式語)와 아름답게 표현하기 위해 사용하는 **미화어**(美化語)이다.

✱ 아래의 화살표 왼쪽이 직설어, 오른쪽이 격식어이다.

- 노인→ 어르신
- 젖→ 유방(乳房)
- 월경(月經)→ 생리(生理)
- 아프다→ 몸/컨디션이 안 좋다
- 자살하다→ 극단적인 선택을 하다
- 값이 비싸다→ 부담스러운 가격이다
- 죽다→ 세상을 떠나다, 생을 마감하다, 유명(幽明)을 달리하다

✱ 다음과 같은 어휘변화는 직설어의 부정적인 느낌을 피하려 한 결과이다.

- 식모(食母)>가정부(家政婦)>파출부(派出婦)>가사도우미(家事도우미)
- 병신(病身)>불구자(不具者)/불구(不具)>장애자(障碍者)>장애인(障碍人)
- ×>애완견(愛玩犬)>애견(愛犬)>반려견(伴侶犬)

✱ 〈표〉에서 '아름답게 이르는 말'로 풀이한 다음 한자어들은 미화어이다.

- 숙녀(淑女)(성인 여자), 은발(銀髮)(센머리), 화혼(華婚)(남의 결혼식)

✱ 직설어가 욕설이나 금기어일 때는 완곡어 사용의 필요성이 높아진다.

✱ 다음은 욕설의 형태를 변형해 완곡어처럼 사용한 예이다.

- 씹할→ 씨, 식빵
- 좆나(<좆나게)→ 존나, ㅈ나, ㅈㄴ

✱ **금기어**(禁忌語)는 배변, 죽음, 질병, 성(性), 범죄 등을 표현하기 때문에 사용을 꺼리는 말이다. 예를 들어 성기를 직접 가리키는 단어는 금기어로 여겨지므로 '성기, 생식기, 음부, 국부' 같은 격식어를 사용하거나 '그것, 거기' 같은 완곡어로 대신한다. 위의 '노인, 젖' 등의 직설어도 특정한 상황에서는 사용을 피하는 것이 바람직하게 여겨지므로 넓은 의미의 금기어에 포함할 가능성이 있다.

9.16. 차별어와 공정어

✽ **차별어**(差別語)는 개인이나 집단에 대한 차별적 전제를 가진 말이다. 이러한 차별적 전제가 없는 말은 **공정어**(公正語)이다. 인권의식이 높아짐에 따라 21세기에 들어 차별어를 공정어로 바꾸는 것이 대세가 되었다.

✽ 비장애인을 '정상인'이라고 하면 장애인은 비정상이라는 차별적 전제를 가지게 되므로 공정어 '비장애인'으로 대체되었다.
  - 정상인→ 비장애인

✽ 살구색을 가리키는 단어로 쓰던 '살색'은 피부색이 살구색과 많이 다른 사람들에 대한 차별이 될 수 있으므로 공정어 '살구색'으로 바꾸었다.
  - 살색→ 살구색

✽ 말의 순서와 관련된 차별어는 **어순**(語順) **차별어**이다.

✽ '남녀평등', '남녀차별'은 남자를 여자보다 앞세운다는 점에서 어순상의 차별이 드러나므로 다음과 같이 공정어를 쓰는 경향이 있다.
  - 남녀평등→ 양성평등/성평등
  - 남녀차별→ 양성차별/성차별

✽ 한쪽만 드러내 표현함으로써 차별이 생기는 말은 **유표화**(有標化) **차별어**이다.

✽ 여자 의사를 '여의사'로 표현하는 것은 남자 의사를 '남의사'로 표현하지 않는 점에 비추어 보면 성차별이라 할 수 있다. '여사장'도 마찬가지이다. 만약 '남사장, 남의사'도 쓴다면 '여사장, 여의사'는 차별어가 아니다.[186]
  - 여사장, 여의사 ✽'남사장, 남의사'를 쓰지 않는 상황에서는 차별어임.

✽ 장애인을 유형별로 가리키는 전통적인 단어들이 차별어라고 하여 다음과 같이 공정어의 사용이 권장되고 있다.
  - 봉사/장님/소경/판수→ 시각장애인/맹인(盲人)
  - 벙어리→ 언어장애인
  - 귀머거리→ 청각장애인/농인(聾人)

✽ '봉사' 등의 전통적인 단어들이 차별을 전제로 만들어지고 사용되어 온 것은 아니다. 장애인에 대한 사회적 편견이 이 단어들을 차별어로 느끼게 한 것일 뿐이다. 이런 관점에서 보면 '시각장애인' 등은 **과잉공정어**(過剩公正語)라고 할 수 있다.

---

186) 〈표〉, 〈고〉에 '남사장, 남의사'는 실려 있지 않다. 〈우〉에 '남사장'이 실려 있을 뿐이다.

9.17. 시대별 문화를 반영한 단어와 숙어

✱ 예전에 왕릉에 제사를 지내기 위해 봉분 앞에 세웠던 건물을 '정자각(丁字閣)' 또는 '우자각(우字閣)'이라 한다. 공중에서 내려다본 지붕의 모양이 한자 '丁(정)'과 같으므로 '정자각'이라 불렸는데 한글 창제 후에는 한글 'ㅜ'를 이용해 '우자각'이라고도 부르게 되었다. 요즘 대중이 명명한다면 알파벳 'T'를 이용해 'T자각'이라고 부를 가능성이 높다. 한자와 한문에 의존하던 풍습이 현대에 와서는 알파벳에 대한 의존으로 바뀌고 있는 것이다.

✱ 다음의 전통적인 도량형 단위 '리(里), 자, 척(尺), 치, 길, 되, 말', 화폐 단위 '푼'은 일상에서 거의 쓰이지 않지만 일부 단어나 관용표현에는 남아 있다.

- 리 : 오리무중 / 천리마 / 천리안 / 천릿길도 한 걸음부터 / 해저 이만 리 / 엄마 찾아 삼만 리 / 십리도 못 가서 발병 난다.
- 자 : 내 코가 석 자 / 수염이 석 자라도 먹어야 양반[187]
- 치 : 한 치 앞도 못 내다본다.
- 길 : 열 길 물속은 알아도 한 길 사람 속은 모른다.
- 푼 : 푼돈 / 돈이 한 푼도 없다. / 어림 반 푼어치도 안 된다.

✱ 『네이버 국어사전』에서 '~+커피' 구조의 표제어를 모두 검색하면 67개이다.[188]

- 〈표〉 12개 : 냉커피, 레귤러커피, 모닝커피, 모카커피, 배전두커피, 블랙커피, 비엔나커피, 아이스커피, 원두커피, 인스턴트커피, 즉석커피, 콩고커피
- 〈고〉에만 등재된 단어 4개 : 다방커피, 밀크커피, 캔커피, 크림커피
- 〈우〉에만 등재된 단어 63개 : 깔루아커피 … 캔 커피 … 혼합 커피

✱ 최근 수십 년간 커피문화의 발달에 따라 '~+커피' 구조의 복합어가 활발히 만들어져 왔음을 보여준다.

✱ 매우 조용한 상태를 비유하는 숙어 '쥐 죽은 듯'은 과거의 주거문화를 반영하고 있다. 예전에 한옥의 천장 위에서 쥐가 돌아다니는 소리가 시끄러웠으므로 이와 같은 숙어가 쓰이게 된 것이다. 현대의 주택에서는 그러한 상황이 드물다.

---

187) 〈표〉에는 '나룻이 석 자라도 먹어야 샌님'으로 실려 있지만 지금은 '수염이 석 자라도 먹어야 양반'이 더 널리 쓰인다.

188) 〈고〉의 '캔커피'와 〈우〉의 '캔 커피'는 같은 말인데 띄어쓰기의 차이로 다른 말처럼 처리되었다. '~커피' 구조의 위 표제어들 대부분은 '캔커피' 등으로 붙여 쓰고 복합어로 처리할 수 있을 것이다. §2.12 참조.

10.1. 단어화

* 어떤 개념을 표현할 일이 많을수록 그 개념에 대응하는 단어를 만들어 쓸 가능성, 즉 **단어화**(單語化)의 가능성도 높아진다.[189]

* 어휘빈칸은 단어들이 이룬 계열에서 부분적으로 단어화가 이루어지지 않은 결과 이다. 어휘빈칸에 대해서는 §7.18, §11.6 참조.

* '강수량, 강우량, 강설량'은 단어로 존재하지만, 지상에 내린 우박의 양을 뜻하는 '강박량(降雹量)'이라는 단어는 존재하지 않는다. 우박이 내리는 일은 극히 드물 고 그 양을 측정할 일도 매우 적기 때문에 그러한 개념을 특별히 단어화할 필요성 이 매우 낮다. 개념은 존재하지만 단어는 존재하지 않는 것이다.

* 〈표〉, 〈고〉에는 귤껍질 안쪽에 붙은 흰 물질을 가리키는 단어가 실려 있지 않다. 그런데 〈네이버 지식백과〉에 실린 『시사상식사전』에서는 표제어 '귤락(橘絡)'을 다음과 같이 설명하고 있다.

> 귤 겉껍질 안쪽에 그물 모양으로 생긴 하얀 섬유질로, 정확한 명칭은 '알베도층'이다. 귤껍질을 까면 귤 알맹이에 하얀 실처럼 붙어 있다. 귤 이외에도 오렌지, 한라봉, 자몽 따위의 감귤류(citrus)의 껍질 안쪽에는 흰 색의 속껍질이 존재한다. 이러한 감귤류의 중과피(中果皮, pith)를 '알베도(albedo)'라고도 한다. 잘 익은 귤의 껍질을 '귤피(橘皮)'라 고 하며, 귤피에서 귤락 부분을 제거해 열매껍질 바깥쪽의 적색 부분만 남은 것을 '귤 홍(橘紅)'이라 한다. 이외에도 덜 익은 초록색 귤의 껍질이나 어린 열매는 '청피(靑皮)', 열매껍질 안쪽의 흰 부분은 '귤백(橘白)', 씨앗을 '귤핵(橘核)', 뿌리는 '귤근(橘根)'이라고 한다.

* 이 설명에 따르면 귤껍질 안쪽에 붙은 흰 물질을 가리키는 단어는 '귤락, 귤백, 알 베도층'이다. 지시물과 개념이 분명히 존재하는 데도 일반적으로 단어화가 되어 있지 않지만 분야에 따라서는 단어화가 되어 있음을 볼 수 있다.[190]

* 단어가 존재하는 경우에도 각 단어의 빈도는 대응하는 개념의 빈도에 따라 달라 진다. 〈기〉에 '연착(延着)'은 '등급 없음'의 단어로 실려 있는 데 반해 '연발(延發)'은 실려 있지 않다. 현실에서 연발보다 연착이 더 자주 발생하고 사람들의 관심도 더 많이 끌기 때문에 단어 '연발'보다 '연착'의 빈도가 높은 것이다.

---

189) 단어화는 '어휘화', '단순어화'와 용어가 비슷하지만 개념이 다르다. §4.17 참조.
190) '알베도(albedo)'를 〈표〉, 〈고〉는 이와 다른 의미로 풀이하고 있다. 〈우〉에서는 '알베도(albedo)' 를 "식물 감귤류의 껍질 안쪽에 있는 흰 부분."으로 풀이하고 있다.

10.2. 어휘력

✻ **어휘력**(語彙力) 또는 **어휘능력**(語彙能力)은 어휘에 관한 능력이다. 어휘력은 언어능력의 한 가지이다.

✻ **어휘지식**(語彙知識)은 어휘에 관한 지식으로서 어휘력의 주요 부분이다.

✻ 어휘력은 **양적**(量的) **어휘력**과 **질적**(質的) **어휘력**으로 나눌 수 있다. 어휘지식의 관점에서는 **양적 어휘지식**과 **질적 어휘지식**을 구별할 수 있다.
  - 양적 어휘력 : 얼마나 많은 단어를 알고 있고 사용할 수 있느냐에 관한 능력.
  - 질적 어휘력 : 각 단어를 얼마나 잘 알고 있고 잘 사용할 수 있느냐, 그리고 단어들의 관계를 얼마나 잘 알고 있고 잘 활용할 수 있느냐에 관한 능력.

✻ **이해어휘**(理解語彙)와 **표현어휘**(表現語彙)가 구분되듯이 **이해어휘력**과 **표현어휘력**도 구분된다.
  - 이해어휘 : 듣기와 읽기에서 이해할 수 있는 단어의 집합.
  - 표현어휘 : 말하기와 쓰기에서 사용할 수 있는 단어의 집합.

✻ 한 사람의 이해어휘는 표현어휘보다 크다. 듣기나 읽기에서 이해할 수 있는 단어라야 말하기나 쓰기에서 사용할 수 있는 것이다.

✻ 한 사람의 어휘력은 일생 동안 계속 변화를 겪는다.

✻ **어휘발달**(語彙發達)은 어린아이가 성장하면서 어휘력이 향상되는 것이다. 어린아이가 말하기를 시작하기 전에는 듣기를 통한 이해어휘의 확장을 시작하고 생후 1~2년쯤부터는 말하기를 통한 표현어휘의 확장을 시작한다. 그 후 **문자학습**을 시작하면 읽기를 통한 이해어휘의 확장과 쓰기를 통한 표현어휘의 확장도 시작한다.

✻ 성인이 된 뒤에도 **어휘확장**(語彙擴張)은 계속된다. 다만 노년기에 접어들 때쯤 인지기능이 떨어지면서 **어휘축소**(語彙縮小)가 일어나기 시작한다.

✻ 어휘축소의 주된 양상은 **단어망각**(單語忘却)이다. 단어망각의 한 특징은 고유명사의 망각이 흔하다는 점이다. 고유명사는 어휘체계에서 고립성이 강해 기억의 공간에서 새나가는 것을 다른 단어들이 잡아주지 못한다.

✻ 어휘확장과 어휘축소는 양적 어휘력의 문제일 뿐만 아니라 질적 어휘력의 문제이기도 하다. 단어의 수만 문제가 되는 것이 아니라 각 단어에 대한 지식의 깊이, 단어들의 관계에 대한 지식의 깊이도 문제인 것이다.

10.3. 양적 어휘력

✻ 원어민이든 학습자든 표현어휘는 이해어휘의 일부이다.

✻ 듣기와 읽기에서는 모르는 단어가 나오더라도 상황이나 문맥을 통해 그 단어의 뜻을 추론해 이해하는 것이 어느 정도 가능하다. 실제로 원어민의 어휘학습은 대부분 이러한 과정을 거친다. 그 반면에 말하기와 쓰기에서 자신이 모르는 단어를 사용하기는 어렵다.

✻ 한 사람의 양적 어휘력은 **어휘량**(語彙量)으로 표현할 수 있다. 어휘량은 **이해어휘량**과 **표현어휘량**으로 나누어진다.
  • 어휘량 : 어휘를 구성하는 단어의 수
  • 이해어휘량 : 한 사람이 듣기와 읽기에서 이해할 수 있는 단어의 수
  • 표현어휘량 : 한 사람이 말하기와 쓰기에서 사용할 수 있는 단어의 수

✻ 한국인의 한국어 어휘량이 얼마나 되는지는 알려져 있지 않다. 다음 두 자료를 통해 추측해 보면 성인의 이해어휘량은 5만 단어 정도가 될 것으로 보인다. 소설의 어휘는 대중이 이해할 만한 최대 범위의 단어들로 구성되어 있을 것이며, 한국어 학습자에게 필요한 단어 전체가 원어민의 이해어휘에 포함되어 있을 것이라고 가정할 수 있기 때문이다.
  • 1990년대의 한국 소설 203편으로부터 총 100만 어절 분량의 말뭉치를 구축해 조사한 결과 42,800종의 단어가 추출되었다.[191]
  • 〈기〉의 단어 표제어는 47,323개이다.

✻ 표현어휘량은 이해어휘량의 일부이다. 이해어휘량이 5만 단어 정도라면 표현어휘량은 1만~2만 단어 정도로 추측할 수 있다.

✻ 성장 과정에 있는 아이들의 어휘량은 성인보다 적다. 초등학교 전과목 교과서 32권의 말뭉치(약 52만 어절 분량)에 나타난 명사가 11,359종이라는 연구가 있다.[192] 모든 품사의 단어를 2만 단어 정도로 추측한다면 12세 한국인의 이해어휘량을 2만 단어 정도로 추측할 수 있을 것이다.

✻ 개인별 어휘량은 매우 다양하다. 학식이 높거나 어휘감각이 뛰어날수록 어휘량이 많다.

---

191) 국립국어연구원(2003) 『한국 현대 소설의 어휘 조사 연구』.
192) 유원희·임희석(2015) 「초등학교 교과서의 어휘 통계 분석 연구」, 《컴퓨터교육학회논문지》 18-1.

10.4. 질적 어휘력

* 단어가 가진 속성들의 범주를 다음과 같이 분류할 수 있다. §1.6 참조.
- 형태 : 발음, 표기
- 문법 : 품사, 공기(共起)
- 의미
- 형성 : 어원, 어종, 조어
- 사용 : 비중, 집단, 상황

* 단어에 관한 지식은 바로 이러한 속성들에 대한 지식이다. 각 단어에 관한 지식이 얼마나 풍부하고 정확하며 얼마나 잘 사용할 수 있느냐가 질적 어휘력의 핵심을 이룬다. 몇 예를 보면 다음과 같다.

토사물
- 야산에서 폭우로 대량의 토사물이 주택가에 쏟아져 내려왔다.

* 야산에서 쓸려 내려온 것은 '토사(土砂)'이지 '토사물(吐瀉物)'이 아니다. 어형에 대한 지식이 철저하지 않으면 형태가 유사한 단어를 혼동하기 쉽다.

둥지
- 저는 5년 전 원주에 내려와 둥지를 트고 인생의 황혼을 보내고 있습니다.

* '둥지'와 공기하는 서술어는 '트다'가 아닌 '틀다'임을 모르면 위와 같은 오류를 범하게 된다.

입춘
- "동지/입춘이 지났는데 왜 이렇게 춥냐?"

* '동지' 또는 '입춘'을 포함한 위 문장의 적절성을 판단하려면 날짜, 날씨와 관련지어 '동지'와 '입춘'의 의미를 알고 있어야 한다. 즉 동지는 양력 12월 22일쯤으로 한겨울 추위가 심해지는 시기이고 입춘은 양력 2월 4일쯤으로 한겨울 추위가 다소 풀리는 시기이기 때문에 '입춘'이 적절하다.

골돌과
* '골돌과'를 잘 발음하려면 이 단어의 정확한 발음을 들어서 외우고 있거나 조어법과 어종에 관한 지식을 바탕으로 추측해야 한다. '골돌과(蓇葖果)'의 발음을 모르고 있더라도 '골돌'이 한자어에서의 'ㄹ' 뒤의 경음화에 의해 [골똘]로 발음되고 '과일'을 뜻하는 '果'가 붙어 [골똘꽈]로 발음됨을 추론할 수 있는 사람은 질적 어휘력이 뛰어난 사람이다.

10.5. 어의에 대한 지식의 깊이

✻ 각 단어의 의미에 대한 지식의 깊이는 개인마다 다르다. 그것은 어원, 조어구조, 원어 등에 대한 지식과 지시물에 대한 지식에 크게 좌우된다.
- 언어에 대한 지식 : 어원, 조어구조, 원어 등에 대한 지식
- 세계에 대한 지식 : 지시물에 대한 지식

어원에 대한 지식이 관련되는 경우
- 갈치<갈티 ←갏+-티   ✻명사 '갏'(칼), 물고기를 뜻하는 접미사 '-티'
- 코끼리<코키리<고키리 ←곻+길-+-이   ✻명사 '곻'(코), 형용사 '길-', 명사화 접미사 '-이'

✻ 어원적으로 '갈치'가 칼처럼 생긴 물고기를 뜻하고 '코끼리'의 '끼리'에 형용사 '길-'이 들어 있음을 아는 것은 이 단어들의 의미를 더 깊이 아는 것이다.

조어구조에 대한 지식이 관련되는 경우
- 마름모
- 눈갯버들, 눈까치밥나무, 눈미나리아재비, 눈사초, 눈양지꽃, 눈잣나무, 눈제비꽃, 눈주목, 눈측백, 눈향나무

✻ '마름모'는 '마름(마름과에 속하는 수초)'과 '모(뾰족한 부분)'가 결합한 합성명사이다. 마름의 잎 모양 같은 도형을 '마름모' 또는 '능형(菱形)'이라 한다.

✻ '눈갯버들' 등의 '눈'은 동사 '눕-'에 어미 '-은'이 붙은 '누운'의 축약형이다. 식물이 옆으로 퍼져 자라는 특성을 '누운'으로 표현한 것이다. 이 사실을 모르면 이 단어들의 의미를 하늘에서 내리는 눈과 관련지으려 할 수도 있다.

한자어의 원어에 대한 지식이 관련되는 경우
- 장수거북

✻ '장수거북'의 '장수'를 오래 산다는 뜻의 '長壽'로 생각하기 쉬우나 장군을 뜻하는 '將帥'가 옳다. 거북류 중에 가장 크기 때문에 붙은 이름이다.

지시물에 대한 지식이 관련되는 경우
- 용알뜨기(龍---)

✻ '용알뜨기'의 조어구조와 원어를 바탕으로 용(龍)의 알을 뜬다는 뜻임을 아는 것만으로는 부족하다. 다음과 같은, 세계에 대한 지식이 필요하다.
- 〈표〉: [민속] 정월의 첫 용날 첫닭이 울 때, 아낙네들이 다투어 정화수를 길어 오던 풍속. 그 전날 밤에 용이 내려와 우물 속에 알을 낳는데, 남보다 먼저 그 물을 길어서 밥을 해 먹으면 그해 농사가 잘된다고 한다.

10.6. 어의에 대한 오해

✱ 어의에 대한 지식이 충분하지 않으면 어의를 부정확하게 알고 있을 수 있다.

✱ '소담하다'를 '아담하다' 또는 '소박하고 담백하다'와 비슷한 뜻으로 오해하는 사람이 많다. '소담하다'는 고유어로서 탐스럽거나 풍족하다는 뜻이다.

- 과반수를 넘는 사람들 (×)

✱ '과반수(過半數)'는 반을 넘는 수를 뜻하며 절반을 넘느냐 못 넘느냐가 관심인 상황에서 쓰인다. '절반'의 개념이 강하게 인식된 결과 '과반수'의 의미를 '절반'으로 오해하기 쉽다. '과반수의 사람들' 또는 '반수를 넘는 사람들'이 옳다.

- 독일마을 주민들은 독일에서 건축자재를 공수해 독일식 주택들을 지었다. (×)

✱ '공수하다(空輸하다)'는 항공기로 옮긴다는 뜻이다. 건축자재를 독일에서 배로 옮겨왔으므로 위 문장은 잘못이다. '공수해' 대신 '가져와' 또는 '실어와'가 알맞다.

✱ 복수를 뜻하는 단어를 단수의 뜻으로 오해하는 일이 흔하다. 예를 들어 '관중(觀衆), 제작진(製作陣), 양떼'는 그 자체로 복수를 뜻한다. 그래서 〈기〉의 '관중'에 대한 예문 "배우들이 인사를 하자 관중들은 열렬히 박수를 쳤다."는 잘못이다. '관중들' 대신 '관중' 또는 '관객들'이 옳다. 그리고 한 영화의 제작에 참여한 사람들을 '제작진들'이라고 하거나 한 무리의 양들을 '양떼들'이라고 하는 것도 잘못이다.

✱ 어형과 어의가 모두 비슷한 단어가 또 있을 때 이러한 어의에 대한 오해가 더 잘 일어난다.

- 한참 ≠ 한창
- 고육지책(苦肉之策) ≠ 궁여지책(窮餘之策)
- 깨우치다 ≠ 깨치다

✱ '한참'은 '꽤 오랜 시간'을 뜻하므로 '한참 바쁠 때'는 부자연스럽다. '가장 왕성하고 활기 있을 때'를 뜻하는 '한창'을 쓴 '한창 바쁠 때'가 자연스럽다.

✱ "음식점들이 음식값을 올리는 것은 물가 인상에 따른 고육지책이다."에서의 '고육지책'은 '궁여지책'의 잘못이다. '고육지책'은 자신의 희생이 동반되는 해결안이며, 어려움에 처해 어쩔 수 없이 선택하는 방안은 '궁여지책'이다.

✱ '깨우치다'는 '깨달아 알게 하다'를 뜻하며 '깨달아 알다'를 뜻하는 '깨치다'와 의미가 다르다. "동생이 한글을 깨쳤다.", "동생에게 잘못을 깨우쳤다."와 같이 구별되어 쓰인다. "동생이 한글을 깨우쳤다."와 같이 잘못 쓰는 경우가 많다.

10.7. 어형에 대한 오해

✱ 다른 단어와의 관련성을 잘못 상상해 어형을 오해하는 경우가 있다.
- 곁땀 (○), 겨땀 (✕) : '겨드랑이에 난 땀'의 준말로 '겨땀'을 만듦.
- 올바르다 (○), 옳바르다 (✕) : '올곧다'처럼 명사 '올'이 주어로 쓰인 말임.
- 부기(浮氣) (○), 붓기 (✕) : 동사 '붓-'과 접미사 '-기'의 결합으로 오해함.
- 뇌졸중(腦卒中) (○), 뇌졸증(腦卒症) (✕)
- 폐소공포증(閉所恐怖症) (○), 폐쇄공포증(閉鎖恐怖症) (✕)

✱ 숙어에 들어 있는 단어의 형태를 오해하기도 한다.
- 고무신을 꺾어 신다 (✕) : '고무신을 거꾸로 신다'의 잘못임.[193]
- 뭣도 모르다 (✕) : '멋도 모르다'의 잘못임.[194]

✱ 한자에 대한 부정확한 지식으로 인해 한자어의 어형을 오해하는 경우가 있다.
- 특이할 만한 사실 (✕) : '특기(特記)할 만한 사실'의 잘못임. '특이(特異)'와 무관함.
- 일사분란하다 (✕) : '일사불란하다(一絲不亂하다)'의 잘못임. '분란(紛亂)'과 무관함.
- 경우가 없다/밝다/바르다/분명하다 (✕) : 이때의 '경우'는 '경위(涇渭)'의 잘못임.

✱ 다음은 유사한 사례를 뜻하는 '유례(類例)'를 '유래(由來)'로 오해한 결과이다.
- 유래없는 대성공 (✕) : '유례없는 대성공'의 잘못임.

✱ 다음은 매우 많이 흩어져 있는 상태를 묘사하는 '지천(至賤)이다', '지천(至賤)으로 널리다'와 '천지(天地)다', '천지(天地)에 널리다' 등의 형태를 오해한 잘못이다. '지천(至賤)'은 매우 천할 정도로 많음을 뜻하고 '천지(天地)'는 온 세상을 뜻한다.
- 지천에 널리다 (✕) : '지천으로 널리다' 또는 '천지에 널리다'의 잘못임.

✱ 다음은 '술을 권하다'는 이해하지만 '술을 작하다'를 이해하지 못해 생긴 잘못이다. '酌(따를작)'은 술을 따른다는 뜻이다.
- 〈표〉 권커니 잡거니, 권커니 잣거니 (✕) : '권(勸)커니 작(酌)거니'의 잘못임.[195]

---

193) 〈표〉에 "(속되게) 여자가 사귀던 남자와 일방적으로 헤어지다."로 풀이되어 있다. 여자가 자신의 행방을 남자가 알 수 없도록 하기 위해 신발 자국이 거꾸로 찍히도록 하며 달아난다는 뜻이다.

194) 주로 '멋도 모르고' 형태로 쓰이며 '무엇이 멋있는 것인지, 즉 제대로 된 것인지, 진상인지를 모른 채'라는 뜻이다. 〈표〉, 〈고〉에는 '멋모르다'라는 단어로만 등재되어 있다.

195) 〈고〉에는 '권커니 잣거니', '붓거니 작커니'가 등재되어 있다. '작커니'의 기본활용형은 '작하다'이지만 〈고〉에 '작하다'가 표제어로 실려 있지 않다.

10.8. 단어연상

✽ **단어연상**(單語聯想) 실험은 어떤 단어를 접했을 때 연상하는 단어가 무엇인지를 조사하는 것이다. 이때 **자극어**(刺戟語)에 대한 **반응어**(反應語)는 **연상어**(聯想語) 이다. 자극어와 연상어의 관계는 화자의 어휘체계에 대한 지식을 반영하는 것으로 볼 수 있다.

✽ 다음은 한국인 대학생 100명에게 연상어를 하나씩만 제시하도록 한 실험의 결과이다.[196] 응답자 수가 많은 세 단어만 보인다. (괄호 안의 숫자는 응답자 수)

- 개 : 고양이(27), 귀엽다(12), 멍멍(7)
- 친구 : 우정(15), 좋다(6), 동반자(5)
- 약속 : 지키다(36), 손가락(21), 시간(6)
- 주다 : 선물(36), 받다(26), 돈(5)
- 입다 : 옷(72), 벗다(15), 바지/치마/티셔츠/사다/덥다/체온…(1)
- 덥다 : 여름(33), 춥다(13), 땀(7)
- 깨끗하다 : 청소(23), 더럽다/하얗다(7)
- 아마 : 추측(22), 불확실(6), 예상(4)
- 갑자기 : 놀라다(23), 사고(7), 깜짝(5)

✽ 응답자 수가 많은 연상어일수록 화자가 자극어와 더 밀접하게 기억하고 있다고 할 수 있다.

✽ 자극어와 연상어의 관계는 주로 다음과 같다.

- 언어적 관계 : 계열관계, 통합관계
- 비언어적 관계 : 유사관계, 인접관계

✽ '개'와 '고양이'는 **계열관계**를 이룬다. '가축' 또는 '반려동물'이라는 같은 상위어를 공유하는 등위어들이다.

✽ '개가 귀엽다, 귀여운 개, 개가 멍멍 짖다' 등의 연어에서 보듯이 '개'는 '귀엽다, 멍멍'과 통합관계를 이룬다.

✽ '친구'와 '우정'은 **인접관계**, '친구'와 '동반자'는 **유사관계**를 이루는 것으로 볼 수 있다.

✽ 연상어는 개인에 따라, 집단에 따라 다양하게 나타나므로 규칙화하기 어렵다.

---

196) 김은혜(2012) 「연상을 활용한 한국어 어휘 의미 교육 연구 : 고급 한국어 학습자를 대상으로」, 인하대 국어교육학과 박사학위논문.

10.9. 중요도와 고난도어

✳ 단어들 가운데는 상대적으로 더 중요한 단어가 있고 덜 중요한 단어가 있다. 즉 단어들의 **중요도**(重要度)가 각기 다르다.

✳ 중요도와 **빈도**(頻度)는 어느 정도 비례하지만 절대적인 것은 아니다.

✳ 몇몇 단어의 〈기〉의 등급과『한국어 사용 빈도』(2009)의 빈도는 다음과 같다.

- (초급) : 일요일(742), 토요일(600), 금요일(226), 월요일(213), 수요일(119), 화요일 (113), 목요일(107)
- (중급) : 원칙(2330), 수요(需要)(1229), 금액(698), 일쑤(476), 화재(火災)(350)
- (고급) : 원장(院長)(724), 목덜미(262)
- (등급 없음) : 초석(礎石)(242)

✳ 요일명들은 107~742회로 빈도가 다양한데 모두 초급에 배정되어 있다.

✳ 요일명들의 빈도 107~742회 사이의 빈도를 보이는 '금액, 일쑤, 화재'는 중급, '원장, 목덜미'는 고급이고, '초석'은 '등급 없음', 즉 고급 밖이다. 그리고 요일명들보다 빈도가 훨씬 높은 '원칙, 수요'는 중급에 배정되어 있다.

✳ 이러한 등급 배정은 〈기〉에서 빈도 외에 다른 여러 요소들을 종합적으로 고려한 결과이다. 예를 들어 요일명들은 오로지 이 일곱 단어만으로 어휘장이 완성되므로 모두 같은 등급에 배정하는 것이 합리적이다. 또 '목요일'보다 '일요일'이 훨씬 많이 사용된다 하더라도 원어민이든 학습자든 두 단어에 대한 지식을 같은 수준으로 가지고 있는 것이 바람직하다고 할 수 있다.

✳ 중요도가 높은 단어들은 **기초어휘**와 **준기초어휘**이다. §10.10 참조.

✳ 중요도가 매우 낮은 단어들을 '**고난도어**(高難度語)'라 부를 수 있다. §1.9에서 본 〈표〉의 단어 표제어 35만여 개가 한국어 어휘 전체라고 할 때 그 가운데 중요도가 가장 낮은 부류가 고난도어이다. 고난도어에 속한 단어의 수가 몇 개라고 말하기는 어렵다. 전체 단어 가운데 중요도가 낮은 쪽 15만~20만 개 정도를 고난도어라 볼 수 있을 듯하다. 고난도어 예는 다음과 같다.

- 감바리(잇속을 노리고 약삭빠르게 달라붙는 사람), 똘기(채 익지 않은 과일), 양광(분수에 넘치는 호강), 팔팔결(다른 정도가 엄청남), 만손(비록), 득하다(날씨가 갑자기 추워지다), 채변하다(남이 무엇을 줄 때에 사양하다), 쉼직하다(다른 것보다도 크기나 정도가 조금 더 하거나 비슷하다), 점직스럽다(보기에 부끄럽고 미안한 데가 있다), 개치네쒜(재채기를 한 뒤에 내는 소리)

10.10. 기초어휘

✽ 중요도가 높은 단어들의 집합이 **기초어휘**(基礎語彙)이다. 기초어휘에 속하는 단어를 '**기초단어**(基礎單語)'라 부를 수 있다.

✽ 기초단어의 특징은 다음과 같다.

- 사용빈도가 높다.
- 여러 영역에서 널리 쓰인다.
- 아이들이 일찍 배운다.
- 다른 단어로 대체하기 어렵다.
- 다른 단어를 만드는 재료로 사용된다.
- 다른 단어를 설명하는 기준으로 사용된다.
- 언어변화의 영향을 적게 받는다.

✽ 기초어휘의 크기는 절대적인 것이 아니다. 즉 기초단어 몇 개의 집합이 기초어휘인가는 관점에 따라 달라질 수 있다. 일단 〈기〉의 **초급어**(初級語), **중급어**(中級語), **고급어**(高級語)를 합쳐서 기초어휘라 할 수 있다. 그리고 〈기〉에서 '등급 없음'으로 실은 단어들을 '**준기초어휘**(準基礎語彙)'라 부를 수 있다.[197]

✽ 초급어 가운데 『한국어 기초어휘집』의 1급 단어 300개를 '**특초급어**(特初級語)'라 부를 수 있다. 이 300단어는 생존을 위해 필요한 최소한의 어휘, 즉 **생존어휘**(生存語彙)에 해당한다고 할 수도 있을 것이다.

✽ 기초어휘와 준기초어휘의 단어 수는 다음과 같다.[198]

중요도별 어휘의 단어 수

구분	등급		단어 수	누계
기초어휘		특초급	300	300
	초급		1,642	1,942
	중급		3,982	5,924
	고급		5,106	11,030
준기초어휘	등급 없음		39,013	50,043

---

197) 다음 보고서에서는 기초어휘를 40,000단어로 가정하고, 원어민이 6세까지 배울 단어 5,000개(1등급), 7~8세에 배울 단어 2,500개(2등급), 9~10세에 배울 단어 5,500개(3등급)를 선정했다.
서상규 외(2022) 『2022년 국어 기초 어휘 선정 및 어휘 등급화 연구』, 국립국어원.

198) 〈기〉의 초급어 1,942개에서 『한국어 기초어휘집』의 1급 단어 300개(특초급어)를 뺀 수가 정확히 1,642는 아니다. 두 단어목록의 동형어 처리 방식이 조금 다르기 때문이다. 예를 들어 〈기〉의 '가까이1'과 '가까이2'가 『한국어 기초어휘집』에는 '가까이' 하나로 통합되어 있다.

10.11. 특초급어

* §10.10의 **특초급어**(特初級語) 300개의 목록은 다음과 같다.

자립명사	사람	흰색	육 (숫자)	움직이다	예쁘다
가방	산	힘	이 (숫자)	웃다	위험하다
가운데	색		일 (숫자)	일어나다	이다
가족	생각	**의존명사**	일곱	일하다	있다
값	소리		천 (숫자)	읽다	작다
건강	손	개 (물건)	칠 (숫자)	잃어버리다	재미있다
공부	시긴	것	팔 (숫자)	입다	적다 (수가)
과일	신발	곳	하나	잊어버리다	좋다
귀	아내	년 (1년)		자다	중요하다
그림	아들	때문	**동사**	잘하다	짧다
글자	아래	명 (한 명)		잡다	춥다
길	아버지	번 (두 번)	가다	조심하다	크다
꽃	아빠	번째	가르치다	좋아하다	
끝	아이	분 (시간)	가지다	주다	**관형사**
나라	아침	수 (가능성)	감사하다	죽다	
나무	안 (안쪽)	시 (두 시)	계시다	찾다	그 (그것)
나이	앞	원 (한국 돈)	공부하다	타다 (차에)	그런
날짜	어머니	월 (날짜)	기다리다	팔다	무슨
남자	어제	일 (날짜)	나가다	하다	새 (새로운)
남편	얼굴	전 (2분 전)	나오다		어느
낮	엄마	주일	남다	**형용사**	어떤
내일	여자		대답하다		이 (이것)
노란색	옆	**대명사**	도와주다	가깝다	이런
눈 (몸)	오늘		돌다	가볍다	저 (저것)
달 (한 달)	오른쪽	거기	되다	같다	제 (저의)
다리 (몸)	오전	그것	듣다	건강하다	
다음	오후	누구	들어가다	고맙다	**부사**
대답	옷	무엇	들어오다	괜찮다	
돈	왼쪽	어디	떨어지다	그렇다	갑자기
뒤	위 (위쪽)	언제	만나다	길다	같이
딸	의자	얼마	만들다	다르다	그런데
때 (시간)	이 (이빨)	여기	말다 (않다)	덥다	꼭 (반드시)
마음	이름	우리	말하다	따뜻하다	너무
말 (말하다)	일 (일하다)	이것	먹다	뜨겁다	다 (모두)
맛	입	저 (나)	모르다	많다	더
머리	저녁	저것	묻다 (질문)	맞다 (답이)	또
모두	전화	저기	바꾸다	멀다	많이
몸	점심		받다	무겁다	못 (못하다)
문	정말	**수사**	벗다	무섭다	빨리
물	집		보다 (책을)	미안하다	아직
밑	차 (자동차)	구 (숫자)	사다	비슷하다	안 (아니)
바다	책	넷	살다	비싸다	안녕히
밖	처음	다섯	생각하다	빠르다	왜
반 (절반)	친구	둘	서다	쉽다	잘
발	칼	만 (숫자)	쉬다 (놀다)	싫다	잠깐
밤 (밤중)	코	몇	시작하다	싶다	제일
밥	파란색	백 (숫자)	쓰다 (글씨를)	싸다 (값이)	조금
방 (집)	팔 (몸)	사 (숫자)	씻다	아니다	좀 (해 주세요)
배 (몸)	학교	삼 (숫자)	앉다	아프다	지금
불	학생	셋	않다	안녕하다	항상
비 (날씨)	한국	십 (숫자)	알다	어둡다	
빨간색	혼자	아홉	열다	어떻다	**감탄사**
	화장실	여덟	오다	어렵다	
		여섯	울다	없다	아니요
		열 (숫자)			여보세요
		오 (숫자)			예 (대답)

10.12. 중요도별 단어 분류의 예

✱ 〈기〉의 가나다순 단어 표제어 가운데 '노'로 시작하는 명사들을 중요도별로 분류하면 다음과 같다.

중요도별 단어 분류 ('노가리~노을' 명사)

기초어휘			준기초어휘					
초급	중급	고급						
노래	노랑	노른자 노릇 노여움 노을	노가리 노끈 노다지 노란불	노랑이 노래자랑 노랫가락 노랫말	노랫소리 노루 노루잠 노른자위	노름 노름꾼 노름빛 노름판	노리개 노리갯감 노린내 노새	노염
1개	1개	4개	21개					
27개								

✱ 〈표〉의 가나다순 단어 표제어 '다1~다기하다2' 범위의 단어 100개를 중요도별로 분류하면 다음과 같다.[199]

중요도별 단어 분류 (다1~다기하다2)

기초어휘			준기초어휘	기타
초급	중급	고급		
다3	다가가다 다가서다 다가오다	다국적(多國的) 다그치다 다급하다2(多急하다)	다각도1(多角度) 다각적(多角的) 다각형(多角形) 다각화(多角化) 다갈색(茶褐色) 다감하다(多感하다) 다과2(多寡) 다과4(茶菓) 다국어(多國語) 다급히(多急히) 다기4(茶器)	다1 다2 다가1(多價) 다가구(多家口) 다가논리(多價論理) … 다기지다(多氣지다) 다기차다(多氣차다) 다기통(多氣筒) 다기하다1(多岐하다) 다기하다2(多技하다)
1개	3개	3개	11개	82개
100개				

---

199) 〈표〉의 표제어들 가운데 비표준어, 어근, 조사, 어미, 접사를 뺀 결과이다.

10.13. 어휘학습과 어휘교육

* 원어민이든 학습자든 **어휘학습**(語彙學習)은 평생 해야 하는 일이다.
* 어휘학습은 **의도적**(意圖的) **학습**과 **우연적**(偶然的) **학습**의 두 가지 모습으로 나타난다. 모어의 경우에는 우연적 학습이 우세하고 외국어의 경우에는 의도적 학습이 우세하다.
  * 의도적 학습 : 특정한 단어를 학습하려는 의도를 가지고 학습한다. '인위적 학습'이라고도 할 수 있다.
  * 우연적 학습 : 언어를 사용하는 도중에, 특히 읽기와 듣기 도중에 문맥을 통해 단어의 의미를 추론하며 학습한다. '자연적 학습'이라고도 할 수 있다.
* 의도적 학습 가운데 단어의 음성형태를 기억하는 방법으로 **음성각인법**(音聲刻印法)이 효과적이다. 음성각인법은 단어를 소리 내서 달달 외우는 것이다.
* 의도적 학습 가운데 어의를 기억하는 방법으로는 어원활용법과 핵심어기억법이 있다.
* **어원활용법**(語源活用法)은 기억할 단어의 어원이 이미 아는 단어와 관련되어 있음을 이용하는 것이다.
* **핵심어기억법**(核心語記憶法)은 모어의 단어와 외국어의 단어를 어형으로 관련짓는 것이다. 예를 들어 한국인이 일본어를 배울 때 "코는 하나이니까 '코'는 'hana(はな)'이다."와 같이 기억하는 것이다.
* **어휘교육**(語彙敎育)의 기본적인 방법을 몇 가지 들면 다음과 같다.
  * 중요도가 높은 단어를 먼저 가르친다.
  * 관련된 단어들을 함께 가르친다.
  * 이해어휘와 표현어휘를 모두 확장할 수 있게 지도한다.
* 단어의 의미를 학습자에게 이해시키는 방법은 다음과 같다.

직접적 방법	실물을 사용한다.		
간접적 방법	비언어적 방법(감각적 방법)	대용물(代用物)을 사용한다.	
	언어적 방법(개념적 방법)	목표어를 이용한다.	목표어로 설명한다.
			목표어로 예시한다.
		모어를 이용한다.	모어로 번역한다.
			모어로 설명한다.

* 요즘은 정보통신기기를 이용한 대용물(주로 영상자료)을 많이 사용한다.

10.14. 어휘태도

✳ 어떤 단어나 단어부류를 사람들이 특별히 좋아하거나 싫어하는 경우가 있다. 이것이 **어휘태도**(語彙態度)의 주된 모습이다.

✳ 대중이 특정한 단어부류를 선호하는 이유는 다음과 같다.
  • 한자어, 외래어, 전문어 : 자신이 학식, 전문성, 품위가 있다는 인상을 준다.
  • 신어 : 기존의 단어로 표현할 수 없는 새로운 생각을 표현할 수 있다.

✳ **외래어 선호**(選好)의 예로 '송(song)', '캠퍼(camper)'를 들 수 있다.
  • 공감노래, 공감가, 공감송 : 젊은 세대일수록 '공감송'이 와닿는다고 느낀다.
  • 캠퍼 : 비외래어로는 '야영객, 야영인, 야영족, 야영꾼, 야영광, 야영남, 야영녀' 등 의미를 정확하게 표현하는 다양한 단어가 가능한 반면 외래어로는 모두 '캠퍼' 하나로 뭉뚱그려 표현한다. 이것이 장점이자 단점이다.

✳ **외래어 남용**은 외래어 선호와 어휘력 부족이 주요 원인이다. §10.15 참조.

✳ **신어 선호**의 예로 **강조부사**(强調副詞)를 들 수 있다. 강조부사는 수가 많고 신어가 끊임없이 생기며 유행이 자꾸 변한다. 기존 단어로는 충분히 강조되지 않는다고 생각하거나 식상하거나 진부하다고 생각해 신어를 선호하기 때문이다.

✳ 1970년대까지는 대표적인 강조부사가 '매우, 굉장히'였다. 1980년대부터 젊은 세대 사이에 유행한 강조부사를 차례로 보면 다음과 같다.
  • 1980년대 : 완전, 캡, 짱, 왕
  • 2000년대 : 개, 존나(←좆나게), 킹

✳ '완전'은 부사 '완전히'의 준말이고 '캡'은 '캡틴(captain)'의 준말이다. '짱', '왕'은 한자어 '장(長)', '왕(王)'에서, '킹'은 영어 'king'에서 왔다.

✳ 놀란 감정을 표현하는 감탄사도 신어 선호를 보여준다. 20세기에는 '맙소사, 아뿔사, 얼씨구, 어렵쇼, 옳다꾸나, 에그머니' 등이 쓰였지만, 2000년대에 들어와서는 신어 '헐, 대박, 오마이갓(oh my God), 와우(wow), 굿잡(good job), 지린다' 등이 우세하게 쓰이고 있다.

✳ 지역방언 사용자는 자신의 방언이 표준어나 중앙어보다 열등하다고 생각하는 경우에 자신의 방언 사용을 감추려는 경향이 있다. **방언 혐오**(嫌惡)의 어휘태도가 반영된 현상이다.

✳ §9.15의 직설어와 완곡어, §9.16의 공정어와 차별어의 문제도 어휘태도와 관련된다. 개인들의 어휘태도가 모여 사회적 현상으로 드러난 것이기 때문이다.

10.15. 외래어 남용

✱ **외래어 남용**(濫用)은 한국어에 단어가 이미 존재하거나 고유요소, 한자요소로 표현할 수 있는 상황에서 이루어지는 다음과 같은 행위를 두루 일컫는다.
- 외국어를 차용하는 것.
- 외래요소를 이용해 신어를 만드는 것.
- 고유어, 한자어보다 외래어를 더 많이 사용하는 것.

✱ 영어로부터의 **차용**은 갈수록 심해지고 있다. 최근의 사례는 다음과 같다.

- 위기/위험→ 리스크
- 정신력→ 멘탈
- 너구리→ 라쿤
- 연예산업→ 엔터산업
- 하양/흰색→ 화이트
- 기념품→ 굿즈
- 복고/복고풍→ 레트로
- 외모/외형/모습/모양/생김새→ 비주얼

✱ 신어의 조어에서 고유요소, 한자요소 대신 외래요소를 이용하는 일이 많아지고 있다. 예를 들어 다음과 같이 접두사 '무(無)-' 대신 영어 'no'를 이용하고, 접미사 '-인(人), -자(者)' 대신 영어 '-er, -or'를 변형한 접미사 '-러'를 사용하며, 한자요소 '다(多)' 대신 영문자 'N'을 사용한다.
- 답이 없다, 무답(無答)→ 노답(no答)
- 불참자(不參者)→ 불참러
- 다직인(多職人), 다업인(多業人)→ N잡러

✱ 외국문화를 선호하는 심리와 숭배하는 풍조가 외래어 남용을 가속화한다. 특히 판매자가 소비자의 주목을 끌려는 의도에서 외래어를 남용하는 현상은 일반화되어 있다. 각종 상표명, 상품명을 외래어나 외국어로 짓는 것이다.

아파트 상표명
- 자이, 힐스테이트, 롯데캐슬, 아이파크, 더샵, 리첸시아, 포레나, 해링턴플레이스, 더플래티넘, 위브, 휴먼시아

상호나 상품명 앞에 영어 정관사 'the'나 그 한글표기 '더'를 붙인 예
- 더현대 서울(백화점), The건강보험(스마트폰 앱), 시민언론 더탐사(유튜브 채널)

✱ 외래어 남용은 젊은 세대의 언어생활에서 더 두드러진다. 그래서 §3.4의 어종 통계에 비해 현실어에서의 외래어 사용 비율은 훨씬 더 높게 느껴진다.

✱ 국립국어원에서는 외래어와 외국어를 대신할 **순화어**(醇化語)를 수시로 발표하고 있다. 순화어에 대해서는 §9.14 참조.

10.16. 일방어와 중립어

✱ 똑같은 지시물에 대해서도 누구의 관점에서 어떻게 표현하느냐에 따라 단어나 표현이 달라질 수 있다. 예를 들어 부동산이나 물건을 빌리고 빌려주는 상황에서 주고받는 돈을 '임대료'라고 하기도 하고 '임차료'라고 하기도 한다.
  • 임대료(賃貸料) : 남에게 물건이나 건물 따위를 빌려준 대가로 받는 돈.
  • 임차료(賃借料) : 남의 물건을 빌려 쓰는 대가로 내는 돈.
✱ '임대료'와 '임차료'는 결국 같은 돈이다. 임대인의 관점에서는 임대료이고 임차인의 관점에서는 임차료이다. 두 단어 모두 한쪽의 관점에서 표현한 말이므로 **일방어**(一方語)이다. 이에 대해서는 중립적인 관점에서 표현한 말, 즉 **중립어**(中立語)가 없다. 그래서 현실어에서는 '임대료'가 '임차료'의 의미도 가진 것처럼 사용하는 경우가 많다.
✱ 한반도 남북의 두 나라를 남쪽에서는 '남한, 북한'이라 하고 북쪽에서는 '남조선, 북조선'이라 한다. 중립어를 써야 할 상황에서는 부득이하게 '코리아' 또는 'Korea'라는 외래어 또는 외국어를 쓰게 된다.
✱ 사회의 각 분야에서 대중의 인식을 자신이 의도하는 방향으로 끌고 가기 위해 일방어를 쓰는 일이 흔하다.
  • 잘잘못을 가려야 하는 문제에 대한 특정인의 설명을 여당은 '해명'이라 하고 야당은 '변명'이라 한다.
  • 피해자를 위로하는 언행을 한쪽에서는 '진심 어린 공감'이라 하고 다른 쪽에서는 '값싼 동정'이라고 표현한다.
✱ 사건 보도나 역사서술에서 일방어와 중립어의 적절한 사용이 중요하다.
  • 운동경기에서 승패가 아슬아슬하게 갈린 경우에 A팀의 관점에서는 "A팀이 B팀에게 신승(辛勝)했다."로, B팀의 관점에서는 "B팀이 A팀에게 석패(惜敗)했다."로 표현한다. '신승, 석패'는 일방어이다. '박빙(薄氷)의 경기'나 "1점 차로 승패가 갈렸다."는 중립적 표현이다.
  • 1909년 10월 26일에 중국 하얼빈에서 안중근이 이토 히로부미를 사살한 사건을 한국에서는 '의거(義擧)'라 부르고 일본에서는 '테러'라 부른다.
  • 1961년 5월 16일에 박정희 등의 군인들이 일으킨 사건을 주동세력은 '군사혁명'으로 불러 왔으나 이제는 '군사정변'이나 '군사반란'으로 부르고 있다.

10.17. 단어유희

✻ 형태가 똑같은 **동형관계**(同形關係) 외에 형태가 비슷한 관계도 포함한 **유형관계** (類形關係)를 설정할 수 있다. **언어유희**(言語遊戲)의 상당수는 유형관계에 의거 한다. 형태의 우연한 일치와 유사가 재미를 준다.
  • 〈나름 가수다〉: TV 프로그램 〈나는 가수다〉를 흉내 낸 오락프로그램의 제목
  • 모르는 개 산책 : 어린이가 '모르는 게 상책'을 듣고 잘못 적었다고 하는 예
  • 그 잡채 : '그 자체'를 변형한 예
✻ 이러한 언어유희의 기본적인 요소는 '나름, 개, 산책, 잡채'처럼 단어일 때가 많다. 이들은 단어의 유형관계에 의거하고 있으므로 **단어유희**(單語遊戲)이다.
✻ 유형관계에 의거해 기존 단어를 **재해석**(再解釋)한 단어유희도 있다.
  • 면식범＝국수주의자
  • 질색팔색
  • 세월아 네월아 한다.
✻ '면식범(面識犯)'과 '국수주의자(國粹主義者)'를 유의어로 볼 가능성은 전혀 없다. 그러나 면을 즐겨 먹는 범인이 '면식범(麵食犯)'이고 국수가 제일 좋다고 믿는 사 람이 '국수주의자'라면 두 단어는 유의어가 될 수 있다.
✻ '질색(窒塞)'의 '질'을 '7(칠)'로 재해석하고 그 대구(對句) '팔색'을 덧붙여 '질색'을 강조한 형태가 '질색팔색'이다.
✻ "세월아, 가라. 나는 모르겠다." 같은 말에서 '세월'의 '세'를 수사 '셋'으로 재해석하 고 그 대구 '네월'을 이은 형태가 '세월아 네월아'이다.
✻ 난센스퀴즈의 한 유형도 이러한 재해석을 이용한 단어유희이다.
  • 수제비를 손으로 만드는 이유는? 발로 만들면 족제비가 돼서 도망가기 때문이다.
✻ '수제비, 족제비'의 '수, 족'을 각각 '手(손수), 足(발족)'으로 재해석한 예이다.
✻ 다음과 같은 표기의 변형도 단어유희의 예이다.
  • 발음의 유사성에 의거한 예 : 췩오, 알흠답다, 재밌닭, 항항항
  • 표기의 유사성에 의거한 예 : 댕댕이, 띵작, 커엽다, 롬곡옾높
✻ '췩오'는 '최고'를 표기만 변형한 형태이다. '알흠답다, 재밌닭, 항항항'는 각각 '아 름답다, 재밌다, 하하하'를 표기 외에 발음까지도 변형하려 한 예이다. '댕댕이, 띵 작, 커엽다'는 각각 '멍멍이, 명작, 귀엽다'와 모양이 비슷한 점을, '롬곡옾높'은 '폭 풍눈물'을 위아래로 뒤집은 것과 모양이 비슷한 점을 이용했다.

11.1. 어휘대응과 어휘대조

✱ 언어 간의 **어휘대응**(語彙對應)의 양상을 분석하는 것이 **어휘대조**(語彙對照)이다. 어휘대조를 통해 언어 간의 어휘체계의 동질성과 이질성을 밝힐 수 있다.

✱ 문장과 문장의 대응에서 어휘대응의 사례를 확인할 수 있다.

번역기 〈파파고〉의 번역 결과

- 생활비가 예상보다 많이 들어서 걱정이에요.
- [일]生活費が予想よりたくさんかかるので心配です。
- [중]生活费比预想的要多，所以很担心。
- [영]I'm worried because the cost of living is higher than expected.

✱ 위의 일본어와 중국어에서 단어 대 단어의 대응을 볼 수 있다.

- [일]생활비—生活費, 예상—予想, 많이—たくさん, 들다—かかる, 걱정—心配
- [중]생활비—生活費, 예상—预想, 많이—多, 들다—要

✱ 다음은 단어와 연어의 대응이다.

- [중]걱정#이다 — 担心
- [영]생활비 — cost of living

✱ 영어의 경우 대부분을 연어 대 연어의 대응으로 분석해야 한다.

- 예상보다 — than expected
- 많이#들다 — (cost) be high
- 걱정#이다 — be worried

✱ 한영사전에 명사 '끝'의 대응어로 명사 'end, finish, close, tip, point, edge' 등이 제시되어 있다.

번역기 〈파파고〉의 한영번역 결과

- 복도/행사 끝에 — at the end of the hallway/event
- 고민 끝에 — After much thought

✱ '복도 끝에'와 '행사 끝에'의 명사 '끝'은 명사 'end'와 잘 대응한다.

✱ '고민 끝에'의 '끝'은 'end'를 비롯한 위의 영어 명사들과 대응하지 않는다. '고민 끝에'의 '끝'은 〈고〉의 의미소 ② "((동사의 관형사형이나 명사 뒤에 쓰여)) 그 일의 결과로서 다음에 나타나는 일."에 해당하는 용법이다. 여기서는 다음과 같은 연어의 대응을 발견할 수 있다.

- 동사의 관형사형/명사#끝+에 — after much#명사

11.2. 일대일대응과 일대다대응

❋ 어휘대응의 가장 단순한 모습은 **일대일대응**(一對一對應)이다. 일대일대응은 **대응어**(對應語)가 한 언어에 하나씩만 존재하는 것이다.

- 손 — hand — [중]shǒu(手) — [일]te(て) — [프]main
- 비 — rain — [중]yǔ(雨) — [일]ame(あめ) — [프]pluie
- 종이 — paper — [중]zhǐ(纸) — [일]kami(かみ) — [프]papier

❋ **일대다대응**(一對多對應)은 한 단어에 대한 다른 언어의 대응어가 둘 이상인 것이다.

- 심판(審判) — referee/umpire/judge/arbiter/commissaire
- food — 음식/식품/식량/먹거리/먹이/모이
- 닫다(문을) — close/shut — [중]guān(关)/b (闭)/guānb (关闭) — [일]simeru(しめる)/ tateru(たてる)/tojiru(とじる)
- [일]asi(あし) — 발/다리 — foot/leg — [중]jiǎo(脚)/tuǐ(腿)

❋ 다대일대응은 일대다대응과 본질적으로 같다. 똑같은 어휘대응이 어느 언어를 기준으로 하느냐에 따라 달리 보일 뿐이다. 일한대조에서는 'asi—발/다리'가 일대다대응이고 한일대조에서는 '발/다리—asi'가 다대일대응이 된다.

❋ 다음 **동기어**(同氣語) 대조표에는 일대일대응과 일대다대응이 섞여 있다.[200]

동기어의 대조

성별	한국어	일본어	중국어	헝가리어	몽골어	말레이어	영어
남성	형	ani	gēge	báty	ax	abang	brother
	오빠						
	동생	otooto	dìdi	öcs	düü	adik	
		imooto	mèimei	húg			sister
여성	언니	ane	jiějie	nővér	egč	kakak	
	누나						

❋ 위의 대조표에서 다음 두 가지 보편성이 드러난다.

- 위아래 구분이 상대의 성별 구분보다 우세하다.
- 손아래동기보다 손위동기에 대해 상대의 성별 구분이 우세하다.

❋ 한국어는 자신의 성별도 구분 기준으로 삼는다는 점이 특징이다.

---

200) 이 동기어 대조표는 '남동생, 여동생'과 같이 복합어를 사용하여 세분하는 경우를 제외한 것이다.

11.3. 다대다대응

✳ **다대다대응**(多對多對應)은 여러 단어가 엇갈려 대응하는 것이다. 이 경우에는 세 언어 이상을 동시에 대조해 시각화하기가 쉽지 않다. 두 언어의 대응 사례만 살펴본다.

✳ '자르다'류의 한일 어휘대응은 다음과 같다.[201]

'자르다'류의 한일대조

kiru (切る)	자르다	종이를 반으로 자르다	
	끊다	가위로 끈을 끊다	
	썰다	오이를 썰다	
	베다	칼에 손가락을 베다	karu (刈る)
		벼를 베다	
	깎다	머리를 깎다	
		손톱을 깎다	
kezuru (削る)		연필을 깎다	
soru (剃る)		수염을 깎다	

✳ 다음은 생긴 지 얼마나 오래되었느냐에 관한 단어들의 한영 대조표이다.

'새, new' 등의 한영대조

한국어		의미		영어	
품사	단어			단어	품사
형용사	어리다	유정물	(성장의) 초기	young	형용사
	젊다		(성장의) 절정기		
동사	늙다		(성장의) 후기	old	
	낡다	—[202]	(관계의) 후기		
관형사	헌		(관계의) 후기		
	새		(관계의) 초기	new	

✳ 영어 'new, young, old'는 품사가 모두 형용사이고 단어가 셋이어서 한국어보다 구분이 단순하다.

✳ 한국어 '새, 헌'은 관형사, '어리다, 젊다'는 형용사, '늙다, 낡다'는 동사로서 품사가 서로 다르고 단어가 여섯이나 되어서 영어보다 구분이 복잡하다.

---

201) 『조선어사전』(일본 소학관 발행, 1993)의 표제어 '자르다' 항에 제시된 표이다.
202) '낡은/헌/새 건물, 낡은/헌/새 인물'처럼 무정물과 유정물에 다 적용된다.

11.4. 다품사어와 다의어의 대응

✽ 일대다대응과 다대다대응이 생기는 주된 원인은 다품사어나 다의어의 대응어가
품사나 의미소에 따라 달라지는 데 있다.

✽ 영어 'cold'의 품사와 의미에 따라 한국어 대응어가 서로 달라 일대다대응이 이루어
진다. 다품사어 '잘못'과 다의어 '연극'에서도 일대다대응을 볼 수 있다. '연극②'는
'남을 속이기 위해 꾸며낸 말이나 행동'을 뜻한다.

'cold'의 영한 대응

품사	영어	한국어
형용사	cold①	차다
	cold②	춥다
명사	cold③	추위
	cold④	감기

'잘못'의 한영 대응

품사	한국어	영어
명사	잘못①	mistake, fault, error, slip
부사	잘못②	wrongly, incorrectly, improperly, inappropriately, thoughtlessly, recklessly

'연극'의 한영일중 대응

한국어	영어	일본어	중국어
연극(演劇)①	play, drama	engeki(えんげき, 演劇), sibai(しばい, 芝居)	huàjù(话剧), xìjù(戏剧)
연극(演劇)②	act, pretense, make-believe	sibai(しばい, 芝居), kyougen(きょうげん, 狂言)	bǎxì(把戏), guǐbǎxì(鬼把戏)

✽ 다의어의 기본의미는 대응하지만 파생의미는 대응하지 않는 경우가 흔하다.

'시원하다'와 'cool'의 대응

시원하다	cool
① [사물] 온도가 보통보다 조금 낮다.	
②[일] 답답함이 풀릴 정도로 후련하다. ③[액체 음식] 더부룩함이 풀릴 정도로 후련하다.	② [태도] 침착하다. 차분하다. 냉철하다. ③ [태도] 쌀쌀맞다. 냉랭하다. 냉정하다. 무관심하다. ④ [품질] 멋지다.

✽ '시원하다①'과 'cool①'은 기본의미로서 대응한다.

✽ 파생의미 '시원하다②, ③'은 대상으로부터 느끼는 화자의 기분을 말하는 반면 파
생의미 'cool②, ③, ④'는 대상 자체의 성질을 말하며 의미의 내용도 서로 다르므
로 대응하지 않는다.

11.5. 착용동사의 대응

✱ 복장의 착용을 나타내는 동사를 '**착용동사**(着用動詞)'라 한다. 다음 표에 따르면 한일중영의 착용동사의 구분 기준이 착용대상인 듯 보인다.

착용동사의 대응 1 : 한일중영의 대응

착용대상	한국어	일본어	중국어	영어
셔츠, 원피스	입다	kiru	chuān 穿	wear put on
바지, 치마	입다	haku	chuān 穿	wear put on
신발, 양말	신다	haku	chuān 穿	wear put on
모자, 가발, 가면	쓰다	kaburu	dài 带	wear put on
안경, 마스크	쓰다	kakeru	dài 带	wear put on
안경, 장갑, 반지	끼다	hameru	dài 带	wear put on
시계	차다	cukeru	dài 带	wear put on
넥타이	매다	simeru	jì 系	wear put on
허리띠	띠다	simeru	jì 系	wear put on

✱ 한국어의 경우 다음 표현들이 가능한 것을 참고하면 착용동사의 분화 기준은 착용대상이 아니라 착용부위이다. '신다'에게는 '모자'보다 '발'이 중요하다.

- 모자를 발에 신다(○)/쓰다(×)
- 스타킹을 머리에 쓰다(○)/신다(×)

✱ 영어에서는 착용동사 'wear' 외에 착용을 나타내는 **구동사**(句動詞) 'put on'도 쓰인다.

착용동사의 대응 2 : 한영 대응

한국어	영어	
	착용한 상태	착용하는 동작
입다, 신다, 쓰다, 끼다, 차다, 매다, 띠다	wear	put on

✱ 영어 'wear'와 'put on'은 **상적**(相的) **특성**이 다르다. **상**(相)은 문법기능이므로 영어 학습자에게 'wear'와 'put on'을 구별하는 것은 착용부위를 구별하는 것보다 더 어려울 수 있다.

- I wear jeans. 나는 (평소에) 청바지를 입는다. (입은 상태)
- I am wearing jeans. 나는 (지금) 청바지를 입고 있다. (입은 상태)
- I put on jeans. 나는 (지금) 청바지를 입는다. (입는 동작)
- I am putting on jeans. 나는 (지금) 청바지를 입고 있다. (입는 동작)

11.6. 어휘대응에서의 어휘빈칸

✸ 상하관계의 대응에서 어휘빈칸을 발견할 수 있다.

- [일]yubi(指) ― [중]zhǐtou(指头) ― ✕ (손가락/발가락) ― ✕ (finger/toe)

✸ 한국어와 영어에서는 '손가락, 발가락'의 상위어가 존재하지 않는다. 일본어 'yubi'
와 중국어 'zhǐtou'에 대응하는 자리가 빈칸인 것이다. 이 빈칸의 의미는 '손가락과
발가락'처럼 구로 표현해야 한다.

✸ 시간의 길이를 나타내는 다음 단어들의 대응에서도 빈칸이 발견된다.

시간의 길이를 나타내는 단어들의 한영 대응어

의미	한국어	영어
10년	✕	decade
100년	세기(世紀)	century
1000년	✕	millenium
10000년	✕	✕

✸ 고유한 문화적 개념을 나타내는 단어에 대해 다른 언어에 대응어가 없는 경우가
있다. '태몽(胎夢)'에 대응하는 단어가 중국어와 베트남어에는 있지만 일본어, 영
어, 프랑스어에는 없다.

- 태몽(胎夢)
- [중]tāimèng(胎梦)
- [베트남어]thai mộng
- [일]✕　＊kaininno kizasini naru yume(懐妊の兆しになる夢)
- [영]✕　＊dream of forthcoming conception
- [프]✕　＊rêve prémonitoire de grossesse

✸ 의미상 관련된 단어들 가운데 품사별로 대응어가 존재하거나 빈칸인 경우가 있다.

'쌤통' 관련 단어들의 대응

품사	한국어	독일어	중국어	영어
명사	쌤통	Schadenfreude	✕	✕
용언	[형]고소하다	✕	[동]huógāi(活该)	✕
부사	잘코사니	✕	✕	✕

226

11.7. 표현대응

❋ 어휘대응에서 어휘빈칸이 발견된다고 해서 해당 언어에서 표현이 불가능한 것은 아니다. 단어로 표현하지 못할 뿐이지 다음과 같이 구나 문장으로 표현하는 것은 문제가 없을 수 있기 때문이다. 이것은 **표현대응**(表現對應)의 예이다.
  • 고소하다. — It serves him/her right.   *§11.6 참조
❋ §11.6에서 본, 시간의 길이를 나타내는 단어들의 대응에서 단어 이외에 구도 포함한다면 단어 'decade'를 구 '십 년'과 대조할 수 있다. 그렇다면 '십 년'의 **대응표현**(對應表現)으로 'ten years'도 포함해야 한다.

시간의 길이를 나타내는 한영 대응표현

의미	한국어	영어
10년	십 년	decade, ten years
100년	세기, 백 년	century, a hundred years
1000년	천 년	millenium, a thousand years
10000년	만 년	ten millennia, ten thousand years

❋ 액체의 분비를 나타내는 동사 '흘리다, 뱉다'의 한영 대조에서도 이 동사들이 포함된 표현들의 대응을 살피는 것이 더 효율적이다.

액체의 분비를 나타내는 한영 대응표현

한국어		영어	
명사	동사구	명사	동사 또는 동사구
침	침을 뱉다 / 침을 흘리다	spit	spit / drool, slobber
땀	땀을 흘리다	sweat	sweat
피	피를 흘리다	blood	bleed, shed blood
눈물	눈물을 흘리다	tear	shed tears

❋ 관용표현 대 관용표현의 사례는 찾기 어려운 경우가 많다. 다음은 숙어 '국물도 없다'에 일반 표현들이 대응하는 예이다.
  • 국물도 없다 — to have nothing to gain — [중]méiyǒu yìdiǎnér lìyì(没有一点儿利益) — [일]nanno ritokumo nai(なんの利得もない)
❋ 투식어끼리의 대응은 학습자에게 유용하다. 혹시 문제가 있는지를 궁금해하는 사람에게 별 문제가 없다는 뜻으로 말하는 투식어의 대응은 다음과 같다.
  • 괜찮아요. — It's okay. — [중]méish (没事). — [일]daijoubudesuyo(大丈夫ですよ).

11.8. 대응어 간의 중요도 차이

＊ 한국어, 일본어, 중국어의 기초어휘 총수는 10,000개 정도이다.

＊ 〈기〉, 일본어 JLPT 시험, 중국어 HSK 3.0 시험에서의 등급별 단어 수는 다음과 같다.[203]

<table>
<tr><th colspan="2">〈기〉</th><th colspan="2">JLPT</th><th colspan="3">HSK 3.0</th></tr>
<tr><td>등급별 수</td><td>누적 수</td><td>등급별 수</td><td>누적 수</td><td colspan="2">등급별 수</td><td>누적 수</td></tr>
<tr><td>고급 5106</td><td>11030</td><td>1급 3246</td><td>9221</td><td>고급</td><td>7~9급 5636</td><td>11092</td></tr>
<tr><td rowspan="2">중급 3982</td><td rowspan="2">5924</td><td rowspan="2">2급 2648</td><td rowspan="2">5975</td><td rowspan="3">중급</td><td>6급 1140</td><td>5456</td></tr>
<tr><td>5급 1071</td><td>4316</td></tr>
<tr><td>3급 1546</td><td>3327</td><td>4급 1000</td><td>3245</td></tr>
<tr><td rowspan="2">초급 1942</td><td rowspan="2">1942</td><td>4급 1037</td><td>1781</td><td rowspan="3">초급</td><td>3급 973</td><td>2245</td></tr>
<tr><td rowspan="2">5급 744</td><td rowspan="2">744</td><td>2급 772</td><td>1272</td></tr>
<tr><td>1급 500</td><td>500</td></tr>
</table>

＊ 세 언어의 등급 용어, 등급 구분, 등급별 단어 수가 똑같지 않다. 등급 구분과 등급별 단어 수가 다른 것은 등급 구분의 기준이 서로 다른 데에도 원인이 있지만 세 언어의 어휘체계가 다른 데에도 원인이 있다고 할 수 있다.

＊ 개별 단어의 등급이 서로 비슷한 경우도 있고 꽤 다른 경우도 있다. '가볍다'의 대응어들은 모두 초급이다. 한편 '받아쓰다'의 대응어들은 한국어, 중국어가 초급, 일본어가 고급인 반면, '그물'의 대응어들은 한국어, 일본어가 고급, 중국어가 초급으로서 상당히 다르다. '늦잠'의 대응어들 역시 한국어가 중급, 일본어가 초급, 중국어가 등급 외로서 무척 다르다.

- 가볍다 (초급) ― [일]karui(かるい) (5급) ― [중]qīng(轻) (2급)
- 등산 (초급) ― [일]tozan(とざん) (3급) ― [중]páshān(爬山) (2급)
- 받아쓰다 (초급) ― [일]kakitori(かきとる) (1급) ― [중]tīngxiě(听写) (1급)
- 늦잠 (중급) ― [일]nebou(ねぼう) (4급) ― [중]lǎnjiào(懒觉) (등급 외)
- 재작년 (중급) ― [일]ototosi(おととし) (5급) ― [중]qiánnián(前年) (2급)
- 그물 (고급) ― [일]ami(あみ) (1급) ― [중]wǎng(网) (1급)
- 노을 (고급) ― [일]yake(やけ) (등급 외) ― [중]xiá(霞) (등급 외)

---

203) 국립국어원의 〈한국어교수학습샘터〉에 실려 있는 기초어휘 10,497개는 초급 1,834개, 중급 3,795개, 고급 4,868개로서 〈기〉의 것과 조금 다르다.

11.9. 한중일의 어종 대조

✱ 한국어, 중국어, 일본어의 대응어들이 어종이 같기도 하고 다르기도 하다.

화장실

- 한자어 : [한]화장실(化粧室)
- 한자어 : [중]洗手间(xǐshǒujiān), 卫生间(wèishēngjiān)
- 외래어 : [일]トイレ(toire ←[영]toliet)
- 고유어 : [일]お手洗い(otearai) ✱o(존경)+te(손)+arai(씻기)

셀카

- 외래어 : [한]셀카 (←[영]self+camera)
- 한자어 : [중]自拍 (zìpāi)
- 혼종어 : [일]自撮り (jidori) ✱ji('自'의 한자음)+tori(사진 찍기)

✱ 한중일의 대부분의 한자어는 어종이 한자어로서 일치한다.[204]

한중일 한자어가 같은 한자로 이루어진 예 : '學'으로 시작하는 한자어

- 학교(學校), 학급(學級), 학기(學期), 학년(學年), 학력(學力), 학력(學歷), 학문(學問), 학벌(學閥), 학비(學費), 학생(學生), 학술(學術), 학습(學習), 학식(學識), 학업(學業), 학원(學院), 학위(學位), 학자(學者), 학풍(學風), 학회(學會)

한중일 한자어의 한자가 같은 예와 다른 예

한자	한국어	일본어	중국어
같음	능력(能力)	nouryoku(能力)	nénglì(能力)
	두부(豆腐)	touhu(豆腐)	dòufu(豆腐)
	생산(生産)	seisan(生産)	shēngchǎn(生产)
	통과(通過)	cuuka(通過)	tōngguò(通过)
다름	역(驛)	eki(驛)	zhàn(站)
	층(層)	kai(階)	lóu(樓)
	공부(工夫)	benkyou(勉强)	yònggōng(用功)
	일취월장(日就月將)	nitsingetpo(日進月步)	rìyìjìnbù(日益进步)

같은 한자로 이루어진 한자어의 의미가 서로 다른 예

- 汽車 : 기차 ─ [일]기차 ─ [중]자동차
- 書房 : 남편 ─ [일]서점 ─ [중]서점
- 愛人 : 애인 ─ [일]정부(情夫)/정부(情婦) ─ [중]남편/아내

---

204) 아래에서 한자의 같고 다름을 따질 때 중국의 간체자(簡體字), 일본의 약자(略字) 같은 차이는 무시한다.

찾아보기

ㅁ

ㅂ